公路水运工程试验检测考试同步精练

公共基础

(2025年版)

张祖棠 主编

人民交通出版社

北京

内 容 提 要

本书根据2025年度《公共基础》科目考试大纲及考试用书的相关要求，精心编写了大量练习题。全书共分三部分，第一部分为习题及参考答案，共12章，各章节与考试用书保持一致；第二部分为典型易错题剖析；第三部分为试验检测师和助理试验检测师模拟试卷及参考答案，供考前练笔使用。

本书可作为公路水运工程试验检测人员考前复习参考资料。

图书在版编目(CIP)数据

公路水运工程试验检测考试同步精练：2025年版.公共基础 / 张祖棠主编. — 北京：人民交通出版社股份有限公司，2025.5. — ISBN 978-7-114-20424-1

Ⅰ. U41-44；U61-44

中国国家版本馆 CIP 数据核字第 2025W2A391 号

Gonglu Shuiyun Gongcheng Shiyan Jiance Kaoshi Tongbu Jinglian　Gonggong Jichu

书　　名：	公路水运工程试验检测考试同步精练　公共基础（2025年版）
著 作 者：	张祖棠
责任编辑：	朱伟康　师静圆
责任校对：	赵媛媛
责任印制：	张　凯
出版发行：	人民交通出版社
地　　址：	(100011)北京市朝阳区安定门外外馆斜街3号
网　　址：	http://www.ccpcl.com.cn
销售电话：	(010)85285857
总 经 销：	人民交通出版社发行部
经　　销：	各地新华书店
印　　刷：	北京市密东印刷有限公司
开　　本：	787×1092　1/16
印　　张：	14.25
字　　数：	345千
版　　次：	2025年5月　第1版
印　　次：	2025年5月　第1次印刷
书　　号：	ISBN 978-7-114-20424-1
定　　价：	60.00元

(有印刷、装订质量问题的图书，由本社负责调换)

前言
PREFACE

《公路水运工程试验检测考试同步精练 公共基础(2025年版)》是根据《2025年公路水运工程试验检测专业技术人员职业资格考试大纲》要求,全面总结本科目近年来相关考试要点(包括核心考点、高频考点、新增考点、易错考点等),对2024版《公路水运工程试验检测人员考试习题精练与解析 公共基础》按照对应考纲、重点突出、增补新内容的原则进行了修订并更名,以便考生更好地复习迎考。

本次修订的主要内容有:

1. 按照考试用书章节顺序进行习题内容编排,方便考生理解记忆各章节知识点。

2. 紧贴考试大纲的变化,以考试大纲涉及的最新文件作为习题修编的依据。同时,删除了各章超出考试大纲范围、文件废止停用或陈旧过时的习题。

3. 修改了习题中的遗漏和错误,包括一些描述不正确的题干和选项;题干及答案解析严格以规范性解释为准,力求习题的准确性。

4. 修订了试验检测师和助理试验检测师模拟试卷。

本书由重庆交通大学张祖棠主编。在本书编写过程中,张以丞、许子渝等参与了资料查询、整理以及编写、审核工作。

本书难免有疏漏和不足之处,请各位考生提出宝贵意见和建议,以便修订时参考。

主　编
2025年4月

致考生
TO CANDIDATES

2015年6月23日,人力资源社会保障部、交通运输部联合印发了《关于印发〈公路水运工程试验检测专业技术人员职业资格制度规定〉和〈公路水运工程试验检测专业技术人员职业资格考试实施办法〉的通知》(人社部发〔2015〕59号),标志着公路水运工程试验检测专业技术人员水平评价类国家职业资格制度正式设立。

通过考试是取得从业资格的基本要求,因此,寻求高效的复习方法是众多考生的共同心愿。本书依据每年不断变化的考试大纲,从相关文件原文和考试用书所涉及的内容入手,力图通过题干全面、准确地呈现考试大纲所要求掌握的知识点;同时希望通过详细、准确的解析,使考生既能复习、归纳总结题干及解析所涉及的知识,又能举一反三地掌握相关、相近的知识,避免复习的盲目性和浅显性。

一、为什么要考《公共基础》?

《公共基础》是一门涵盖公路水运工程试验检测工作中所涉及的法律、法规、规章及规范性文件,试验室管理要求以及试验检测基础知识的科目。在实际工作中,公路水运工程试验检测活动是一种规范性行为,从业人员必须具备熟悉和运用有关法律、法规、规章及规范性文件的能力;也是公路工程的质量控制手段,从业人员应熟悉相关的管理知识并遵守相关管理要求;还是一种技术性行为,从业人员应依据工程建设技术标准、规范和规程,对公路水运工程材料、构件、产品和工程实体的质量进行试验检测。因此,《公共基础》科目考试,能够检验试验检测专业技术人员对相关知识的掌握和运用水平,有利于培育行业所需的专业技术人才,从而全面提升从业人员的职业能力。

二、《公共基础》主要考查什么内容?

1.考查考生是否了解、熟悉并掌握与检验检测活动有关的法律、法规、规章及行业规范性文件,检验其是否具备熟练、灵活运用文件规定的能力。

2.考查考生是否了解、熟悉并掌握试验室管理的有关规定和检验检测机构资质认定的有关要求,检验其是否具备综合运用试验室管理相关知识的能力。

（1）有关试验室能力管理的要求。考生应从检验检测领域、交通建设行业两个层面，掌握检测人员能力、仪器设备控制和管理、场地设施等资源的管理要求，以及在抽样、样品抽取及处置、期间核查、结果有效性、检测方法选择和验证等方面的过程要求。

（2）有关公路水运试验检测报告的要求。《公路水运试验检测数据报告编制导则》明确了试验检测报告的编制格式和要求、数据报告信息化管理等，考生应该掌握其基本要求，提高编制检测报告和辨别报告规范性的能力。

（3）有关检验检测机构、检验检测人员诚信的要求。

3.考查考生的检验检测基础知识是否扎实、能否满足工作需要。考生应熟练掌握并运用与检测数据准确性有关的常用数理统计工具、数值修约，以及与检测活动密切相关的仪器设备检定/校准、计量结果的确认和运用、能力验证等知识。

三、考生该如何备考？

《公共基础》科目涉及的知识面广、跨学科内容多，要求记忆的知识点相对独立，学习记忆难度大，是历年考试的难点。如何备考复习、有效提高应试成绩是广大考生共同关注的问题。为此，我们提出了以下几点备考建议，仅供参考：

首先，按照考试大纲要求，通过考试用书的学习，系统掌握与大纲相对应的知识结构。考生应通过学习相关的法律、法规、行业规定，正确理解对检验检测机构和人员的主体要求、过程控制的要求；同时结合习题练习，达到对知识的融会贯通和查漏补缺的目标。

考试用书的第二章、第三章、第五章是每年考试的主要内容。这三章涉及的知识点很多，包括与检验检测活动有关的法律法规、检验检测机构的资质管理和资质认定、新的评审准则、安全管理、交通行业机构质量检测管理、交通行业质量检测机构等级行政许可、工地试验室管理等。这部分内容既要求考生准确掌握规范性文件及规范性文件的更替[例如，对于《公路水运工程试验检测信用评价办法》，考生需要记忆：评价等级为五个等级，试验检测人员信用评价方法是"累计扣分制"，评价周期为一年，失信行为扣分各项条款等；又如，部颁文件"交安监发〔2023〕140号"与"交办安监函〔2024〕1432号"两者的主要变化——将人员人数、技术负责人、质量负责人工作经历和环境条件均作为了必选要求]，又要求考生具备运用规范性文件和相关理论知识分析、解决实际问题的能力。具体而言，就是对文件中提出的原则、程序、方法等内容要予以消化，要明确"应该怎么做""做的程序是什么""不这样做会受到什么处罚"。以使用计量器具为例，根据《中华人民共和国计量法》，做法方面的要求是：使用单位应当自行定期检定或者送其他计量检定机构检定(第九条);使用计量器具不得破坏其准确度,损害国家和消费者的利益(第十六条)。程序上的要求是:计量检定必须执行计量检定规程。国家计量检定规程由国务院计量行政部门制定。没有国家计量检定规程的,由国务院有关主管部门和省、自治区、直辖市人民政府计量行政部门分别制定部门计量检定规程和地方计量检定规程(第十条)。如果违反规定呢?使用不合格的计量器具或者破坏计量器具准确度,给国家和消费者造成损失的,责令赔偿损失,没收计量器具和违法所得,可以并处罚款(第二十六条);属于强制检定范围的计量器具,未按照规定申请检定或者检定不合格继续使用的,责令停止使用,可以并处罚款(第二十五条)。

其次,要学会知识的梳理。比如,对于检验检测机构资质认定的内容,考生应知道从国家、行业层面规定了检验检测机构必须具备的条件是什么,人员的从业资格是什么;在从业过程中,行业又是如何对检测机构进行分类、分等级的,水运工程质量检测机构资质审批(包括延续审批)专家技术评审工作必须按照什么程序进行,如何进行工地试验室管理;检测机构和人员的失信行为有哪些、如何扣分以及如何进行信用管理;等等。

再次,紧抓核心考点、高频考点、新增考点、易错考点,以及与工程实际联系紧密的考点进行复习。考生要借助考试用书、习题等考试资料,对考试要点进行分析解读、分类总结,把握每一类问题的一般规律。同时,通过做练习题达到以练带记、以练带思、以练带析、以练带用,处理好熟悉内容与不熟悉内容,变"他有"为"己有"。

最后,考生还应该认识到,《公共基础》科目具有很强的实践性,不仅考查上述法律法规、管理及基础知识,还重点考查考生运用这些知识分析和解决实际问题的能力。因此,考生要在理解、记忆上述知识的基础上,学会运用知识去解决检验检测活动中组织、人员、工作场所和工作环境、设备设施、管理体系等方面的实际问题。

本习题集基于新版大纲、考试用书和相关规范编写,并对习题作了较为详细全面的解析,希望能引导考生正确理解和全面掌握知识点,帮助考生较为全面、细致、深入地复习和应考。要特别强调的是,广大考生应以考试大纲和考试用书作为主要复习资料,本习题集仅作为备考参考资料。

最后,预祝各位考生顺利通过考试!

目录
CONTENTS

第一部分 习题及参考答案 ·· 1
  第一章 概述 ·· 1
  第二章 公路水运工程试验检测管理相关法律法规及政策 ······························ 13
  第三章 公路水运工程试验检测管理 ··· 42
  第四章 公路水运工程试验检测人员考试管理 ··· 81
  第五章 检验检测机构资质认定管理 ··· 85
  第六章 试验检测常用术语和定义 ·· 120
  第七章 法定计量单位 ··· 124
  第八章 数值修约规则与极限数值的表示和判定、测量误差与测量不确定度 ··· 129
  第九章 能力验证 ·· 137
  第十章 统计技术和抽样技术 ··· 144
  第十一章 仪器设备计量溯源及期间核查 ·· 153
  第十二章 公路水运工程质量检验评定相关标准基础知识 ···························· 162

第二部分 典型易错题剖析 ·· 168

第三部分 模拟试卷及参考答案 ··· 178
  一、试验检测师模拟试卷 ··· 178
  二、助理试验检测师模拟试卷 ·· 199

第一部分 习题及参考答案

第一章 概 述

复习提示

本章主要考查考生对交通运输行业未来发展方向相关内容的熟悉掌握情况,以及对交通运输行业高质量发展相关要求的掌握情况。

本章涉及的相关文件有:国家主席习近平在第二届联合国全球可持续交通大会开幕式上的主旨讲话、《交通强国建设纲要》《质量强国建设纲要》《中共中央 国务院关于开展质量提升行动的指导意见》《中共中央办公厅 国务院办公厅关于加快建设统一开放的交通运输市场的意见》《国家标准化发展纲要》《关于推进社会信用体系建设高质量发展促进形成新发展格局的意见》《公路建设市场信用信息管理办法(试行)》《交通运输部关于加强公路水运工程建设质量安全监督管理工作的意见》。

习题

一、单项选择题

1. 国家主席习近平在第二届联合国全球可持续交通大会开幕式上的主旨讲话中,强调要加快形成绿色低碳交通运输方式,加强绿色基础设施建设,推广新能源、智能化、数字化、(　　)交通装备,鼓励引导绿色出行,让交通更加环保、出行更加低碳。

　　A. 轻量化　　　　B. 网络化　　　　C. 信息化　　　　D. 环保性

2. 国家主席习近平在第二届联合国全球可持续交通大会开幕式上的主旨讲话中,强调要大力发展智慧交通和智慧物流,推动大数据、互联网、(　　)、区块链等新技术与交通行业深度融合,使人享其行、物畅其流。

　　A. 量子计算　　　　　　　　B. 人工智能

　　C. 交通智能　　　　　　　　D. 5G 无线网络技术

3. 到2035年,建设交通强国的发展目标是(　　)。

A. 完成决胜全面建成小康社会交通建设任务和"十三五"现代综合交通运输体系发展规划各项任务,为交通强国建设奠定坚实基础

B. 基本建成交通强国

C. 全面建成人民满意、保障有力、世界前列的交通强国

D. 全面建成现代化交通体系

4.《质量强国建设纲要》提出,深入实施质量强国战略,要以（　　）为主题,以（　　）为主攻方向,以（　　）为根本动力,以（　　）为根本目的。

①推动高质量发展;②提高供给质量;③满足人民日益增长的美好生活需要;④改革创新。

  A. ①②③④   B. ②①③④   C. ①②④③   D. ②①④③

5. 下列选项中,(　　)是优化质量监管效能的补充手段。

  A. "双随机、一公开"   B. 重点监管

  C. 信用监管   D. "互联网＋监管"

6.《中共中央 国务院关于开展质量提升行动的指导意见》提出,要弘扬企业家精神和工匠精神,提高决策者、经营者、管理者、生产者(　　),打造质量标杆企业,加强品牌建设,推动企业质量管理水平和核心竞争力提高。

  A. 质量品牌和质量水平   B. 质量意识和质量素养

  C. 质量管理和质量控制   D. 质量体系和质量内容

7.《中共中央 国务院关于开展质量提升行动的指导意见》提出的主要目标包括(　　)。

  A. 提升装备制造竞争力   B. 促进消费品提质升级

  C. 增加农产品、食品药品优质供给   D. 产品、工程和服务质量明显提升

8.《中共中央办公厅 国务院办公厅关于加快建设统一开放的交通运输市场的意见》提出要深化交通运输重点领域改革,就是要健全(　　)运行体系。

  A. 海陆   B. 陆空   C. 海空   D. 多式联运

9.《中共中央办公厅 国务院办公厅关于加快建设统一开放的交通运输市场的意见》要求积极发展铁路(高铁)快运、甩挂运输、网络货运、江海直达、水水中转等运输组织模式,加快铁水、公铁、空陆等多式联运发展,推动(　　)等规则协调和互认,加快培育多式联运经营主体。推动冷链、危险货物等专业化运输发展。

  A. "一单制"

  B. 运输全程中至少使用两种运输方式

  C. 无论涉及几种运输方式,分为几个运输区段,由多式联运经营人对货运全程负责

  D. "多式联运"合同

10. 健全交通运输市场监管规则,就是要完善交通运输领域市场监管程序,加强市场监管标准化规范化建设,依法公开监管标准和规则,推动市场监管(　　)。

  A. 依法监管   B. 明确岗位职责

  C. 公平统一   D. 所长负责制

11. 从业单位被省级及以上交通运输主管部门评价为信用等级(　　)的记录,是从业单位不良行为信息。

  A. A级   B. B级   C. C级   D. D级

12. 从业单位基本信息在公路建设市场信用信息管理系统中处于锁定状态,发生变化的,应于(　　)内向负责公布相应信息的交通运输主管部门提出申请后予以更新。
   A. 15 个工作日　　B. 15 日　　C. 10 个工作日　　D. 10 日

二、判断题

1. 《质量强国建设纲要》提出,应把增强质量发展创新动能、树立质量发展绿色导向、强化质量发展利民惠民等作为重点任务推动经济质量效益型发展的核心工作。（　　）
2. 提高供给质量是供给侧结构性改革的主攻方向,全面提高产品和服务质量是提升供给体系的中心任务。（　　）
3. 《中共中央　国务院关于开展质量提升行动的指导意见》提出,要建立"党委领导、政府主导、部门联合、企业主责、社会参与"的质量工作格局。（　　）
4. 《中共中央办公厅　国务院办公厅关于加快建设统一开放的交通运输市场的意见》要求加快调整优化交通运输结构,深入推进城市绿色货运配送发展。持续实施自动驾驶、智能航运等智能交通先导应用试点。（　　）
5. 依法平等对待各类经营主体,就是要健全支持交通运输领域民营企业、中小微企业和个体工商户发展的政策制度,在要素获取、准入许可、经营运行、政府采购和招标投标等方面对各类所有制企业依法平等对待。（　　）
6. 《国家标准化发展纲要》提出了"到 2035 年,结构优化、先进合理、国际兼容的标准体系更加健全"的发展目标。（　　）
7. 《国家标准化发展纲要》提出,通过推进产业优化升级、引领新产品新业态新模式快速健康发展等方式提升产业标准化水平。（　　）
8. 《国家标准化发展纲要》提出,通过完善促进标准、计量、认证认可、检验检测等标准化相关高技术服务业发展的政策措施,夯实标准化发展基础。（　　）
9. 公路建设市场信用信息管理应遵循客观、公正的原则,确保信用信息的真实性、完整性、及时性和准确性。（　　）
10. 《交通运输部关于加强公路水运工程建设质量安全监督管理工作的意见》提出,要落实质量检测单位工程质量首要责任。（　　）

三、多项选择题

1. 《交通强国建设纲要》指出,要进一步解放思想、开拓进取,推动交通发展由(　　)转变。
   A. 追求速度规模向更加注重质量效益
   B. 各种交通方式相对独立发展向更加注重一体化融合发展
   C. 依靠传统要素驱动向更加注重创新驱动
   D. 扩大基础设施规模向更加注重智能化与绿色化水平提高

2. 交通强国建设的发展目标是,到 21 世纪中叶(　　)。
   A. 交通科技创新体系基本建成

B.基础设施规模质量、技术装备、智能化与绿色化水平位居世界前列
C.交通安全水平、治理能力、文明程度、国际竞争力达到国际先进水平
D.全面服务和保障社会主义现代化强国建设

3.《交通强国建设纲要》提出,要建设城市群一体化交通网,推进(　　)融合发展,完善城市群快速公路网络,加强公路与城市道路衔接。
A.干线铁路　　　　　　　　B.城际铁路
C.市域(郊)铁路　　　　　　D.城市轨道交通

4.《交通强国建设纲要》提出,要推动(　　)等联运发展,推广跨方式快速换装转运标准化设施设备,形成统一的多式联运标准和规则。
A.铁水　　　B.公铁　　　C.公水　　　D.空陆

5.《交通强国建设纲要》提出的保障措施包括(　　)。
A.加强党的领导　　　　　　B.加强资金保障
C.加强人才队伍建设　　　　D.加强实施管理

6.《质量强国建设纲要》提出,到2025年(　　)。
A.人民群众质量获得感明显增强
B.人民群众质量满意度明显增强
C.质量整体水平进一步全面提高
D.中国品牌影响力稳步提升

7.《质量强国建设纲要》提出,强化工程质量保障,需要(　　)。
A.推进工程质量管理标准化
B.实施工程施工岗位责任制
C.完善建设工程质量保修制度,加强运营维护管理
D.完善工程建设招标投标制度,加强标后合同履约监管

8.《质量强国建设纲要》提出,鼓励支持中小微企业实施(　　),以此增强企业质量和品牌发展能力的工作抓手。
A.技术改造　　　　　　　　B.质量改进
C.品牌建设　　　　　　　　D.技术创新

9.《中共中央　国务院关于开展质量提升行动的指导意见》提出,开展质量提升行动的基本原则是(　　)。
A.坚持以企业为质量提升主体
B.坚持以满足人民群众需求和增强国家综合实力为根本目的
C.坚持以改革创新为根本途径
D.坚持以质量第一为价值导向

10.《中共中央　国务院关于开展质量提升行动的指导意见》提出,提升建设工程质量水平,确保重大工程建设质量和运行管理质量,建设百年工程。高质量建设和改造(　　)。
A.海绵城市建设和地下综合管廊建设　　B.城乡道路交通设施
C.供热供水设施　　　　　　　　　　　D.排水与污水处理设施

11.《中共中央　国务院关于开展质量提升行动的指导意见》提出,实施质量攻关工程,推

动企业积极应用新技术、新工艺、新材料。加强可靠性设计、试验与验证技术开发应用,推广( )。

  A.智能化物流系统及检测设备 B.智能化生产
  C.在线检测控制装置 D.采用先进成型方法和加工方法

12.《中共中央办公厅 国务院办公厅关于加快建设统一开放的交通运输市场的意见》提出要加快建设统一开放的交通运输市场,为此需要( )。

  A.跨领域协同发展 B.深化行业体制机制改革
  C.发挥政府作用 D.完善制度规则

13.《中共中央办公厅 国务院办公厅关于加快建设统一开放的交通运输市场的意见》提出要完善交通领域价格机制,为此需要建立健全( )的价格体系。

  A.合理 B.公平 C.统一 D.透明

14.《国家标准化发展纲要》提出,到2025年的发展目标是( )。

  A.标准化发展基础更加牢固 B.标准化开放程度显著增强
  C.标准化水平大幅提升 D.全域标准化深度发展

15.《国家标准化发展纲要》提出,完善绿色发展标准化保障,需要( )。

  A.强化绿色消费标准引领 B.推进自然资源节约集约利用
  C.持续优化生态系统建设和保护标准 D.建立健全碳达峰、碳中和标准

16.《关于推进社会信用体系建设高质量发展促进形成新发展格局的意见》的指导思想是,扎实推进( )与国民经济体系各方面各环节深度融合,进一步发挥信用对提高资源配置效率、降低制度性交易成本、防范化解风险的重要作用,为提升国民经济体系整体效能、促进形成新发展格局提供支撑保障。

  A.信用理念 B.信用手段
  C.信用制度 D.信用监管

17.《关于推进社会信用体系建设高质量发展促进形成新发展格局的意见》提出,推进社会信用体系建设高质量发展,需要( )。

  A.发挥政府组织监督管理作用
  B.发挥征信市场积极作用
  C.发挥政府组织协调作用
  D.调动各类主体积极性创造性

18.《关于推进社会信用体系建设高质量发展促进形成新发展格局的意见》提出,要以( )提升全社会诚信水平。

  A.加强诚信文化建设 B.培育专业信用服务机构
  C.创新信用监管 D.健全信用基础设施

19.建设单位的信用信息管理应遵循客观、公正的原则,确保信用信息的( )。

  A.及时性 B.准确性 C.完整性 D.真实性

20.建设单位信用信息发布期限按照( )等规定执行。

  A.表彰奖励类良好行为信息、不良行为信息公布期限为2年
  B.行政处罚期未满的不良行为信息将延长至行政处罚期满

C. 信用评价信息公布期限为 2 年
D. 从业单位基本信息公布期限为长期

21. 建设市场信用信息包括( )。
   A. 良好行为信息 B. 不良行为信息
   C. 信用评价信息 D. 施工招投标信息
22. 公路水运工程建设质量安全监督管理工作应遵循( )工作原则。
   A. 源头防范、系统治理 B. 示范引领、推动创新
   C. 依法监管、严守底线 D. 质量为本、安全为先

习题参考答案及解析

一、单项选择题

1. A

【解析】 国家主席习近平在第二届联合国全球可持续交通大会开幕式上的主旨讲话。第四,坚持生态优先,实现绿色低碳。建立绿色低碳发展的经济体系,促进经济社会发展全面绿色转型,才是实现可持续发展的长久之策。要加快形成绿色低碳交通运输方式,加强绿色基础设施建设,推广新能源、智能化、数字化、轻量化交通装备,鼓励引导绿色出行,让交通更加环保、出行更加低碳。

2. B

【解析】 国家主席习近平在第二届联合国全球可持续交通大会开幕式上的主旨讲话。要大力发展智慧交通和智慧物流,推动大数据、互联网、人工智能、区块链等新技术与交通行业深度融合,使人享其行、物畅其流。

3. B

【解析】《交通强国建设纲要》(二)发展目标。到 2020 年,完成决胜全面建成小康社会交通建设任务和"十三五"现代综合交通运输体系发展规划各项任务,为交通强国建设奠定坚实基础。从 2021 年到 21 世纪中叶,分两个阶段推进交通强国建设。到 2035 年,基本建成交通强国。到 21 世纪中叶,全面建成人民满意、保障有力、世界前列的交通强国。

4. C

【解析】《质量强国建设纲要》(一)指导思想。以习近平新时代中国特色社会主义思想为指导,立足新发展阶段,完整、准确、全面贯彻新发展理念,构建新发展格局,统筹发展和安全,以推动高质量发展为主题,以提高供给质量为主攻方向,以改革创新为根本动力,以满足人民日益增长的美好生活需要为根本目的。

5. B

【解析】《质量强国建设纲要》(二十七)优化质量监管效能。健全以"双随机、一公开"监管和"互联网+监管"为基本手段、以重点监管为补充、以信用监管为基础的新型监管机制。

6. B

【解析】《中共中央 国务院关于开展质量提升行动的指导意见》(二)基本原则。坚持以企业为质量提升主体。加强全面质量管理,推广应用先进质量管理方法,提高全员全过程全方位质量控制水平。弘扬企业家精神和工匠精神,提高决策者、经营者、管理者、生产者质量意识和质量素养,打造质量标杆企业,加强品牌建设,推动企业质量管理水平和核心竞争力提高。

7. D

【解析】《中共中央 国务院关于开展质量提升行动的指导意见》(三)主要目标。一是产品、工程和服务质量明显提升;二是产业发展质量稳步提高;三是区域质量水平整体跃升;四是国家质量基础设施效能充分释放。选项A、B、C是该文件对全面提升产品、工程和服务质量的具体要求。

8. D

【解析】《中共中央办公厅 国务院办公厅关于加快建设统一开放的交通运输市场的意见》(五)健全多式联运运行体系。以联网、补网、强链为重点,适度超前开展交通基础设施建设。

9. A

【解析】《中共中央办公厅 国务院办公厅关于加快建设统一开放的交通运输市场的意见》(五)健全多式联运运行体系。积极发展铁路(高铁)快运、甩挂运输、网络货运、江海直达、水水中转等运输组织模式,加快铁水、公铁、空陆等多式联运发展,推动"一单制"等规则协调和互认,加快培育多式联运经营主体。推动冷链、危险货物等专业化运输发展。

10. C

【解析】《中共中央办公厅 国务院办公厅关于加快建设统一开放的交通运输市场的意见》(十七)健全交通运输市场监管规则。完善交通运输领域市场监管程序,加强市场监管标准化规范化建设,依法公开监管标准和规则,推动市场监管公平统一。

11. D

【解析】《公路建设市场信用信息管理办法(试行)》第十一条。从业单位不良行为信息主要有:(一)从业单位在从事公路建设活动以及信用信息填报过程中违反有关法律、法规、标准等要求,受到市级及以上交通运输主管部门、与公路建设有关的政府监督部门或机构行政处罚及通报批评的信息;(二)司法机关、审计部门认定的违法违规信息;(三)被省级及以上交通运输主管部门评价为最低信用等级(D级)的记录。

12. C

【解析】《公路建设市场信用信息管理办法(试行)》第十七条。从业单位基本信息在公路建设市场信用信息管理系统中处于锁定状态,发生变化的,应于10个工作日内向负责公布相应信息的交通运输主管部门提出申请后予以更新。

二、判断题

1. √

【解析】《质量强国建设纲要》三、推动经济质量效益型发展。(三)增强质量发展创新动能；(四)树立质量发展绿色导向；(五)强化质量发展利民惠民。

2. √

【解析】《中共中央 国务院关于开展质量提升行动的指导意见》首句。提高供给质量是供给侧结构性改革的主攻方向,全面提高产品和服务质量是提升供给体系的中心任务。

3. √

【解析】《中共中央 国务院关于开展质量提升行动的指导意见》(二十八)加强党对质量工作领导。健全质量工作体制机制,完善研究质量强国战略、分析质量发展形势、决定质量方针政策的工作机制,建立"党委领导、政府主导、部门联合、企业主责、社会参与"的质量工作格局。

4. √

【解析】《中共中央办公厅 国务院办公厅关于加快建设统一开放的交通运输市场的意见》(六)推动交通运输绿色智慧转型升级。按规定开展交通基础设施规划和建设项目环境影响评价,保障规划实施与生态保护要求相一致,强化交通运输能耗与碳排放数据共享。完善交通运输装备能源清洁替代政策,推动中重型卡车、船舶等运输工具应用新能源、清洁能源。加快调整优化交通运输结构,深入推进城市绿色货运配送发展。持续实施自动驾驶、智能航运等智能交通先导应用试点。

5. √

【解析】《中共中央办公厅 国务院办公厅关于加快建设统一开放的交通运输市场的意见》(十二)依法平等对待各类经营主体。健全支持交通运输领域民营企业、中小微企业和个体工商户发展的政策制度,在要素获取、准入许可、经营运行、政府采购和招标投标等方面对各类所有制企业依法平等对待;鼓励金融机构按照市场化法治化原则保障民营企业、中小微企业和个体工商户信贷需求。建立规范化、机制化政企沟通渠道,保持交通运输领域涉企政策的连续性、稳定性。

6. √

【解析】《国家标准化发展纲要》(二)发展目标。到2035年,结构优化、先进合理、国际兼容的标准体系更加健全,具有中国特色的标准化管理体制更加完善,市场驱动、政府引导、企业为主、社会参与、开放融合的标准化工作格局全面形成。

7. √

【解析】《国家标准化发展纲要》三、提升产业标准化水平。(七)推进产业优化升级;(八)引领新产品新业态新模式快速健康发展。

8. √

【解析】《国家标准化发展纲要》(三十一)大力发展标准化服务业。完善促进标准、计量、认证认可、检验检测等标准化相关高技术服务业发展的政策措施,培育壮大标准化服务业市场主体,鼓励有条件地区探索建立标准化服务业产业集聚区,健全标准化服务评价机制和标准化服务业统计分析报告制度。

9. √

【解析】《公路建设市场信用信息管理办法(试行)》第四条。信用信息管理应遵循客观、公正的原则,确保信用信息的真实性、完整性、及时性和准确性。

10. ×

【解析】《交通运输部关于加强公路水运工程建设质量安全监督管理工作的意见》四、全面落实企业质量责任。(十三)落实建设单位工程质量首要责任;(十四)落实勘察设计单位勘察设计质量主体责任;(十五)落实施工单位施工质量主体责任;(十七)落实质量检测单位检测质量责任。

三、多项选择题

1. ABC

【解析】《交通强国建设纲要》的指导思想中指出,以习近平新时代中国特色社会主义思想为指导,深入贯彻党的十九大精神,紧紧围绕统筹推进"五位一体"总体布局和协调推进"四个全面"战略布局,坚持稳中求进工作总基调,坚持新发展理念,坚持推动高质量发展,坚持以供给侧结构性改革为主线,坚持以人民为中心的发展思想,牢牢把握交通"先行官"定位,适度超前,进一步解放思想、开拓进取,推动交通发展由追求速度规模向更加注重质量效益转变,由各种交通方式相对独立发展向更加注重一体化融合发展转变,由依靠传统要素驱动向更加注重创新驱动转变。

2. BCD

【解析】《交通强国建设纲要》指出,到 21 世纪中叶,全面建成人民满意、保障有力、世界前列的交通强国。基础设施规模质量、技术装备、科技创新能力、智能化与绿色化水平位居世界前列,交通安全水平、治理能力、文明程度、国际竞争力及影响力达到国际先进水平,全面服务和保障社会主义现代化强国建设,人民享有美好交通服务。选项 A 属于到 2035 年应完成的目标。

3. ABCD

【解析】《交通强国建设纲要》二(二)构建便捷顺畅的城市(群)交通网。建设城市群一体化交通网,推进干线铁路、城际铁路、市域(郊)铁路、城市轨道交通融合发展,完善城市群快速公路网络,加强公路与城市道路衔接。

4. ABCD

【解析】《交通强国建设纲要》四(二)打造绿色高效的现代物流系统。优化运输结构,加快推进港口集疏运铁路、物流园区及大型工矿企业铁路专用线等"公转铁"重点项目建设,推进大宗货物及中长距离货物运输向铁路和水运有序转移。推动铁水、公铁、公水、空陆等联运发展,推广跨方式快速换装转运标准化设施设备,形成统一的多式联运标准和规则。

5. ABD

【解析】《交通强国建设纲要》十一、保障措施。(一)加强党的领导。坚持党的全面领导,充分发挥党总揽全局、协调各方的作用。(二)加强资金保障。深化交通投融资改革,增强可持续发展能力,完善政府主导、分级负责、多元筹资、风险可控的资金保障和运行管理体制。(三)加强实施管理。各地区各部门要提高对交通强国建设重大意义的认识,科学制定配套政策和配置公共资源,促进自然资源、环保、财税、金融、投资、产业、贸易等政策与交通强国建设相关政策协同,部署若干重大工程、重大项目,合理规划交通强国建设进程。

6. ABCD

【解析】《质量强国建设纲要》(二)主要目标。到2025年,质量整体水平进一步全面提高,中国品牌影响力稳步提升,人民群众质量获得感、满意度明显增强,质量推动经济社会发展的作用更加突出,质量强国建设取得阶段性成效。

7. ABCD

【解析】《质量强国建设纲要》(十三)强化工程质量保障。全面落实各方主体的工程质量责任,强化建设单位工程质量首要责任和勘察、设计、施工、监理单位主体责任。严格执行工程质量终身责任书面承诺制、永久性标牌制、质量信息档案等制度,强化质量责任追溯追究。落实建设项目法人责任制,保证合理工期、造价和质量。推进工程质量管理标准化,实施工程施工岗位责任制,严格进场设备和材料、施工工序、项目验收的全过程质量管控。完善建设工程质量保修制度,加强运营维护管理。强化工程建设全链条质量监管,完善日常检查和抽查抽测相结合的质量监督检查制度,加强工程质量监督队伍建设,探索推行政府购买服务方式委托社会力量辅助工程质量监督检查。完善工程建设招标投标制度,将企业工程质量情况纳入招标投标评审,加强标后合同履约监管。

8. ABCD

【解析】《质量强国建设纲要》(十九)加快质量技术创新应用。强化企业创新主体地位,引导企业加大质量技术创新投入,推动新技术、新工艺、新材料应用,促进品种开发和品质升级。鼓励企业加强质量技术创新中心建设,推进质量设计、试验检测、可靠性工程等先进质量技术的研发应用。支持企业牵头组建质量技术创新联合体,实施重大质量改进项目,协同开展产业链供应链质量共性技术攻关。鼓励支持中小微企业实施技术改造、质量改进、品牌建设,提升中小微企业质量技术创新能力。

9. ABCD

【解析】《中共中央 国务院关于开展质量提升行动的指导意见》(二)基本原则。一是坚持以质量第一为价值导向;二是坚持以满足人民群众需求和增强国家综合实力为根本目的;三是坚持以企业为质量提升主体;四是坚持以改革创新为根本途径。

10. ABCD

【解析】《中共中央 国务院关于开展质量提升行动的指导意见》(八)提升建设工程质量水平。确保重大工程建设质量和运行管理质量,建设百年工程。高质量建设和改造城乡道路交通设施、供热供水设施、排水与污水处理设施。加快海绵城市建设和地下综合管廊建设。

11. ABCD

【解析】《中共中央 国务院关于开展质量提升行动的指导意见》(十二)实施质量攻关工程。推动企业积极应用新技术、新工艺、新材料。加强可靠性设计、试验与验证技术开发应用,推广采用先进成型方法和加工方法、在线检测控制装置、智能化生产和物流系统及检测设备。

12. ABCD

【解析】《中共中央办公厅 国务院办公厅关于加快建设统一开放的交通运输市场的意见》一、总体要求。坚持以习近平新时代中国特色社会主义思想为指导,深入贯彻党的二十大和二十届二中、三中全会精神,完整准确全面贯彻新发展理念,加快构建新发展格局,统筹发展和安全,坚持系统观念,充分发挥市场在资源配置中的决定性作用,更好发挥政府作用,深化铁路、公路、水路、民航、邮政等行业体制机制改革,完善制度规则,推动交通运输跨区域统筹布局、跨方式一体衔接、跨领域协同发展,形成统一开放的交通运输市场,为提升综合交通运输效率、加快建设交通强国提供坚实保障。

13. CD

【解析】 《中共中央办公厅 国务院办公厅关于加快建设统一开放的交通运输市场的意见》(十)完善交通领域价格机制。完善铁路、公路、港口、民航等领域价格形成机制,建立健全统一、公开、透明的价格体系。

14. ABCD

【解析】 《国家标准化发展纲要》(二)发展目标。到2025年,全域标准化深度发展;标准化水平大幅提升;标准化开放程度显著增强;标准化发展基础更加牢固。

15. ABCD

【解析】 《国家标准化发展纲要》四、完善绿色发展标准化保障。(十一)建立健全碳达峰、碳中和标准;(十二)持续优化生态系统建设和保护标准;(十三)推进自然资源节约集约利用;(十四)筑牢绿色生产标准基础;(十五)强化绿色消费标准引领。

16. ABC

【解析】 《关于推进社会信用体系建设高质量发展促进形成新发展格局的意见》(一)指导思想。以习近平新时代中国特色社会主义思想为指导,深入贯彻党的十九大和十九届历次全会精神,坚持系统观念,统筹发展和安全,培育和践行社会主义核心价值观,扎实推进信用理念、信用制度、信用手段与国民经济体系各方面各环节深度融合,进一步发挥信用对提高资源配置效率、降低制度性交易成本、防范化解风险的重要作用,为提升国民经济体系整体效能、促进形成新发展格局提供支撑保障。

17. ABCD

【解析】 《关于推进社会信用体系建设高质量发展促进形成新发展格局的意见》(二)工作要求。充分调动各类主体积极性创造性,发挥征信市场积极作用,更好发挥政府组织协调、示范引领、监督管理作用,形成推进社会信用体系建设高质量发展合力。

18. ABCD

【解析】 《关于推进社会信用体系建设高质量发展促进形成新发展格局的意见》五、以有效的信用监管和信用服务提升全社会诚信水平。(十五)健全信用基础设施;(十六)创新信用监管;(十七)培育专业信用服务机构;(十八)加强诚信文化建设。

19. ABCD

【解析】 《公路建设市场信用信息管理办法(试行)》第四条。信用信息管理应遵循客观、公正的原则,确保信用信息的真实性、完整性、及时性和准确性。

20. ABD

【解析】 《公路建设市场信用信息管理办法(试行)》第二十二条。信用信息发布期限按照下列规定设定:(一)从业单位基本信息公布期限为长期;(二)表彰奖励类良好行为信息、不良行为信息公布期限为2年,信用评价信息公布期限为1年,期满后系统自动解除公布,转为系统档案信息。行政处罚期未满的不良行为信息将延长至行政处罚期满。上述期限均自认定相应行为或作出相应决定之日起计算。

21. ABC

【解析】《公路建设市场信用信息管理办法(试行)》第八条。公路建设市场信用信息包括公路建设从业单位基本信息、表彰奖励类良好行为信息、不良行为信息和信用评价信息。

22. ABCD

【解析】《交通运输部关于加强公路水运工程建设质量安全监督管理工作的意见》(二)工作原则。(1)质量为本、安全为先。充分认识质量安全是工程建设的核心,质量是工程安全的根本,安全是工程质量的前提。不断提高质量安全意识,落实质量安全责任,全面加强质量安全管理。(2)源头防范、系统治理。优化营商环境,激发企业积极性和创造性,把质量安全工作贯穿于工程建设全过程。坚持系统观念,做好顶层设计,注重质量安全工作全局性谋划、整体性推进。(3)依法监管、严守底线。健全完善法规制度和标准规范,加强工程建设监管工作的统筹指导,明确项目监督管理责任,严格监督执法,严守工程建设质量安全底线,遏制质量安全事故发生。(4)示范引领、推动创新。积极发挥平安工地、平安百年品质工程等创建示范的引领作用,以理念创新、制度创新、管理创新、技术创新为动力,持续推动工程技术发展,不断提升工程建设质量安全水平。

第二章　公路水运工程试验检测管理相关法律法规及政策

复习提示

本章涉及的相关文件有：《中华人民共和国计量法》《中华人民共和国计量法实施细则》《中华人民共和国标准化法》《交通运输行业标准管理办法》《中华人民共和国产品质量法》《公路水路行业产品质量监督抽查管理办法》《交通运输部办公厅关于印发〈公路水路行业产品质量监督抽查实施规范管理办法〉的通知》《建设工程质量管理条例》《公路水运工程质量监督管理规定》《农村公路建设质量管理办法》《中华人民共和国安全生产法》《建设工程安全生产管理条例》《危险化学品安全管理条例》《中华人民共和国行政许可法》。

习题

一、单项选择题

1.《中华人民共和国计量法》规定，国际单位制计量单位和国家选定的其他计量单位，为国家法定计量单位。国家法定计量单位的名称、符号由（　　）公布。
   A. 有关计量研究院　　　　　　　　B. 国务院
   C. 省级以上人民政府计量行政部门　　D. 县级以上人民政府计量行政部门

2. 使用不合格的计量器具或者破坏计量器具准确度，给国家和消费者造成损失的，将被责令赔偿损失，（　　）和违法所得，可以并处罚款。
   A. 暂停检测机构检测业务　　　　　B. 暂停涉事检测人员检测业务
   C. 赔偿损失　　　　　　　　　　　D. 没收计量器具

3. 未经（　　）批准，不得制造、销售和进口规定废除的非法定计量单位的计量器具和国务院禁止使用的其他计量器具。
   A. 国家计量认证行政部门　　　　　B. 省级以上计量认证行政部门
   C. 县级以上计量认证行政部门　　　D. 国务院

4. 实行强制检定的计量器具是指（　　）针对社会公用计量标准器具，部门和企业、事业单位使用的最高计量标准器具，以及环境监测等方面的列入强制检定目录的工作计量器具。
   A. 国家计量认证行政部门　　　　　B. 省级以上计量认证行政部门

C. 县级以上计量认证行政部门　　　　D. 国务院主管部门

5. 对于使用非法定计量单位的,应(　　)。
   A. 没收所得　　B. 处以罚款　　C. 责令改正　　D. 责令停止

6. 我们使用的计量器具必须是经检定合格的、(　　)、有标识的计量器具。
   A. 结构完整的　　　　　　　　B. 有检定证书的
   C. 检定周期内的　　　　　　　D. 检定周期外的

7. 下列计量标准中,可以不经过计量行政部门考核、批准就可以使用的是(　　)。
   A. 社会公用计量标准　　　　　B. 部门最高计量标准
   C. 企事业最高计量标准　　　　D. 企事业次级计量标准

8. 我国标准分为(　　)。
   A. 国家标准、专业标准、地方标准和企业标准
   B. 国家标准、行业标准、部门标准和内部标准
   C. 国家标准、行业标准、团体标准和企业标准
   D. 国际标准、国家标准、部门标准和内部标准

9. 根据《中华人民共和国计量法实施细则》,计量器具新产品定型鉴定,由(　　)行政部门授权的技术机构进行;样机试验由所在地方的(　　)人民政府计量行政部门授权的技术机构进行。
   A. 国务院;省级　　　　　　　B. 国务院;市级
   C. 省级;省级　　　　　　　　D. 省级;县级

10. 除(　　)为强制性标准和推荐性标准外,国家鼓励采用推荐性标准。
    A. 行业标准　　B. 企业标准　　C. 国家标准　　D. 团体标准

11. 涉及保障人身健康、生命财产安全的标准属于(　　)。
    A. 国家标准　　B. 行业标准　　C. 强制性标准　　D. 推荐性标准

12. 团体标准应当按照由国务院标准化行政主管部门制定并公布的编号规则进行编号。未进行编号的且逾期不改正的,由(　　)标准化行政主管部门撤销相关标准编号,并在标准信息公共服务平台上公示。
    A. 团体　　B. 国务院　　C. 行业　　D. 省级以上

13. 全国标准化工作由(　　)统一管理。
    A. 国务院　　　　　　　　　　B. 行政主管部门
    C. 国务院标准化行政主管部门　D. 国家认监委

14. 交通运输行业标准计划项目实施的是(　　)制度。
    A. 公开招标　　　　　　　　　B. 公开立项
    C. 公开征集　　　　　　　　　D. 行业协会公开征集意见

15. 交通运输行业标准计划项目完成周期一般不超过(　　)个月。
    A. 12　　　　B. 16　　　　C. 18　　　　D. 24

16. 如果交通运输行业标准计划项目无法按时完成,延长期限不得超过(　　)。
    A. 半年　　　B. 1年　　　C. 2年　　　D. 3年

17. 如果交通运输行业标准计划自动撤销的,标准第一起草人(　　)年内不得作为申报

计划项目的成员。

  A. 1   B. 2   C. 3   D. 5

18. 交通运输行业标准公开征求意见,期限一般不少于( )日。

  A. 7   B. 15   C. 30   D. 90

19. 交通运输行业标准的复审周期不超过( )年。

  A. 3   B. 5   C. 10   D. 15

20. 交通运输行业标准的个别技术要求需要进行调整、补充或者修改,是可以修改的,但修改内容一般不超过( )项。

  A. 30   B. 20   C. 15   D. 5

21. 在工程建设工程中,工程监理是受( )委托进行监理的。

  A. 投资方   B. 施工单位   C. 建设单位   D. 政府质监机构

22. 对全国建设工程质量实施统一监督管理的管理者是( )。

  A. 国务院   B. 国务院建设行政主管部门

  C. 各行业主管部门   D. 行政区域内的地方政府

23. 施工单位未对涉及安全的试块、试件以及有关材料进行取样检测的,应该被责令改正,并处( )。

  A. 20万~50万元罚款   B. 10万元以上20万元以下罚款

  C. 行政处分   D. 10%~15%单位罚款数额

24. 根据《建设工程质量管理条例》,建设单位应当依法对工程建设项目的勘察、设计、施工、监理以及与工程建设有关的重要设备、材料等的采购进行( )。

  A. 谈判   B. 招标   C. 协商   D. 调研

25. ( )是超过合理使用年限的建设工程鉴定的委托人。

  A. 建设单位   B. 施工单位   C. 产权使用人   D. 产权所有人

26. 依据《建设工程质量管理条例》,对涉及结构安全的试块、试件以及有关材料现场取样,应当在建设单位或者工程监理单位的( )下进行,并送具有相应资质等级的质量检测单位进行检测。

  A. 旁站   B. 见证   C. 监督   D. 协助

27. 须经国务院有关部门或( )考核合格,方可从事工程质量监督。

  A. 县级人民政府其他有关部门

  B. 国务院建设行政主管部门

  C. 省级人民政府其他有关部门

  D. 行政区域内的地方政府

28. 公路水运行业产品的监督抽查应当遵循的原则是( )。

  A. 客观、公开   B. 科学、严谨   C. 公开、公正   D. 科学、公正

29. 公路水运行业产品的监督抽查人员不得少于( )名,否则,被抽查企业可以拒绝接受抽查。

  A. 1   B. 2   C. 3   D. 4

30. 根据《公路水路行业产品质量监督抽查管理办法》规定,被抽查企业对检验结果有异

议的,在( )日内被抽样企业可以提出书面复检申请。交通运输部在复检工作完成( )日内须作出书面答复。复检结论为最终结论。

  A.30;7   B.15;10   C.5;15   D.15;5

31. 监督抽查结果不合格产品的生产企业应当自收到检验结果通知之日起进行整改,其整改的时间为( )日内。

  A.15   B.30   C.60   D.90

32. 技术审查一般采用会议审查形式,会议审查原则上应协商一致。如需表决,必须有不少于审查专家人数的( )同意方为通过。

  A.全部   B.1/2   C.2/3   D.3/4

33. 通过技术审查的规范,起草单位应在( )个工作日内根据技术审查意见修改完善,并形成报批材料报管理部门。

  A.5   B.7   C.10   D.30

34. 《公路水路行业产品质量监督抽查实施规范管理办法》的复审周期原则上不超过( )年。

  A.3   B.5   C.10   D.15

35. 交通运输主管部门或者其委托的建设工程质量监督机构应当自( ),依法开展公路水运工程建设的质量监督管理工作。

  A. 工程开工之日起,至工程竣工验收完成之日止

  B. 工程开工之日起

  C. 工程开工前

  D. 建设单位办理完成施工许可或者开工备案手续之日起,至工程竣工验收完成之日止

36. 交通运输主管部门或者其委托的建设工程质量监督机构可以采取随机抽查、( )等方式对从业单位实施监督检查。

  A.督查检查   B.飞行检查   C.专项检查   D.备案核查

37. 施工单位未按规定对原材料、混合料、构配件等进行检验的,依照《建设工程质量管理条例》第六十五条规定,责令改正,未造成工程质量事故的,处( )的罚款;情节严重的,责令停工整顿。

  A. 处 70 万元以上 80 万元以下

  B. 处 60 万元以上 70 万元以下

  C. 处 15 万元以上 20 万元以下

  D. 处 10 万元以上 15 万元以下

38. 重要农村公路建设项目主体工程实行( )。

  A. 质量责任终身制   B. 项目业主责任制

  C. 质量监管主体制   D. 首件工程制

39. 按照《农村公路建设质量管理办法》要求,县级以上交通运输主管部门负责( )。

  A. 全面履行农村公路建设质量监管主体责任

  B. 组织开展农村公路建设质量督导

C.组织开展农村公路建设抽查和考核
D.按照分级负责的原则履行农村公路建设质量监管职责

40.农村公路建设项目的材料应当加强质量控制,严格执行原材料的(　　)。
A.使用过程检验检查　　　　　B.产地抽样检验检查
C.进场检验检查　　　　　　　D.复核验证

41.《中华人民共和国安全生产法》规定,安全生产工作应当把保护人民(　　)摆在首位。
A.生命安全　　　　　　　　　B.财产安全
C.健康安全　　　　　　　　　D.权利安全

42.(　　)依照《中华人民共和国安全生产法》对全国安全生产实施综合监督管理。
A.国务院　　　　　　　　　　B.国务院应急管理部门
C.国务院住房和城乡建设部门　D.国务院交通运输部门

43.检验检测机构从业人员需要掌握本职工作所需的安全生产知识,提高安全生产技能,增强事故(　　)和应急处理能力。
A.处置　　　　B.解决　　　　C.预防　　　　D.规避

44.《中华人民共和国安全生产法》规定,安全生产工作应当把保护人民(　　)摆在首位。
A.生命安全　　　　　　　　　B.财产安全
C.健康安全　　　　　　　　　D.权利安全

45.未在施工现场的危险部位设置明显的安全警示标志,要责令限期改正;逾期未改正的,责令停业整顿,依照《中华人民共和国安全生产法》的有关规定处以罚款;造成重大安全事故,构成犯罪的,对(　　)依照刑法有关规定追究刑事责任。
A.施工单位　　　　　　　　　B.项目经理
C.施工单位的主要负责人　　　D.直接责任人员

46.施工单位从事建设工程的新建工程、扩建工程、改建工程和(　　)等活动,应当具备国家规定的注册资本、专业技术人员、技术装备和安全生产等条件,依法取得相应等级的资质证书,并在其资质等级许可的范围内承揽工程。
A.再建工程　　　　　　　　　B.基础工程
C.拆除工程　　　　　　　　　D.结构工程

47.施工单位应当根据建设工程施工的特点、范围,对施工现场易发生(　　)的部位、环节进行监控,制定施工现场生产安全事故应急救援预案。
A.严重事故　　　　　　　　　B.重大事故
C.一般事故　　　　　　　　　D.事故

48.剧毒化学品以及储存数量构成重大危险源的其他危险化学品,下列说法错误的是(　　)。
A.在专用仓库内单独存放　　　B.实行双人收发制度
C.实行双人保管制度　　　　　D.及时向主管部门报告

49.生产、储存危险化学品的企业,应当对本企业的安全生产条件每(　　)进行一次安全评价。
A.半年　　　　B.1年　　　　C.2年　　　　D.3年

50. 依据《危险化学品安全管理条例》，交通运输行业检测机构常用的化学试剂中( )是属危险化学品范畴。
   A. 亚甲蓝试剂　　　　　　　　　B. 酚酞试剂
   C. 三氯乙烯　　　　　　　　　　D. 甲基橙试剂

51. 行政许可是指行政机关根据公民、( )或者其他组织的申请，经依法审查，准予其从事特定活动的行为。
   A. 独立法人　　B. 社会团体　　C. 企业　　D. 法人

52. 公民、法人或者其他组织对行政机关实施行政许可，享有陈述权、( )。
   A. 诉讼权　　B. 监督权　　C. 申辩权　　D. 平等权

53. 行政机关可以依法变更或者撤回已经生效的行政许可。由此给公民、法人或者其他组织造成财产损失的，行政机关应当依法给予( )。
   A. 补助　　B. 赔偿　　C. 赔付　　D. 补偿

54. ( )人民政府应当建立健全对行政机关实施行政许可的监督制度，加强对行政机关实施行政许可的监督检查。
   A. 各级　　B. 乡级　　C. 县级　　D. 县级以上

55. 行政许可的设定机关对已设定的行政许可，认为通过行政法规定的其他方式能够予以规范的，就应当对设定该行政许可的规定及时予以( )。
   A. 修改或者废止　　　　　　　　B. 变更或者撤销
   C. 变更或者撤回　　　　　　　　D. 修订或者废止

56. 依法需要取得行政许可的申请人申请行政许可时，应当如实向行政机关提交有关材料和反映真实情况，并对其申请材料实质内容的( )负责。
   A. 符合性　　B. 真实性　　C. 齐全性　　D. 准确性

57. 行政机关作出准予行政许可的决定，应当自作出决定之日起( )向申请人颁发、送达行政许可证件，或者加贴标签、加盖检验、检测、检疫印章。
   A. 7日内　　B. 10日　　C. 10日内　　D. 15日内

58. 被许可人需要延续依法取得的行政许可的有效期的，应当在该行政许可有效期届满( )前向作出行政许可决定的行政机关提出申请。
   A. 3个月　　B. 90日　　C. 30个工作日　　D. 30日

59. 下列关于行政许可监督检查，表述错误的是( )。
   A. 应当建立健全监督制度，通过核查反映被许可人从事行政许可事项活动情况的有关材料，履行监督责任
   B. 应当将监督检查的情况和处理结果予以记录，由监督检查人员签字后归档
   C. 公众无权查阅行政机关监督检查记录
   D. 行政机关实施行政许可和对行政许可事项进行监督检查，不得收取任何费用

60. 行政机关应当依法办理有关行政许可的注销手续的情形不包括( )。
   A. 对不具备申请资格或者不符合法定条件的申请人准予行政许可的
   B. 行政许可依法被撤销、撤回，或者行政许可证件依法被吊销的
   C. 法人或者其他组织依法终止的

D. 行政许可有效期届满未延续的

61. 下列情形中,(   )在三年内不得再次申请该行政许可。

A. 行政许可申请人隐瞒有关情况或者提供虚假材料,申请属于直接关系公共安全、人身健康、生命财产安全事项的

B. 被许可人以欺骗、贿赂等不正当手段取得的行政许可,属于直接关系公共安全、人身健康、生命财产安全事项的

C. 被许可人以欺骗、贿赂等不正当手段取得行政许可的

D. 隐瞒有关情况或者提供虚假材料申请行政许可的

二、判断题

1. 企业、事业单位根据需要,可以建立本单位使用的计量标准器具,其各项最高计量标准器具经有关人民政府计量行政部门主持考核合格后使用。（   ）

2. 推荐性国家标准的相关技术要求可以低于强制性国家标准的相关技术要求。（   ）

3. 标准制定部门未依法对标准进行编号、复审或者备案的,国务院标准化行政主管部门应要求其限期改正。（   ）

4. 交通运输行业标准指需要在交通运输行业范围内统一的,以科学技术和实践经验为基础,对工程建设、重要产品和设施设备、行业服务和管理提出的技术要求。（   ）

5. 交通运输行业标准是强制性标准。（   ）

6. 交通建设工程所建设的公路、桥梁、隧道、码头等永久性设施,包括施工过程中使用的原材料都不适用《中华人民共和国产品质量法》。（   ）

7. 建设工程相关的勘察、设计、施工、工程监理等原始资料应该由业主提供。（   ）

8. 施工人员对涉及结构安全的试块、试件以及有关材料,应当在建设单位或者工程监理单位监督下现场取样,并送具有相应资质等级的质量检测单位进行检测。（   ）

9. 公路水运行业产品监督抽查是指检验检测机构依法对公路水路行业产品进行有计划的随机抽样、检验,并对监督抽查结果公布和处理的活动。（   ）

10. 交通运输部对发现有问题嫌疑的公路水路行业产品可以实施有针对性的重点抽查。（   ）

11. 抽样样品应该由监督抽样人员负责携带、寄送或者监督运输。（   ）

12. 对于公路水路产品质量监督抽查的工作规范,起草单位一般为从事相关领域检验检测的独立机构,应对所制定的规范质量及其技术内容全面负责。（   ）

13. 公路水运工程质量,是指有关公路水运工程建设的法律、法规、规章、技术标准、经批准的设计文件以及工程合同对建设公路水运工程的安全、舒适、耐久等特性的综合要求。（   ）

14. 交通运输部负责对长江干线航道工程质量监督管理。（   ）

15. 公路水运工程实行质量监督管理制度。（   ）

16. 农村公路建设工程实行质量责任终身制。（   ）

17. 农村公路建设工程验收,按照《公路工程竣(交)工验收办法》《公路工程质量检验评定标准》开展验收。（   ）

18.根据《中华人民共和国安全生产法》规定,国家实行生产安全事故责任追究制度。( )

19.生产经营单位应当在有较大危险因素的生产经营场所和有关设施、设备上,设置明显的安全警示标志。( )

20.生产经营单位应当在有较大危险因素的生产经营场所和有关设施、设备上,设置明显的安全警示标志。( )

21.建设工程实行施工总承包的,由总承包单位对施工现场的安全生产负总责。( )

22.作业人员应当遵守安全施工的强制性标准、规章制度和操作规程,正确使用安全防护用具、机械设备等。( )

23.任何单位和个人不得生产、经营、使用国家明令禁止的危险化学品。( )

24.危险化学品单位应当制定本单位危险化学品事故应急预案,配备应急救援人员和必要的应急救援器材、设备,并定期组织应急救援演练。( )

25.危险化学品事故造成环境污染的,由县级以上人民政府环境保护主管部门统一发布有关信息。( )

26.依法取得的行政许可,除法律、法规规定依照法定条件和程序可以转让的外,不得转让。( )

27.设定的行政许可,不得限制其他地区的个人或者企业到本地区从事生产经营和提供服务,不得限制其他地区的商品进入本地区市场。( )

28.行政法规只可在法律设定的行政许可事项范围内,对实施该行政许可作出具体规定。( )

29.行政许可由具有行政许可权的行政机关在其法定职权范围内实施。( )

30.公民、法人或者其他组织依法取得的行政许可受法律保护,行政机关不得擅自改变已经生效的行政许可。( )

31.行政许可采取统一办理或者联合办理、集中办理的,办理的时间不得超过四十五日;四十五日内不能办结的,经本行政机关负责人批准,可以延长十五日,并应当将延长期限的理由告知申请人。( )

32.行政机关可以对被许可人生产经营的产品依法进行抽样检查、检验、检测,对其生产经营场所依法进行实地检查。被许可人应当如实提供有关情况和材料。( )

33.个人和组织发现违法从事行政许可事项的活动,有权向行政机关举报,行政机关应当及时核实、处理。( )

34.《中华人民共和国认证认可条例》规定,认可机构委托他人完成与认可有关的具体评审业务的,由完成具体评审业务的被委托人对评审结论负责。( )

三、多项选择题

1.对于检验检测机构的设备而言,下列不需要进行检定的设备对象是( )。
  A.非强制的测量装置　　　　　　B.进货检验过程使用的计量器具
  C.过程检验中使用的计量器具　　D.强制检定的测量装置

2.《中华人民共和国计量法》中规定的"不合格的计量器具"是指( )。

A. 未经检定的设备 B. 超过检定合格有效期的设备
C. 经检定不合格的计量器具 D. 未按规定进行期间核查的设备

3. 计量基准器具的使用必须( )。
A. 经国家鉴定合格 B. 具有正常工作所需要的环境条件
C. 具有称职的保存、维护、使用人员 D. 具有完善的管理制度

4. "使用不合格的计量器具"是指( )。
A. 未贴检定标识的设备 B. 超过检定合格有效期的设备
C. 经检定不合格的计量器具 D. 未按规定进行期间核查的设备

5. 企业标准、团体标准的使用必须实施自我声明公开和监督制度。企业和团体要通过标准信息公共服务平台向社会公开( )。
A. 企业或团体组织机构代码 B. 服务的性能指标
C. 标准的编号 D. 标准的名称

6. 制定交通运输行业标准,应该保证行业标准的( )。
A. 先进性 B. 可行性
C. 科学性 D. 规范性

7. 制定交通运输行业标准的程序包括( )。
A. 立项 B. 审查 C. 编号 D. 备案

8. 交通运输行业标准编号由( )组成。
A. 专业编码 B. 代号 C. 顺序号 D. 年份号

9. 交通运输部根据( )等建立的被抽查对象信息库,并采用随机抽取的方式确定被抽查对象。
A. 有关公路水路行业产品生产销售情况
B. 省级交通运输主管部门报送的有关信息
C. 交通行业信用评价结果
D. 各建设方业主的质量举报

10. 在进行公路水运行业产品监督抽查前,抽样人员应该向被抽查企业出示和告知的内容有( )。
A. 交通运输部出具的公路水路行业产品质量监督抽查通知
B. 有关监督抽查文件或者其复印件
C. 有效身份证件
D. 被抽查企业监督抽查的性质、抽样方法、检验依据和判定规则

11. 监督抽查的样品应该是( )。
A. 由企业抽样或送样的产品
B. 有产品质量检验合格证明或者以其他形式表明合格的产品
C. 有被抽查企业送样的产品
D. 由抽样人员在市场上的产品中随机抽取的样品

12. 合规的抽样文书应该是( )。
A. 由抽样人员和被抽查企业人员共同签字确认

B.在工程现场抽样时,应当由检验机构、省级交通运输主管部门、工程建设单位、监理单位、施工单位、被抽查生产企业或者销售企业的有关人员共同签字确认

C.应当使用规定的抽样文书,详细记录抽样信息

D.抽样文书一式三份

13.工程建设单位拒绝抽样,应该由( )共同确认,并按照拒绝监督抽查处理。
A.工程单位负责人　　　　　　　B.县级交通主管部门
C.抽样人员　　　　　　　　　　D.省级交通运输主管部门

14.公路水运工程质量的责任主体的建设( )应当书面明确相应的项目负责人和质量负责人。
A.监理　　　B.设计　　　C.施工　　　D.勘察

15.施工单位应当严格按照工程设计图纸、施工技术标准和合同约定施工,对原材料、混合料、构配件、工程实体、机电设备等进行检验;按规定施行班组( )的质量控制程序。
A.验收　　　B.自检　　　C.工序交接检　　　D.专职质检员检验

16.( )应当对其设立的工地临时试验室所出具的试验检测数据和报告的真实性、客观性、准确性负责。
A.施工单位　　　　　　　　　　B.监理单位
C.母体实验室　　　　　　　　　D.工地试验室

17.交通运输主管部门或者其委托的建设工程质量监督机构可以采取( )等方式对从业单位实施监督检查。
A.随机抽查　　　　　　　　　　B.飞行检查
C.专项检查　　　　　　　　　　D.备案核查

18.农村公路建设质量监督检查的方式包括( )。
A.双随机　　　　　　　　　　　B.专项督查
C.突击检查　　　　　　　　　　D.巡视检查

19.公路水路行业产品质量监督抽查实施规范是开展产品质量监督抽查( )的工作规范。
A.抽样　　　　　　　　　　　　B.检验
C.审批　　　　　　　　　　　　D.判定

20.公路水路行业产品质量监督抽查实施规范包括( )等内容。
A.抽样方法　　　　　　　　　　B.检验要求
C.产品种类　　　　　　　　　　D.异议处理

21.公路水路行业产品质量监督抽查实施规范编号由( )等组成。
A.专业编码　　　　　　　　　　B.代号(JDCC)
C.顺序号　　　　　　　　　　　D.领域编码

22.生产经营单位的安全生产管理机构以及安全生产管理人员履行的职责有( )。
A.拟订本单位安全事故应急救援预案
B.及时排查生产安全事故隐患
C.参与本单位应急救援演练
D.组织开展危险源辨识和评估

23. 生产经营单位应当对从业人员进行安全生产教育和培训,保证从业人员具备必要的安全生产知识,安全生产知识包括(　　)。
   A. 本岗位的安全技能
   B. 事故应急处理措施
   C. 自身在安全方面的权利和义务
   D. 有关的安全生产规章制度和安全操作规程

24. 生产经营单位必须为从业人员提供符合(　　)劳动防护用品。
   A. 国家标准　　　　　　　　　　B. 行业标准
   C. 推荐标准　　　　　　　　　　D. 强制标准

25. 事故调查处理的原则是(　　)。
   A. 科学严谨　　B. 依法依规　　C. 实事求是　　D. 注重实效

26. 下列关于安全生产费用的描述,正确的是(　　)。
   A. 安全生产费用用于生产条件的改善,支付农民工工资
   B. 安全生产费用在成本中据实列支
   C. 生产经营单位应当具备的安全生产条件所必需的资金投入
   D. 生产经营单位应当按照规定提取和使用安全生产费用

27. 在中华人民共和国境内从事(　　)的新建、扩建、改建和拆除等有关活动及实施对建设工程安全生产的监督管理,必须遵守《建设工程安全生产管理条例》。
   A. 公路水运工程　　　　　　　　B. 线路管道和设备安装工程
   C. 建筑工程　　　　　　　　　　D. 土木工程

28. 下列关于施工单位的安全责任,表述正确的是(　　)。
   A. 应当建立安全生产教育培训制度
   B. 应当建立健全安全生产责任制度
   C. 应当保证本单位安全生产条件所需资金的投入
   D. 应当做好安全检查记录

29. 达到一定规模的危险性较大的分部分项工程应当编制专项施工方案,这些工程包括(　　)。
   A. 模板工程　　　　　　　　　　B. 脚手架工程
   C. 基坑支护与降水工程　　　　　D. 土方开挖工程

30. 根据《危险化学品安全管理条例》,危险化学品是指具有毒害、腐蚀、(　　)等性质,对人体、设施、环境具有危害的剧毒化学品和其他化学品。
   A. 爆炸　　　　B. 燃烧　　　　C. 挥发　　　　D. 助燃

31. 危险化学品单位从事生产、经营、储存、运输、使用危险化学品或者处置废弃危险化学品活动的人员,必须(　　)。
   A. 接受安全教育、法制教育　　　B. 接受岗位技术培训
   C. 经考核合格后方可上岗作业　　D. 必须与从业单位签订劳动合同

32. 危险化学品应当储存在专用仓库、专用场地或者专用储存室内,并由专人管理。其(　　)必须符合国家标准或者国家有关规定。

A. 储存品种　　　　　　　　　　B. 储存方式
C. 储存方法　　　　　　　　　　D. 储存数量

33. 行政许可遵循的原则是(　　)。
    A. 非歧视　　B. 公平　　C. 公正　　D. 公开

34. 公民、法人或者其他组织依法取得的行政许可受法律保护,但当行政许可所依据的法律、法规、规章修改或者废止,或者准予行政许可所依据的客观情况发生重大变化的,为了公共利益的需要,行政机关可以依法(　　)或者(　　)已经生效的行政许可。
    A. 改变　　B. 变更　　C. 撤销　　D. 撤回

35. 可以设定行政许可的事项包括(　　)。
    A. 直接关系公共安全、人身健康、生命财产安全的重要设备、设施、产品、物品,需要按照技术标准、技术规范,通过检验、检测、检疫等方式进行审定的事项
    B. 直接涉及国家安全、公共安全、经济宏观调控、生态环境保护以及直接关系人身健康、生命财产安全等特定活动,需要按照法定条件予以批准的事项
    C. 提供公众服务并且直接关系公共利益的职业、行业,需要确定具备特殊信誉、特殊条件或者特殊技能等资格、资质的事项
    D. 行业组织或者中介机构能够自律管理的

36. 设定行政许可,应当规定行政许可的(　　)。
    A. 条件　　B. 实施机关　　C. 期限　　D. 程序

37. 当出现下列(　　)情形时,行政机关对申请人提出的行政许可申请应当受理。
    A. 申请材料不齐全或者不符合法定形式的,当场或者在五日内一次补正了的全部内容
    B. 申请事项依法不属于本行政机关职权范围的
    C. 申请事项属于本行政机关职权范围,申请材料齐全、符合法定形式
    D. 申请事项依法不需要取得行政许可的

38. 对直接关系(　　)的检验、检测、检疫,除法律、行政法规规定由行政机关实施的外,应当逐步由符合法定条件的专业技术组织实施。
    A. 公共安全的设备、设施、产品、物品
    B. 人身健康安全的设备、设施、产品、物品
    C. 生命财产安全的设备、设施、产品、物品
    D. 实验室安全的设备、设施、产品、物品

39. 行政许可申请可以通过(　　)方式提出。
    A. 信函　　　　　　　　　　B. 电报、电传、传真
    C. 电子数据交换　　　　　　D. 电子邮件

40. 行政机关作出准予行政许可的决定,需要颁发行政许可证件的,应当向申请人颁发加盖本行政机关印章的行政许可证件。行政许可证件包括(　　)。
    A. 许可证、执照或者其他许可证书
    B. 资格证、资质证或者其他合格证书
    C. 行政机关的批准文件或者证明文件

D. 法律、法规规定的其他行政许可证件
41. 下列关于行政许可期限,说法正确的是(　　)。
    A. 无要求
    B. 能够当场作出决定的,应当当场作出书面的行政许可决定
    C. 不能当场作出决定的应当自受理行政许可申请之日起二十日内作出行政许可决定
    D. 二十日内不能作出决定的,经本行政机关负责人批准,可以延长十日

习题参考答案及解析

一、单项选择题

1. B

【解析】《中华人民共和国计量法》第三条。国际单位制计量单位和国家选定的其他计量单位,为国家法定计量单位。国家法定计量单位的名称、符号由国务院公布。这里容易出错的选项是A,选项C、D属于地域的管理者。

2. D

【解析】《中华人民共和国计量法》第二十七条。制造、销售、使用以欺骗消费者为目的的计量器具的,没收计量器具和违法所得,处以罚款;情节严重的,并对个人或者单位直接责任人员依照刑法有关规定追究刑事责任。注意关键词"使用"。

3. B

【解析】《中华人民共和国计量法》第十四条。未经省、自治区、直辖市人民政府计量行政部门批准,不得制造、销售和进口国务院规定废除的非法定计量单位的计量器具和国务院禁止使用的其他计量器具。

4. C

【解析】《中华人民共和国计量法》第九条。县级以上人民政府计量行政部门对社会公用计量标准器具,部门和企业、事业单位使用的最高计量标准器具,以及用于贸易结算、安全防护、医疗卫生、环境监测方面的列入强制检定目录的工作计量器具,实行强制检定。未按照规定申请检定或者检定不合格的,不得使用。这是法律条款原文,涉及强制检定计量器具这个概念。

5. C

【解析】使用非法定计量单位法律责任的规定。根据《中华人民共和国计量法实施细则》第四十三条,使用非法定计量单位的,责令其改正。

6. C

【解析】《中华人民共和国计量法实施细则》第二十五条。任何单位和个人不准在工作岗位上使用无检定合格印、证或者超过检定周期以及经检定不合格的计量器具。在教学示范中使用计量器具不受此限。为什么不是选项B,因为此说法不全面,除有检定证书外,还有校准证书等。

7. D

【解析】《中华人民共和国计量法实施细则》第十条。企业、事业单位建立本单位各项最高计量标准,须向与其主管部门同级的人民政府计量行政部门申请考核。乡镇企业向当地县级人民政府计量行政部门申请考核。经考核符合本细则第七条规定条件并取得考核合格证的,企业、事业单位方可使用,并向其主管部门备案。

8. C

【解析】《中华人民共和国标准化法》第二条。标准包括国家标准、行业标准、地方标准和团体标准、企业标准。

9. A

【解析】《中华人民共和国计量法实施细则》第十六条。计量器具新产品定型鉴定,由国务院计量行政部门授权的技术机构进行;样机试验由所在地方的省级人民政府计量行政部门授权的技术机构进行。

10. C

【解析】《中华人民共和国标准化法》第二条。国家标准分为强制性标准、推荐性标准,行业标准、地方标准是推荐性标准。

11. C

【解析】《中华人民共和国标准化法》第十条。对保障人身健康和生命财产安全、国家安全、生态环境安全以及满足经济社会管理基本需要的技术要求,应当制定强制性国家标准。

12. D

【解析】《中华人民共和国标准化法》第四十二条。社会团体、企业未依照本法规定对团体标准或者企业标准进行编号的,由标准化行政主管部门责令限期改正;逾期不改正的,由省级以上人民政府标准化行政主管部门撤销相关标准编号,并在标准信息公共服务平台上公示。

13. C

【解析】《中华人民共和国标准化法》第五条。国务院标准化行政主管部门统一管理全国标准化工作。

14. C

【解析】《交通运输行业标准管理办法》第十三条。行业标准计划项目实行公开征集制度,有关单位和个人可以依据交通运输标准化规划、标准体系、部重点工作和有关要求,向标委会、部业务管理机构或部标准管理机构提出计划项目建议。标准技术归口单位负责相应领域的计划项目建议汇总。

15. C

【解析】《交通运输行业标准管理办法》第十七条。行业标准计划项目完成周期一般不超过18个月。标准修订计划项目和采用国际标准的计划项目完成周期一般不超过16个月。

16. B

【解析】《交通运输行业标准管理办法》第十九条。行业标准计划项目应当按交通运输标准化年度计划规定的期限完成,无法按时完成的,标准第一起草单位应当提前3个月提出项目延期或终止申请并详细说明原因,申请项目延期的应当制定后续执行计划。行业标准计划项目可以申请延期1次,延长期限不得超过1年。

17. D

【解析】 《交通运输行业标准管理办法》第十九条。超过立项时规定的期限未完成也未提出延期申请的,或者申请延期后在延长期之内仍未完成的,项目自动撤销。项目自动撤销的,标准第一起草人5年内不得作为申报计划项目的成员。标准第一起草单位累计3次项目自动撤销的,2年内不得申报计划项目。

18. C

【解析】 《交通运输行业标准管理办法》第二十二条。行业标准的公开征求意见期限一般不少于30日。

19. B

【解析】 《交通运输行业标准管理办法》第三十六条。行业标准的复审周期一般不超过5年。

20. D

【解析】 《交通运输行业标准管理办法》第三十一条。行业标准发布后,个别技术要求需要进行调整、补充或者删减的,可以采用修改单的方式进行修改,修改内容一般不超过5项。

21. C

【解析】 《建设工程质量管理条例》第十二条。建设单位应当委托具有相应资质等级的工程监理单位进行监理。

22. B

【解析】 《建设工程质量管理条例》第四十三条。国务院建设行政主管部门建设工程对全国建设工程质量实施统一监督管理。

23. B

【解析】 《建设工程质量管理条例》第六十五条。违反本条例规定,施工单位未对建筑材料、建筑构配件、设备和商品混凝土进行检验,或者未对涉及结构安全的试块、试件以及有关材料取样检测的,责令改正,处10万元以上20万元以下的罚款;情节严重的,责令停业整顿,降低资质等级或者吊销资质证书;造成损失的,依法承担赔偿责任。选项D是该条例第七十三条的规定;选项A是该条例第五十六条的规定。

24. B

【解析】 《建设工程质量管理条例》第八条。建设单位应当依法对工程建设项目的勘察、设计、施工、监理以及与工程建设有关的重要设备、材料等的采购进行招标。

25. D

【解析】 《建设工程质量管理条例》第四十二条。建设工程超过合理使用年限后需要继续使用的,产权所有人应委托具有相应资质的勘察、设计单位鉴定。

26. C

【解析】 《建设工程质量管理条例》第三十一条。施工人员对涉及结构安全的试块、试件以及有关材料,应当在建设单位或者工程监理单位的监督下现场取样,并送具有相应资质等级的质量检测单位进行检测。

27. C

【解析】 《建设工程质量管理条例》第四十六条。从事专业建设工程质量监督机构,必须经国务院或省级人民政府其他有关部门考核合格。

28. D

【解析】 《公路水路行业产品质量监督抽查管理办法》第三条。监督抽查应当遵循科学、公正的原则。

29. B

【解析】 《公路水路行业产品质量监督抽查管理办法》第十条。抽样人员应当为受委托的检验机构的工作人员,熟悉相关法律法规、标准和有关规定。抽样人员由受委托的检验机构随机选派,不得少于2名。同时要注意,题干还涉及该办法的第十四条,即抽样人员少于2名时,被抽查企业可以拒绝接受抽查。

30. D

【解析】 《公路水路行业产品质量监督抽查管理办法》第二十九条、第三十条。被抽查企业对检验结果有异议的,可以自收到检验结果之日起15日内向交通运输部提出书面复检申请;逾期未提出的,视为承认检验结果。接到复检申请后,交通运输部应当委托具有法定资质的检验机构按照原方案进行复检,并于检验工作完成后5日内作出书面答复。复检结论为最终结论。

31. D

【解析】 《公路水路行业产品质量监督抽查管理办法》第三十三条。监督抽查结果不合格产品的生产企业应当自收到检验结果通知之日起进行整改,并于90日内完成整改工作,向交通运输部提交整改报告和复查申请,接受复查检验。

32. D

【解析】 《公路水路行业产品质量监督抽查实施规范管理办法》第十条。技术审查一般采用会议审查形式,参与审查专家人数不少于8人,应具有广泛性和代表性,对规范条文进行逐条审查。会议审查原则上应协商一致。如需表决,必须有不少于审查专家人数的3/4同意方为通过。技术审查结束后形成技术审查意见,附审查专家签名表。

33. C

【解析】 《公路水路行业产品质量监督抽查实施规范管理办法》第十一条。通过技术审查的规范,起草单位应在10个工作日内根据技术审查意见修改完善,并形成报批材料报管理部门。报批材料包括但不限于规范报批稿、技术审查意见和专家书面意见处理表。

34. B

【解析】 《公路水路行业产品质量监督抽查实施规范管理办法》第十六条。规范发布实施后,管理部门根据技术进步情况和行业发展需要适时组织复审,复审可采用会审或函审形式。原则上复审周期不超过5年。

35. D

【解析】 《公路水运工程质量监督管理规定》第二十四条。交通运输主管部门或者其委托的建设工程质量监督机构应当自建设单位办理完成施工许可或者开工备案手续之日起,至工程竣工验收完成之日止,依法开展公路水运工程建设的质量监督管理工作。

36. D

【解析】《公路水运工程质量监督管理规定》第二十八条。交通运输主管部门或者其委托的建设工程质量监督机构可以采取随机抽查、备案核查、专项督查等方式对从业单位实施监督检查。选项B、C是目前经常预见的不准确说法。

37. D

【解析】《公路水运工程质量监督管理规定》第四十一条。违反本规定第十四条规定,施工单位未按规定对原材料、混合料、构配件等进行检验的,依照《建设工程质量管理条例》第六十五条规定,责令改正,按以下标准处以罚款;情节严重的,责令停工整顿:(一)未造成工程质量事故的,处10万元以上15万元以下的罚款;(二)造成工程质量事故的,处15万元以上20万元以下的罚款。选项A、B是《公路水运工程质量监督管理规定》第四十三条关于监理单位违规行为的处罚。

38. D

【解析】《农村公路建设质量管理办法》第二十九条。重要农村公路建设项目主体工程实行首件工程制。选项A涉及办法的第六条,农村公路建设工程实行质量责任终身制;选项B涉及办法的第十条,农村公路建设项目实行项目业主责任制;这两者都不是正确答案。

39. D

【解析】《农村公路建设质量管理办法》第十八条~第二十条。按照办法提出的要求,选项A是地市级、县级交通运输主管部门的职责,选项B、C是省级交通运输主管部门的职责,考生应注意区分监督与监管的不同。

第十八条 县级以上交通运输主管部门应当建立健全上下协调、控制有效、覆盖全面的农村公路建设质量监管机制,按照分级负责的原则履行农村公路建设质量监管职责。

第十九条 省级交通运输主管部门应当根据部、省有关规定制定本行政区域农村公路建设质量管理制度和技术政策,组织开展农村公路建设质量督导、抽查和考核,协调农村公路建设质量管理中的重大事项,指导各地加强农村公路建设质量监管。

第二十条 地市级、县级交通运输主管部门应当按照工作职责和项目管理权限,全面履行农村公路建设质量监管主体责任,贯彻落实质量管理制度和技术政策,制定本行政区域农村公路建设质量监管工作要点,落实责任部门,开展质量监督检查,规范从业单位质量行为,加强质量管理人员业务培训,组织项目验收。

40. C

【解析】《农村公路建设质量管理办法》第二十八条。农村公路建设项目应当加强原材料质量控制,严格按规定对水泥、钢材、沥青、砂石等原材料进行进场检验检查。未经检验或者经检验不合格的材料,不得投入使用。农村公路建设项目应当加强混凝土配合比设计和复核验证,确保配合比设计满足混凝土强度和耐久性要求。

41. A

【解析】《中华人民共和国安全生产法》第三条。安全生产工作应当以人为本,坚持人民至上、生命至上,把保护人民生命安全摆在首位,树牢安全发展理念,坚持安全第一、预防为主、综合治理的方针,从源头上防范化解重大安全风险。

42. B

【解析】《中华人民共和国安全生产法》第十条。国务院应急管理部门依照本法,对全国安全生产工作实施综合监督管理;县级以上地方各级人民政府应急管理部门依照本法,对本行政区域内安全生产工作实施综合监督管理。

43. C

【解析】《中华人民共和国安全生产法》第五十五条。从业人员应当接受安全生产教育和培训,掌握本职工作所需的安全生产知识,提高安全生产技能,增强事故预防和应急处理能力。

44. A

【解析】《中华人民共和国安全生产法》第三条。安全生产工作应当以人为本,坚持人民至上、生命至上,把保护人民生命安全摆在首位,树牢安全发展理念,坚持安全第一、预防为主、综合治理的方针,从源头上防范化解重大安全风险。

45. D

【解析】《建设工程安全生产管理条例》第六十二条。违反本条例的规定,施工单位有下列行为之一的,责令限期改正;逾期未改正的,责令停业整顿,依照《中华人民共和国安全生产法》的有关规定处以罚款;造成重大安全事故,构成犯罪的,对直接责任人员,依照刑法有关规定追究刑事责任:(三)未在施工现场的危险部位设置明显的安全警示标志,或者未按照国家有关规定在施工现场设置消防通道、消防水源、配备消防设施和灭火器材的。处罚对象明确是"直接责任人员"。

46. C

【解析】《建设工程安全生产管理条例》第二十条。施工单位从事建设工程的新建、扩建、改建和拆除等活动,应当具备国家规定的注册资本、专业技术人员、技术装备和安全生产等条件,依法取得相应等级的资质证书,并在其资质等级许可的范围内承揽工程。

47. B

【解析】《建设工程安全生产管理条例》第四十九条。施工单位应当根据建设工程施工的特点、范围,对施工现场易发生重大事故的部位、环节进行监控,制定施工现场生产安全事故应急救援预案。

48. D

【解析】《危险化学品安全管理条例》第二十四条。剧毒化学品以及储存数量构成重大危险源的其他危险化学品,应当在专用仓库内单独存放,并实行双人收发、双人保管制度。

49. D

【解析】《危险化学品安全管理条例》第二十二条。生产、储存危险化学品的企业,应当委托具备国家规定的资质条件的机构,对本企业的安全生产条件每3年进行一次安全评价,提出安全评价报告。

50. C

【解析】目前,交通运输行业检测机构常用的化学试剂中,强酸、强碱如硫酸、盐酸、氢氧化钠,易燃助燃的如酒精、三氯乙烯等,均属于危险化学品范畴。

第一部分/第二章 公路水运工程试验检测管理相关法律法规及政策

51. D

【解析】《中华人民共和国行政许可法》第二条。本法所称行政许可,是指行政机关根据公民、法人或者其他组织的申请,经依法审查,准予其从事特定活动的行为。

52. C

【解析】《中华人民共和国行政许可法》第七条。公民、法人或者其他组织对行政机关实施行政许可,享有陈述权、申辩权。

53. D

【解析】《中华人民共和国行政许可法》第八条。行政许可所依据的法律、法规、规章修改或者废止,或者准予行政许可所依据的客观情况发生重大变化的,为了公共利益的需要,行政机关可以依法变更或者撤回已经生效的行政许可。由此给公民、法人或者其他组织造成财产损失的,行政机关应当依法给予补偿。

54. D

【解析】《中华人民共和国行政许可法》第十条。县级以上人民政府应当建立健全对行政机关实施行政许可的监督制度,加强对行政机关实施行政许可的监督检查。

55. A

【解析】《中华人民共和国行政许可法》第二十条。行政许可的设定机关应当定期对其设定的行政许可进行评价;对已设定的行政许可,认为通过本法第十三条所列方式能够解决的,应当对设定该行政许可的规定及时予以修改或者废止。

56. B

【解析】《中华人民共和国行政许可法》第三十一条。申请人申请行政许可,应当如实向行政机关提交有关材料和反映真实情况,并对其申请材料实质内容的真实性负责。

57. C

【解析】《中华人民共和国行政许可法》第四十四条。行政机关作出准予行政许可的决定,应当自作出决定之日起十日内向申请人颁发、送达行政许可证件,或者加贴标签、加盖检验、检测、检疫印章。

58. D

【解析】《中华人民共和国行政许可法》第五十条。被许可人需要延续依法取得的行政许可的有效期的,应当在该行政许可有效期届满三十日前向作出行政许可决定的行政机关提出申请。

59. C

【解析】《中华人民共和国行政许可法》第六十一条。行政机关应当建立健全监督制度,通过核查反映被许可人从事行政许可事项活动情况的有关材料,履行监督责任。行政机关依法对被许可人从事行政许可事项的活动进行监督检查时,应当将监督检查的情况和处理结果予以记录,由监督检查人员签字后归档。公众有权查阅行政机关监督检查记录。第五十八条:行政机关实施行政许可和对行政许可事项进行监督检查,不得收取任何费用。

60. A

【解析】 本题需要分清楚"撤销"和"注销"两个概念。行政许可证撤销和注销的区别主要有:性质不同、概念不同、对象不同等。对于行政许可撤销的具体情况,一般是存在违法的情况下,由工商行政管理部门进行认定的,而注销可以存在自愿的情况。撤销具有剥夺性和不可逆转性以及补救性;而注销在一定程度上也是一种法律行为,带有一定的惩罚性,同时具有程序性质。注销是向系统发出清除当前登录用户的请求;撤销是组织针对资质、资格的取消行为。选项A属于撤销行政许可。

《中华人民共和国行政许可法》第六十九条规定,有下列情形之一的,作出行政许可决定的行政机关或者其上级行政机关,根据利害关系人的请求或者依据职权,可以撤销行政许可:(四)对不具备申请资格或者不符合法定条件的申请人准予行政许可的。题干的其他选项才是注销情形。第七十条规定,有下列情形之一的,行政机关应当依法办理有关行政许可的注销手续:(一)行政许可有效期届满未延续的;(三)法人或者其他组织依法终止的;(四)行政许可依法被撤销、撤回,或者行政许可证件依法被吊销的。

61. B

【解析】 被许可人通过不正当手段取得行政许可后的法律责任有四类:一是由有关的行政机关依法撤销其已经取得的行政许可。二是接受行政处罚。根据行政处罚法的规定,行政处罚的种类主要有警告;罚款;没收违法所得、没收非法财物;责令停产停业;暂扣或者吊销许可证、暂扣或者吊销执照;行政拘留。行政机关对于被许可人有本条规定的违法行为的,可以根据情况实施上述行政处罚。三是对直接关系公共安全、人身健康、生命财产安全事项的行政许可,申请人有本条规定的违法行为的,在3年内不得再次申请该行政许可。四是构成犯罪的,依法追究刑事责任。

《中华人民共和国行政许可法》第七十八条规定:行政许可申请人隐瞒有关情况或者提供虚假材料申请行政许可的,行政机关不予受理或者不予行政许可,并给予警告;行政许可申请属于直接关系公共安全、人身健康、生命财产安全事项的,申请人在一年内不得再次申请该行政许可。第七十九条规定:被许可人以欺骗、贿赂等不正当手段取得行政许可的,行政机关应当依法给予行政处罚;取得的行政许可属于直接关系公共安全、人身健康、生命财产安全事项的,申请人在三年内不得再次申请该行政许可;构成犯罪的,依法追究刑事责任。

二、判断题

1. √

【解析】 《中华人民共和国计量法》第八条。企业、事业单位根据需要,可以建立本单位使用的计量标准器具,其各项最高计量标准器具经有关人民政府计量行政部门主持考核合格后使用。

2. ×

【解析】 《中华人民共和国标准化法》第二十一条。推荐性国家标准、行业标准、地方标准、团体标准、企业标准的技术要求不得低于强制性国家标准的相关技术要求。

3. √

【解析】 《中华人民共和国标准化法》第三十四条。标准制定部门未依法对标准进行编号、复审或者备案的,国务院标准化行政主管部门应要求其说明情况,并限期改正。

4. √

【解析】 《交通运输行业标准管理办法》第三条。行业标准是指需要在交通运输行业范围内统一的,以科学技术和实践经验为基础,对工程建设、重要产品和设施设备、行业服务和管理提出的技术要求。

5. ×

【解析】《交通运输行业标准管理办法》第四条。行业标准是推荐性标准。法律、行政法规和国务院决定另有规定的,从其规定。

6. ×

【解析】《中华人民共和国产品质量法》第二条。交通建设工程所建设的公路、桥梁、隧道、码头等永久性设施,不适用产品质量法,但建设过程中所用到的原材料,如钢筋、水泥、外加剂等适用产品质量法。

7. ×

【解析】建设单位提供工程原始资料的规定。《建设工程质量管理条例》第九条规定,建设单位必须向有关的勘察、设计、施工、工程监理等单位提供与建设工程有关的原始资料。

8. √

【解析】《建设工程质量管理条例》第三十一条。施工人员对涉及结构安全的试块、试件以及有关材料,应当在建设单位或者工程监理单位监督下现场取样,并送具有相应资质等级的质量检测单位进行检测。

9. ×

【解析】《公路水路行业产品质量监督抽查管理办法》第二条。监督抽查是指交通运输部依法对公路水路行业产品进行有计划的随机抽样、检验,并对监督抽查结果公布和处理的活动。

10. √

【解析】《公路水路行业产品质量监督抽查管理办法》第九条。交通运输部对发现有问题嫌疑的公路水路行业产品可以实施有针对性的重点抽查。

11. ×

【解析】《公路水路行业产品质量监督抽查管理办法》第二十一条。需要送至检验机构进行检验的样品,应当由检验机构的抽样人员负责携带、寄送或者监督运输。对于易碎品、危险化学品、有特殊贮存条件等要求的样品,抽样人员应当采取必要措施,保证样品在运输过程中状态不发生变化。

注意,抽样人员需要区分监督机构的抽样人员和检验机构的抽样人员。需要送至检验机构进行检验的样品,应当由检验机构的抽样人员具体负责。

12. √

【解析】《公路水路行业产品质量监督抽查实施规范管理办法》第六条。起草单位一般为从事相关领域检验检测的独立机构,应对所制定的规范质量及其技术内容全面负责。

13. ×

【解析】《公路水运工程质量监督管理规定》第三条。公路水运工程质量,是指有关公路水运工程建设的法律、法规、规章、技术标准、经批准的设计文件以及工程合同对建设公路水运工程的安全、适用、经济、美观等特性的综合要求。

14. ×

【解析】《公路水运工程质量监督管理规定》第四条。交通运输部负责全国公路水运工程质量监督管理工作。交通运输部长江航务管理局按照规定的职责对长江干线航道工程质量监督管理。

15. √

【解析】《公路水运工程质量监督管理规定》第二十条。公路水运工程实行质量监督管理制度。

16. √

【解析】《农村公路建设质量管理办法》第六条。农村公路建设工程实行质量责任终身制。

17. ×

【解析】《农村公路建设质量管理办法》第三十二条。重要农村公路建设项目应当按照《公路工程竣(交)工验收办法》《公路工程质量检验评定标准》开展验收,一般农村公路建设项目可按照省级交通运输主管部门规定的简化程序开展验收。

注意,重要农村公路建设项目与一般农村公路建设项目的验收依据可以不一样。

18. √

【解析】《中华人民共和国安全生产法》第十六条。国家实行生产安全事故责任追究制度,依照本法和有关法律、法规的规定,追究生产安全事故责任单位和责任人员的法律责任。

19. √

【解析】《中华人民共和国安全生产法》第三十五条。生产经营单位应当在有较大危险因素的生产经营场所和有关设施、设备上,设置明显的安全警示标志。

20. √

【解析】《中华人民共和国安全生产法》第三十五条。生产经营单位应当在有较大危险因素的生产经营场所和有关设施、设备上,设置明显的安全警示标志。

21. √

【解析】《建设工程安全生产管理条例》第二十四条。建设工程实行施工总承包的,由总承包单位对施工现场的安全生产负总责。

22. √

【解析】《建设工程安全生产管理条例》第三十三条。作业人员应当遵守安全施工的强制性标准、规章制度和操作规程,正确使用安全防护用具、机械设备等。

23. √

【解析】《危险化学品安全管理条例》第五条。任何单位和个人不得生产、经营、使用国家禁止生产、经营、使用的危险化学品。

24. √

【解析】《危险化学品安全管理条例》第七十条。危险化学品单位应当制定本单位危险化学品事故应急预案,配备应急救援人员和必要的应急救援器材、设备,并定期组织应急救援演练。

25. ×

【解析】《危险化学品安全管理条例》第七十四条。危险化学品事故造成环境污染的,由设区的市级以上人民政府环境保护主管部门统一发布有关信息。

26. √

【解析】《中华人民共和国行政许可法》第九条。依法取得的行政许可,除法律、法规规定依照法定条件和程序可以转让的外,不得转让。

27. √

【解析】《中华人民共和国行政许可法》第十五条。地方性法规和省、自治区、直辖市人民政府规章,不得设定应当由国家统一确定的公民、法人或者其他组织的资格、资质的行政许可;不得设定企业或者其他组织的设立登记及其前置性行政许可。其设定的行政许可,不得限制其他地区的个人或者企业到本地区从事生产经营和提供服务,不得限制其他地区的商品进入本地区市场。

28. √

【解析】《中华人民共和国行政许可法》第十六条。行政法规可以在法律设定的行政许可事项范围内,对实施该行政许可作出具体规定。

29. √

【解析】《中华人民共和国行政许可法》第二十二条。行政许可由具有行政许可权的行政机关在其法定职权范围内实施。

30. √

【解析】《中华人民共和国行政许可法》第八条。公民、法人或者其他组织依法取得的行政许可受法律保护,行政机关不得擅自改变已经生效的行政许可。

31. ×

【解析】《中华人民共和国行政许可法》第四十二条。行政许可采取统一办理或者联合办理、集中办理的,办理的时间不得超过四十五日;四十五日内不能办结,经本级人民政府负责人批准,可以延长十五日,并应当将延长期限的理由告知申请人。

32. √

【解析】《中华人民共和国行政许可法》第六十二条。行政机关可以对被许可人生产经营的产品依法进行抽样检查、检验、检测,对其生产经营场所依法进行实地检查。检查时,行政机关可以依法查阅或者要求被许可人报送有关材料;被许可人应当如实提供有关情况和材料。

33. √

【解析】《中华人民共和国行政许可法》第六十五条。个人和组织发现违法从事行政许可事项的活动,有权向行政机关举报,行政机关应当及时核实、处理。

34. ×

【解析】《中华人民共和国认证认可条例》四十一条。认可机构委托他人完成与认可有关的具体评审业务的,由认可机构对评审结论负责。

三、多项选择题

1. ABC

   【解析】《中华人民共和国计量法》第九条。

2. ABC

   【解析】《中华人民共和国计量法》第二十六条规定,使用不合格的计量器具或者破坏计量器具准确度,给国家和消费者造成损失的,责令赔偿损失,没收计量器具和违法所得,可以并处罚款。《中华人民共和国计量法实施细则》第四十六条规定,属于强制检定范围的计量器具,未按照规定申请检定和属于非强制检定范围的计量器具未自行定期检定或者送其他计量检定机构定期检定的,以及经检定不合格继续使用的,责令其停止使用,可并处一千元以下的罚款。

   上述条款明确了计量器具需要定期检定,而且使用的计量器具需检定合格后方可使用。就四个选项来看,选项 D 属于设备管理上存在的疏漏。

3. ABCD

   【解析】 要注意本题指的是计量基准器具,不要等同于一般计量器具的使用。《中华人民共和国计量法实施细则》第四条规定,计量基准器具的使用必须具备下列条件:(一)经国家鉴定合格;(二)具有正常工作所需要的环境条件;(三)具有称职的保存、维护、使用人员;(四)具有完善的管理制度。符合上述条件的,经国务院计量行政部门审批并颁发计量基准证书后,方可使用。

4. BC

   【解析】《中华人民共和国计量法实施细则》第七条规定了什么是可以使用的,选项 D 是指期间核查设备,选项 A 是指标识错、漏的设备,这两种不一定是不合格的设备。

5. BCD

   【解析】《中华人民共和国标准化法》第二十七条。国家实行团体标准、企业标准自我声明公开和监督制度。企业应当公开其执行的强制性标准、推荐性标准、团体标准或者企业标准的编号和名称;企业执行自行制定的企业标准的,还应当公开产品、服务的功能指标和产品的性能指标。国家鼓励团体标准、企业标准通过标准信息公共服务平台向社会公开。

6. CD

   【解析】《交通运输行业标准管理办法》第五条。制定行业标准应当在科学技术研究成果和社会实践经验的基础上,保证行业标准的科学性、规范性、时效性,做到技术上先进、应用上可靠、经济上合理。

7. ABCD

   【解析】《交通运输行业标准管理办法》第七条。行业标准由交通运输部组织制定并批准颁布。制定行业标准的程序一般包括:立项、起草、征求意见、审查、审批、编号、发布、出版、备案。

8. BCD

   【解析】《交通运输行业标准管理办法》第二十六条。交通运输部负责行业标准的审批、编号和发布。行业标准编号由代号、顺序号及年份号三部分组成,行业标准代号由国务院标准化行政主管部门批准公布,顺序号为自然数,推荐性行业标准在代号后加"/T"。

9. AB

【解析】《公路水路行业产品质量监督抽查管理办法》第九条。交通运输部根据省级交通运输主管部门报送的有关信息,以及有关公路水路行业产品生产销售情况等建立被抽查对象信息库,并采用随机抽取的方式确定被抽查对象。

10. ABCD

【解析】《公路水路行业产品质量监督抽查管理办法》第十一条。抽样人员在抽样前,应当向被抽查企业出示交通运输部出具的公路水路行业产品质量监督抽查通知、有关监督抽查文件或者其复印件和有效身份证件,告知被抽查企业监督抽查的性质、抽样方法、检验依据和判定规则等相关内容。

11. BD

【解析】《公路水路行业产品质量监督抽查管理办法》第十二条。监督抽查的样品应当由抽样人员在市场上或者企业成品仓库内待销的产品中随机抽取,不得由企业抽样或者送样。抽取的样品应当是有产品质量检验合格证明或者以其他形式表明合格的产品。抽取样品应当按照有关规定的数量抽取,没有具体数量规定的,抽取样品不得超过检验的合理需要。

12. BCD

【解析】《公路水路行业产品质量监督抽查管理办法》。

第十六条 在生产企业或者销售企业内抽样时,抽样文书应当由抽样人员和被抽查企业人员共同签字确认,并加盖被抽查企业公章。抽样文书一式三份,检验机构和被抽查企业各执一份,其余一份附于被抽查的样品包装中。

第十七条 在工程现场抽样时,抽样文书应当由检验机构、省级交通运输主管部门、工程建设单位、监理单位、施工单位、被抽查生产企业或者销售企业的有关人员共同签字确认。选项A中,还需要加盖被抽查企业公章。

13. CD

【解析】《公路水路行业产品质量监督抽查管理办法》第十九条。被抽查生产企业、销售企业或者工程建设单位拒绝抽样的,由抽样人员与省级交通运输主管部门共同确认,按照拒绝监督抽查处理。

14. ABCD

【解析】《公路水运工程质量监督管理规定》第七条。公路水运工程施行质量责任终身制。建设、勘察、设计、施工、监理等单位应当书面明确相应的项目负责人和质量负责人。从业单位的相关人员按照国家法律法规和有关规定在工程合理使用年限内承担相应的质量责任。

15. BCD

【解析】《公路水运工程质量监督管理规定》第十四条。施工单位应当严格按照工程设计图纸、施工技术标准和合同约定施工,对原材料、混合料、构配件、工程实体、机电设备等进行检验;按规定施行班组自检、工序交接检、专职质检员检验的质量控制程序。

16. AB

【解析】《公路水运工程质量监督管理规定》第十八条。施工、监理单位应当对其设立的工地临时试验室所出具的试验检测数据和报告的真实性、客观性、准确性负责。这里要注意,选项C、D肯定是必须负责,但题干表述的是"其设立",而施工单位、监理单位才是设立工地试验室的主体机构。

17. AD

【解析】《公路水运工程质量监督管理规定》第二十八条。交通运输主管部门或者其委托的建设工程质量监督机构可以采取随机抽查、备案核查、专项督查等方式对从业单位实施监督检查。

18. ABCD

【解析】《农村公路建设质量管理办法》第二十二条。农村公路建设质量监督检查可采用巡视检查、突击检查、专项督查和双随机等方式,重点加强从业单位执行质量法律法规规章和工程强制性标准情况、从业单位关键人及关键设备到位情况、影响工程安全耐久的关键部位和关键指标、试验检测工作、工程档案管理等抽检抽查。

19. ABD

【解析】《公路水路行业产品质量监督抽查实施规范管理办法》第二条。规范是由交通运输部依据国家标准、行业标准和其他规定制定并批准颁布,作为公路水路行业开展产品质量监督抽查抽样、检验和判定的工作规范。

20. ABCD

【解析】《公路水路行业产品质量监督抽查实施规范管理办法》第七条。起草单位应严格按照有关标准开展规范编制工作,主要包括以下内容:(一)范围,即规范的应用范围;(二)产品种类,即每类产品的分类;(三)术语和定义,即关于抽样检验等方面的术语定义;(四)检验依据,即该产品抽样和检测的相关标准依据;(五)抽样:包括抽样产品类型、抽样方法、基数及数量、样品处置、抽样文书等;(六)检验要求:包括检验项目、试验方法、检验应注意的问题等;(七)判定原则,即产品检验合格与否的判定依据;(八)检验结果告知,即检验结果告知有关程序要求等;(九)异议处理,即根据《办法》确定的异议处理要求等;(十)复查,即复查程序及要求等;(十一)附则,即规范生效日期、起草单位信息等;(十二)附录,包括原始记录表、监督抽查检测报告格式等抽样文书。

21. BC

【解析】《公路水路行业产品质量监督抽查实施规范管理办法》第十三条。规范编号由代号(JDCC)、顺序号和发布年号组成。

22. ABCD

【解析】《中华人民共和国安全生产法》第二十五条。生产经营单位的安全生产管理机构以及安全生产管理人员履行下列职责:(一)组织或者参与拟订本单位安全生产规章制度、操作规程和生产安全事故应急救援预案;(二)组织或者参与本单位安全生产教育和培训,如实记录安全生产教育和培训情况;(三)组织开展危险源辨识和评估,督促落实本单位重大危险源的安全管理措施;(四)组织或者参与本单位应急救援演练;(五)检查本单位的安全生产状况,及时排查生产安全事故隐患,提出改进安全生产管理的建议;(六)制止和纠正违章指挥、强令冒险作业、违反操作规程的行为;(七)督促落实本单位安全生产整改措施。

本题四个选项分别对应(一)(五)(四)(三)。

23. ABCD

【解析】《中华人民共和国安全生产法》第二十八条。生产经营单位应当对从业人员进行安全生产教育和培训,保证从业人员具备必要的安全生产知识,熟悉有关的安全生产规章制度和安全操作规程,掌握本岗位的安全操作技能,了解事故应急处理措施,知悉自身在安全生产方面的权利和义务。

24. AB

【解析】《中华人民共和国安全生产法》第四十五条。生产经营单位必须为从业人员提供符合国家标准或者行业标准的劳动防护用品,并监督、教育从业人员按照使用规则佩戴、使用。

25. ABCD

【解析】《中华人民共和国安全生产法》第八十六条。事故调查处理应当按照科学严谨、依法依规、实事求是、注重实效的原则。

26. BCD

【解析】《中华人民共和国安全生产法》第二十条。生产经营单位应当具备的安全生产条件所必需的资金投入,由生产经营单位的决策机构、主要负责人或者个人经营的投资人予以保证,并对由于安全生产所必需的资金投入不足导致的后果承担责任。有关生产经营单位应当按照规定提取和使用安全生产费用,专门用于改善安全生产条件。安全生产费用在成本中据实列支。安全生产费用提取、使用和监督管理的具体办法由国务院财政部门会同国务院安全生产监督管理部门征求国务院有关部门意见后制定。

27. BCD

【解析】《建设工程安全生产管理条例》第二条。在中华人民共和国境内从事建设工程的新建、扩建、改建和拆除等有关活动及实施对建设工程安全生产的监督管理,必须遵守本条例。本条例所称建设工程,是指土木工程、建筑工程、线路管道和设备安装工程及装修工程。

28. ABCD

【解析】《建设工程安全生产管理条例》第二十一条。施工单位主要负责人依法对本单位的安全生产工作全面负责。施工单位应当建立健全安全生产责任制度和安全生产教育培训制度,制定安全生产规章制度和操作规程,保证本单位安全生产条件所需资金的投入,对所承担的建设工程进行定期和专项安全检查,并做好安全检查记录。

29. ABCD

【解析】《建设工程安全生产管理条例》第二十六条。施工单位应当在施工组织设计中编制安全技术措施和施工现场临时用电方案,对下列达到一定规模的危险性较大的分部分项工程编制专项施工方案,并附具安全验算结果,经施工单位技术负责人、总监理工程师签字后实施,由专职安全生产管理人员进行现场监督:(一)基坑支护与降水工程;(二)土方开挖工程;(三)模板工程;(四)起重吊装工程;(五)脚手架工程;(六)拆除、爆破工程;(七)国务院建设行政主管部门或者其他有关部门规定的其他危险性较大的工程。

30. ABD

【解析】《危险化学品安全管理条例》第三条。本条例所称危险化学品,是指具有毒害、腐蚀、爆炸、燃烧、助燃等性质,对人体、设施、环境具有危害的剧毒化学品和其他化学品。

31. ABC

【解析】《危险化学品安全管理条例》第四条。危险化学品单位应当具备法律、行政法规规定和国家标准、行业标准要求的安全条件,建立、健全安全管理规章制度和岗位安全责任制度,对从业人员进行安全教育、法制教育和岗位技术培训。从业人员应当接受教育和培训,考核合格后上岗作业;对有资格要求的岗位,应当配备依法取得相应资格的人员。

32. BCD

【解析】《危险化学品安全管理条例》第二十四条。危险化学品应当储存在专用仓库、专用场地或者专用储存室内,并由专人负责管理;剧毒化学品以及储存数量构成重大危险源的其他危险化学品,应当在专用仓库内单独存放,并实行双人收发、双人保管制度。危险化学品的储存方式、方法以及储存数量应当符合国家标准或者国家有关规定。

33. ABCD

【解析】《中华人民共和国行政许可法》第五条。设定和实施行政许可,应当遵循公开、公平、公正、非歧视的原则。

34. BD

【解析】《中华人民共和国行政许可法》第八条。公民、法人或者其他组织依法取得的行政许可受法律保护,行政机关不得擅自改变已经生效的行政许可。行政许可所依据的法律、法规、规章修改或者废止,或者准予行政许可所依据的客观情况发生重大变化的,为了公共利益的需要,行政机关可以依法变更或者撤回已经生效的行政许可。

这里需注意"撤销"与"撤回"的区别。撤销:已经生效的行政许可基于实施过程中行政主体或被许可人的违法因素而被行政主体取消其效力;适用情形是违法获得许可而合法从事被许可行为。撤回:因行政许可所依据的客观情形发生重大变化、法律依据修改或废止而由行政主体取消其效力。

35. ABC

【解析】《中华人民共和国行政许可法》。

第十二条 下列事项可以设定行政许可:(一)直接涉及国家安全、公共安全、经济宏观调控、生态环境保护以及直接关系人身健康、生命财产安全等特定活动,需要按照法定条件予以批准的事项;(二)有限自然资源开发利用、公共资源配置以及直接关系公共利益的特定行业的市场准入等,需要赋予特定权利的事项;(三)提供公众服务并且直接关系公共利益的职业、行业,需要确定具备特殊信誉、特殊条件或者特殊技能等资格、资质的事项;(四)直接关系公共安全、人身健康、生命财产安全的重要设备、设施、产品、物品,需要按照技术标准、技术规范,通过检验、检测、检疫等方式进行审定的事项;(五)企业或者其他组织的设立等,需要确定主体资格的事项;(六)法律、行政法规规定可以设定行政许可的其他事项。

第十三条 本法第十二条所列事项,通过下列方式能够予以规范的,可以不设行政许可:(一)公民、法人或者其他组织能够自主决定的;(二)市场竞争机制能够有效调节的;(三)行业组织或者中介机构能够自律管理的;(四)行政机关采用事后监督等其他行政管理方式能够解决的。

36. ABCD

【解析】《中华人民共和国行政许可法》第十八条。设定行政许可,应当规定行政许可的实施机关、条件、程序、期限。

37. AC

【解析】《中华人民共和国行政许可法》第三十二条。行政机关对申请人提出的行政许可申请,应当根据下列情况分别作出处理:(一)申请事项依法不需要取得行政许可的,应当即时告知申请人不受理;(二)申请事项依法不属于本行政机关职权范围的,应当即时作出不予受理的决定,并告知申请人向有关行政机关申请;(三)申请材料存在可以当场更正的错误的,应当允许申请人当场更正;(四)申请材料不齐全或者不符合法定形式的,应当当场或者在五日内一次告知申请人需要补正的全部内容,逾期不告知的,自收到申请材料之日起即为受理;(五)申请事项属于本行政机关职权范围,申请材料齐全、符合法定形式,或者申请人按照本行政机关的要求提交全部补正申请材料的,应当受理行政许可申请。

38. ABC

【解析】《中华人民共和国行政许可法》第二十八条。对直接关系公共安全、人身健康、生命财产安全的设备、设施、产品、物品的检验、检测、检疫,除法律、行政法规规定由行政机关实施的外,应当逐步由符合法定条件的专业技术组织实施。专业技术组织及其有关人员对所实施的检验、检测、检疫结论承担法律责任。

39. ABCD

【解析】《中华人民共和国行政许可法》第二十九条。公民、法人或者其他组织从事特定活动,依法需要取得行政许可的,应当向行政机关提出申请。

40. ABCD

【解析】《中华人民共和国行政许可法》第三十九条。行政机关作出准予行政许可的决定,需要颁发行政许可证件的,应当向申请人颁发加盖本行政机关印章的下列行政许可证件:(一)许可证、执照或者其他许可证书;(二)资格证、资质证或者其他合格证书;(三)行政机关的批准文件或者证明文件;(四)法律、法规规定的其他行政许可证件。

41. BCD

【解析】《中华人民共和国行政许可法》。

第三十四条 行政机关应当对申请人提交的申请材料进行审查。申请人提交的申请材料齐全、符合法定形式,行政机关能够当场作出决定的,应当当场作出书面的行政许可决定。

第四十二条 除可以当场作出行政许可决定的外,行政机关应当自受理行政许可申请之日起二十日内作出行政许可决定。二十日内不能作出决定的,经本行政机关负责人批准,可以延长十日,并应当将延长期限的理由告知申请人。但是,法律、法规另有规定的,依照其规定。

第三章　公路水运工程试验检测管理

复习提示

本章涉及的相关文件有:《公路水运工程质量检测管理办法》《公路水运工程质量检测机构资质等级条件》《公路水运工程质量检测机构资质审批专家技术评审工作程序》《交通运输部办公厅关于做好公路水运工程质量检测机构资质评审有关工作的通知》《公路水运工程试验检测信用评价办法》《工地试验室标准化建设要点》《公路水运工程试验检测人员继续教育办法(试行)》《公路水运工程安全生产监督管理办法》《公路水运工程安全生产条件通用要求》(JT/T 1404—2022)、《公路水运试验检测数据报告编制导则》(JT/T 828—2019)、《检测实验室安全　第1部分:总则》(GB/T 27476.1—2014)。

习题

一、单项选择题

1.《公路水运工程质量检测管理办法》(交通运输部令2023年第9号)规定,许可机关受理后,应当组织开展(　　)。
　　A. 书面审查　　　　　　　　B. 现场核查
　　C. 资质审批　　　　　　　　D. 专家技术评审

2.《公路水运工程质量检测管理办法》(交通运输部令2023年第9号)规定,当(　　)发生变更时,检测机构不需要向原许可机关申请变更。
　　A. 法定代表人　　　　　　　B. 授权签字人
　　C. 技术负责人　　　　　　　D. 检测场所地址

3. 下列选项中,(　　)不属于公路工程专业的资质等级。
　　A. 甲级资质　　　　　　　　B. 综合甲级
　　C. 乙级资质　　　　　　　　D. 交通工程专项资质

4. 检测机构专家技术评审的时间包括(　　)两个阶段。
　　A. 书面审查和现场核查　　　B. 审查阶段和许可阶段
　　C. 现场评审阶段和书面报告阶段　　D. 核查时间阶段和行政许可时间阶段

5. 许可机关应当将检测机构专家技术评审时间以(　　)形式通知申请人。
　　A. 口头告知　　　　　　　　B. 书面告知

C. 需要时告知 D. 信息告知

6. 检测机构专家技术评审的最长时间限制是( )个工作日。
   A. 20 B. 30 C. 60 D. 90

7. 检测机构申请资质时,许可机关应当自受理申请之日起( )个工作日内作出是否准予行政许可的决定。
   A. 5 B. 7 C. 10 D. 20

8. 有效期满拟继续从事质量检测业务的,检测机构应当在( )前向许可机关提出资质延续申请。
   A. 3 个月 B. 90 个工作日
   C. 60 个工作日 D. 20 个工作日

9. 许可机关在办理除检测场所地址变更外的变更时,应当在( )办理完毕。
   A. 5 个工作日 B. 5 个工作日内
   C. 10 个工作日内 D. 15 个工作日内

10. 如果未按规定报告在检测过程中发现检测项目不合格且涉及工程主体结构安全的,则( )罚款。
    A. 5000 元以上 1 万元以下 B. 1 万元以上 3 万元以下
    C. 3 万元以上 10 万元以下 D. 处 5000 元以下

11. 《公路水运工程质量检测机构资质审批专家技术评审工作程序》制定的依据是( )。
    A. 《建设工程质量管理条例》 B. 《中华人民共和国认证认可条例》
    C. 《公路水运工程质量检测管理办法》 D. 《中华人民共和国行政许可法》

12. 许可机关自收到申请人通过公路水运工程质量检测管理信息系统提交的技术评审证明材料后,( )个工作日内向申请人发出技术评审通知,明确技术评审的工作安排。
    A. 5 B. 10 C. 20 D. 60

13. 公路水运工程质量检测机构资质审批,进行书面审查时,申请人需要提交所有的质量检测项目且不少于质量检测项目必选参数的( )。
    A. 5% B. 10% C. 15% D. 30%

14. 公路水运工程质量检测机构资质审批,专家组应该抽取不少于( )必选参数质量报告,对申请人的原始记录、报告进行检查评价。
    A. 5% B. 10% C. 15% D. 30%

15. 按照《公路水运工程质量检测机构资质等级条件》(交安监发〔2023〕140 号)要求,对于可选参数和可选设备,检测机构可根据地域差异,结合实际需要选择性配置。但可选参数申请数量应不低于本等级可选参数总数量的( )。
    A. 100% B. 80% C. 60% D. 40%

16. 在质量检测机构仪器设备检查表中,需要核查的内容包括( )。
    A. 准确度等级 B. 检定/校准周期
    C. 最大允许误差 D. 是否检定/校准、确认

17. 质量检测现场操作考核中不需要考核记录的内容是( )。

A. 环境条件是否满足要求 B. 是否有效检定/校准
C. 缺陷事实摘要 D. 现场操作完成情况

18. 下列关于《交通运输部办公厅关于做好公路水运工程质量检测机构资质评审有关工作的通知》(交办安监函〔2024〕1432号)对原始记录和检测报告的核查判定为"不符合"的判定标准,描述全面的是(　　)。
A. 如果原始记录和报告具备3种不实报告情形之一,或4种虚假报告情形之一,或5种不规范情形之一
B. 如果原始记录和报告具备3种不实报告情形之一,或4种虚假报告情形之一,或5种不规范情形之一且不规范情形报告数量等于3份
C. 如果原始记录和报告具备3种不实报告情形之一,或4种虚假报告情形之一,或5种不规范情形之一且不规范情形报告数量大于3份
D. 如果原始记录和报告具备3种不实报告情形之一,或4种虚假报告情形之一,或5种不规范情形之一且不规范情形报告数量大于或等于3份,或任一不规范情形报告均未达到最大份数,但各种不规范情形报告总数大于或等于10份

19.《公路水运工程试验检测信用评价办法》中,试验检测机构的信用评价采用(　　)。
A. 综合评分制 B. 百分制
C. 定期检查累计扣分制 D. 随机检查累计扣分制

20.《公路水运工程试验检测信用评价办法》中,试验检测人员的信用评价采用(　　)。
A. 综合评分制 B. 百分制
C. 加权平均法 D. 累计扣分制

21. 公路水运工程试验检测信用评价周期为(　　)年。
A. 5　　　　B. 3　　　　C. 2　　　　D. 1

22.《公路水运工程试验检测信用评价办法》规定,出现下列(　　)失信行为的,对行政负责人信用评价进行扣分处理。
A. 试验检测机构的变更未在规定期限内办理变更手续
B. 对各级交通运输主管部门及质监机构提出的意见整改未闭合
C. 试验记录、报告存在代签事实
D. 在《等级证书》注明的项目范围外出具试验检测报告且使用专用标识章

23. 工地试验室由(　　)负责,按照工地试验室管理和标准化建设的有关要求管理工地试验室。
A. 工程师 B. 检测公司技术负责人
C. 授权负责人 D. 母体检测公司经理

24. 母体机构不得聘用信用(　　)的人员担任工地试验室授权负责人。
A. 一般　　B. 较好　　C. 差　　D. 较差

25. 建立公路水运工程工地试验室是为了进一步加强工地试验室管理,规范试验检测行为,提高试验检测数据的(　　)和准确性,保证公路水运工程质量。
A. 真实性　　B. 完整性　　C. 有效性　　D. 正确性

26. 按照规定,工地试验室应到(　　)登记备案后,方可开展试验检测工作。

A. 业主 B. 建设单位
C. 项目质监机构 D. 所在地质监机构

27. 工地试验室的检测参数超出母体检测机构授权范围的试验检测项目和参数时,需进行外委试验,外委试验应向( )报备。
   A. 项目建设单位 B. 母体机构
   C. 省级质监机构 D. 业主

28. 已经取得《公路水运工程试验检测机构等级证书》的母体检测机构,但上年度信用评价( )的检测机构,不宜作为授权设立工地试验室。
   A. 较差 B. 一般 C. 较好 D. 好

29. 工地试验室在驻地建设时,除沥青和沥青混合料室外,( )应设置机械强制通风设施。
   A. 水泥混凝土室 B. 石料加工室
   C. 储藏室 D. 化学室

30. 工地试验室仪器设备需实施标识管理,下列属于使用状态标识信息的是( )。
   A. 设备名称 B. 设备编号
   C. "合格"的绿色标签 D. 操作人员

31. 下列选项中,( )不属于工地试验室工作区功能室。
   A. 收样室 B. 土工室
   C. 集料室 D. 外出检测室

32. 工地试验室对于隐蔽工程必须收集的是( )。
   A. 施工日志 B. 地质结构资料
   C. 规范、标准和规程 D. 图片及影像资料

33. 制定《公路水运工程试验检测人员继续教育办法(试行)》,是为了巩固并不断提高( )的能力和技术水平,适应公路水运工程试验检测工作发展需要,促进试验检测人员继续教育制度化、规范化、科学化。
   A. 检测公司人员 B. 试验检测人员
   C. 试验检测机构 D. 检测公司从业人员

34. 《公路水运工程试验检测人员继续教育办法(试行)》规定,公路水运工程试验检测继续教育周期为( )年。每个周期内接受继续教育的时间累计不应少于( )学时。
   A. 1;24 B. 2;12 C. 1;12 D. 2;24

35. 下列选项中,不属于安全管理体系文件的是( )。
   A. 质量手册
   B. 安全方针和目标
   C. 安全管理体系主要要素和其相互作用描述,及文件的查询途径
   D. 实验室为确保对涉及安全风险管理过程进行有效策划、运行和控制所需的文件和记录

36. 实验室危险源的设备应该按照与任务相关和与任务不直接相关的可预见危险来识别,下列属于与任务不直接相关的可预见危险的是( )。

A. 噪声　　　　　B. 辐射　　　　　C. 突然停电　　　D. 火灾爆炸

37. 下列选项中,不需要对实验室的工作重新进行风险评价的情况应该是(　　)。
    A. 人员一直是授权的人员
    B. 源自工作场所外的活动,对实验室内人员的健康产生不利影响
    C. 任何与风险评价和必要的控制措施实施相关的法定要求变化
    D. 变更检验工作流程时

38. 最常使用的局部排风系统之一是(　　)。
    A. 通风槽　　　B. 通风柜　　　C. 排风罩　　　D. 排气扇

39. 《公路水运工程安全生产监督管理办法》已于(　　)实施。
    A. 2017 年 6 月 7 日　　　　　　B. 2017 年 8 月 1 日
    C. 2007 年 1 月 25 日　　　　　　D. 2017 年 6 月 12 日

40. 公路水运工程安全生产监督管理实行统一监管、(　　)原则。
    A. 分级负责　　　　　　　　　　B. 条块负责
    C. 部门负责　　　　　　　　　　D. 行业负责

41. 按照《公路水运工程安全生产监督管理办法》要求,交通运输主管部门要对从业单位及其直接负责的主管人员和其他直接责任人员给予违法违规行为失信记录对外公开,公开期限一般自公布之日起(　　)个月。
    A. 24　　　　　B. 12　　　　　C. 6　　　　　D. 3

42. 按照《公路水运工程安全生产监督管理办法》要求,应当开展安全事故隐患排查治理,建立职工参与的工作机制,对隐患排查、登记、治理等全过程闭合管理情况予以记录。事故隐患排查治理情况应当向(　　)通报。
    A. 上级领导　　　　　　　　　　B. 主管部门
    C. 从业人员　　　　　　　　　　D. 当地政府

43. 按照《公路水运工程安全生产条件通用要求》(JT/T 1404—2022)规定,(　　)属于特种作业人员,应取得作业资格证书后方可上岗作业,进场前宜接受技能测试。
    A. 混凝土工　　　　　　　　　　B. 架子工
    C. 钢筋工　　　　　　　　　　　D. 测量工

44. 按照《公路水运试验检测数据报告编制导则》(JT/T 828—2019)要求,报告应(　　)。
    A. 真实可靠　　　　　　　　　　B. 形式合规
    C. 多页格式　　　　　　　　　　D. 信息完备

45. 记录文件内容与报告内容的区别,在于记录内容没有(　　)。
    A. 附加声明区　　　　　　　　　B. 基本信息区
    C. 检验数据区　　　　　　　　　D. 检验对象属性区

46. 集料试验检测报告中的(　　)信息,属于检测对象属性区。
    A. 试验依据　　　　　　　　　　B. 样品描述
    C. 集料规格　　　　　　　　　　D. 工程部位

47. 按照《公路水运试验检测数据报告编制导则》要求,检测记录必须具备唯一性标识编码(记录表编号),专业编码中的第一位"J"代表的是(　　)。

A.交通工程专业 B.公路工程专业
C.报告 D.记录表

48.检测报告日期的正确表述是( )。
A.YYYY年MM月DD日 B.YYYY年M月D日
C.YYYY-MM-DD D.MM月DD日

49.检测报告名称宜由( )组成。
①高速公路名称;②标段名称;③项目名称;④参数名称;⑤试验检测报告。
A.①②④⑤ B.②③④⑤ C.③④⑤ D.②④⑤

50.检测类报告"检测数据部分"的相关内容来源于检测记录表,应包含检测项目、( )、检测结果、检测结论等内容及反映检测结果与结论的必要图表信息。
A.原始观察数据 B.自动设备采集的数据
C.技术要求/指标 D.试验条件

51.根据《公路水运试验检测数据报告编制导则》,下列选项中,正确表述"土的击实"样品编号的是( )。
A. YP-2020-SYJ-001 B. YP-2020-TGJ
C. YP-2020-TGJ-001 D. YP-2020-CJL-001

二、判断题

1.《公路水运工程质量检测管理办法》编制的目的是加强公路水运工程试验检测管理,保证公路水运工程质量及人民生命和财产安全。( )
2.检测机构申请资质时,专家技术评审的时间不计算在行政许可期限内。( )
3.申请人申请不同等级的检测机构资质时,须从最低等级开始申请。( )
4.检测机构申请资质时,应当通过电子政务信息系统提交申请材料,并对其申请材料实质内容的真实性负责。( )
5.检测机构申请资质,当许可机关受理申请后,应当组织开展等级资质评审。( )
6.检测机构资质证书由正本和副本组成,具有相同内容和同等效力。( )
7.检测机构资质到期需要延续资质的,应当向许可机关提出换证申请。( )
8.许可机关准予检测机构资质证书年限和准予延续年限均为5年。( )
9.申请人如果存在超出资质许可范围从事质量检测活动等认定事实,资质延续审批的方式可以以专家组书面审查为主现场核查为辅进行。( )
10.检测机构需要终止经营的,应当向许可机关办理撤销手续。( )
11.工地试验室是检测机构设置在公路水运工程施工现场,提供设备、派驻人员,承担相应质量检测业务的临时工作场所。( )
12.在检测过程中发现检测项目不合格的检测机构,应当及时向负有工程建设项目质量监督管理责任的交通运输主管部门报告。( )
13.质量检测报告应当由公路水运工程试验检测师或者同等能力者审核、签发。( )
14.检测机构取得资质后,不再符合相应资质条件的,许可机关应当责令其暂停资质。
( )

15. 检测机构资质证书已过有效期从事质量检测活动的出具质量检测报告时,由交通运输主管部门处1万元以上3万元以下罚款,报告有效。（　）

16.《公路水运工程质量检测机构资质审批专家技术评审工作程序》是进行公路水运工程质量检测机构等级评定及换证复核应该遵循的程序。（　）

17. 公路水运工程质量检测机构等级评定实行组长负责制。（　）

18. 许可机关自收到申请人申请书后,5个工作日内向申请人发出技术评审通知,明确技术评审的工作安排。（　）

19. 在现场核查前,许可机关应对申请人通过公路水运工程质量检测管理信息系统提交的全部材料进行书面审查。（　）

20. 申请人同时申请多个资质的,不同资质可共用技术负责人、检测用房、仪器设备,但检测用房须满足不同资质要求。（　）

21. 公路水运工程质量检测机构各资质等级人员配备要求中,技术负责人和质量负责人的工作经历为可选条件。（　）

22. 公路水运工程质量检测机构资质审批类别包括公路工程甲级、水运工程材料甲级、公路工程乙级等类别。（　）

23. 公路工程、水运工程质量检测环境要求均为黑体字,即当试验检测用房使用面积不满足要求时不得申请。（　）

24. 按照《交通运输部办公厅关于做好公路水运工程质量检测机构资质评审有关工作的通知》(交办安监函〔2024〕1432号)要求,仪器设备功能、量程、准确性,以及配套设备设施均应符合所测参数现行依据标准的要求。当设备的功能、精度、量程等不能满足参数要求时,应该用"只做…"或者"不做…"加以限制。（　）

25.《公路水运工程工地试验室及现场检测项目信用评价标准》规定,出具虚假数据报告并造成质量标准降低的扣100分。（　）

26.《公路水运工程试验检测机构信用评价标准》规定,租借试验检测等级证书承揽试验检测业务的直接确定为D级。（　）

27. 工地试验室如果出现样品保管条件不满足要求、未按规定留样等不规范行为的,扣3分/项。（　）

28. 工地试验室及现场检测出具虚假数据报告并造成质量标准降低的,信用评价扣100分。（　）

29. 公路水运工程试验检测人员出具虚假数据报告造成质量标准降低的,信用评价扣40分。（　）

30. 项目业主提交工地试验室信用评价意见的时限是次年1月下旬。（　）

31.《公路水运工程试验检测信用评价办法》将试验检测机构信用评价划分为五个等级。（　）

32.《公路水运工程试验检测信用评价办法》将试验检测人员信用评价划分为五个等级。（　）

33. 工地试验室在开展外委试验时,取样、送样过程应该有见证,另外需建立外委试验台账即可。（　）

34. 工地试验室只需结合工程特点,编制简洁、适用、针对性和操作性强的质量体系文件及各项管理制度。( )

35. 工地试验室应保持试验检测人员相对稳定,因特殊情况确需变动的,应由母体检测机构报经建设单位同意,并向项目质监机构备案。( )

36. 母体检测机构不仅要求确保授权工作规范有效,还应该对授权工地试验室检查结果要求件件有落实和事事有反馈。( )

37. 工程建设项目的同一合同段中的施工、监理单位和检测机构,不得将外委试验委托给同一家检测机构。( )

38. 检测机构上年度信用评价等级在 C 级及以上的检测机构不宜作为授权设立工地试验室的母体检测机构。( )

39. 工地试验室的功能布局应该遵循布局合理、互不干扰、分区明确的原则。( )

40. 接受继续教育是试验检测人员的义务和权利。( )

41. 《检测实验室安全 第1部分:总则》(GB/T 27476.1—2014)适用于固定、非固定场所的实验室。( )

42. 检测实验室的危险源辨识、风险评价和确定的控制措施应形成文件,并及时更新。( )

43. 工作时间内,实验室宜提供适宜的制热或制冷系统。当实验室内的高温能导致可识别的潜在危险时,应提供制冷。( )

44. 实验室工作人员的服装不宜选用尼龙制品。( )

45. 实验室的各种物料应有明确的安全标签和标识,用以清晰界定不同物质,且实验室使用人员应熟悉其相关危险特性。( )

46. 对于参与公路水运工程施工的从业人员,施工单位不仅要在劳动合同中载明有关保障从业人员劳动安全等事项,还应该明确告知安全生产的相关程序。( )

47. 试验检测和监测数据出现异常时,应该及时向施工方报告。( )

48. 建立健全安全生产责任制加强监督考核是做好安全生产的责任。( )

49. 《公路水运工程安全生产监督管理办法》规定,未经安全生产教育、培训的从业人员不得上岗。( )

50. 《公路水运工程安全生产条件通用要求》(JT/T 1404—2022)规定了公路水运工程安全生产条件的通用要求。( )

51. 安全生产条件是从业单位为保障公路水运工程施工作业安全所需要的管理组织、制度、技术、人员、设备与环境等要素及其组合。( )

52. 以获得新建及既有工程性质评价结果为目的,针对材料、构件、工程制品及实体的一个或多个技术指标进行检测而出具的数据结果、检测结论和评价意见属于综合类报告。其类型识别码为"H"。( )

53. 每项检验检测的记录应包含充分的信息,以便在需要时,识别不确定度的影响因素,并确保该检验检测在尽可能接近原始条件的情况下,能够重复检测活动。( )

54. 检测类报告的专用章应该压盖在报告右上部。( )

55. 检验检测过程中,若检测条件发生了变化,应该以附加声明方式在检测类报告的附加

声明中注明。（ ）
56. 综合评价类报告扉页内容应该是机构信息、免责声明的内容。（ ）
57. 综合评价类检测报告名称可以冠以"试验检验报告"。（ ）
58. 综合评价类检测报告编号不应该出现在封面。（ ）
59. 检测记录表的检测单位名称要求编写在标题部分靠左对齐。检测单位名称应与资质认定证书名称一致。（ ）
60. 样品如需检测机构制备，制备方法和条件应该记入附加声明部分。（ ）
61. 检测对象属性的基础资料宜描述工程实体的基本技术参数，如设计参数、地质情况、成型工艺等信息。（ ）
62. 检测类报告落款由检测、审核、批准、日期构成。（ ）
63. 综合评价类检测报告由报告批准人、审核人和检测人员签字认可。（ ）
64. 检测类报告标题部分构成要素包括报告名称、唯一性标识编码、检测单位名称、专用章、报告编号、页码。（ ）
65. 所谓试验检测记录数据真实可靠，是指能让试验检测数据再现。（ ）
66. 综合评价类报告构成要素是项目概况、检测依据、人员和仪器设备、检测内容与方法、检测数据分析、结论与分析评估、有关建议等内容。（ ）

三、多项选择题

1. 下列选项中，(   )是属于水运工程专业的资质等级。
   A. 结构丙级   B. 结构乙级
   C. 材料丙级   D. 材料甲级

2. 申请检测机构资质的检测机构应当满足(   )等条件。
   A. 具有质量手册
   B. 具备固定的质量检测场所，且环境条件满足质量检测要求
   C. 依法成立的法人
   D. 具有一定数量的具备公路水运工程试验检测专业技术能力的人员

3. 申请人在申请不同等级的检测机构资质时，需要提交(   )等材料。
   A. 检测机构资质申请书   B. 质量保证体系文件
   C. 检测人员、仪器设备证明材料 D. 质量检测场所证明材料

4. 专家技术评审应当包括(   )等工作任务。
   A. 核查实际状况与申请材料的符合性
   B. 申请人完成质量检测项目的实际能力
   C. 检测机构权属关系是否合理
   D. 书面审查申请人提交的全部材料

5. 专家组应当在专家技术评审时限内向许可机关报送专家技术评审报告，其内容包括(   )。
   A. 申请人资质条件等事项的核查抽查情况和存在问题
   B. 是否存在实际状况与申请材料严重不符的问题

C. 评审总体意见

D. 行政许可结论

6. 下列选项中,属于检测机构资质证书副本内容的是( )。

　A. 证书编号　　　　　　　　B. 法定代表人

　C. 有效期　　　　　　　　　D. 检测场所地址

7. 构成资质延续审批需进行现场核查的情形包括( )。

　A. 出具虚假检测报告,篡改、伪造检测报告的

　B. 将检测业务转包、违规分包的

　C. 未按规定进行档案管理,造成检测数据无法追溯的

　D. 检测机构在同一公路水运工程项目标段中同时接受建设、监理、施工等多方的质量检测委托

8. 下列选项中,说法正确的是( )。

　A. 技术负责人和质量负责人应当由公路水运工程试验检测师担任

　B. 检测机构应当保证质量保证体系有效运行

　C. 发现检测项目不合格且涉及工程主体结构安全的,检测机构应当及时向负有工程建设项目质量监督管理责任的交通运输主管部门报告

　D. 检测机构和检测人员独立开展检测工作,不受任何干扰和影响,保证检测数据客观、公正、准确

9. 检测机构出具的质量检测报告至少包括( )。

　A. 检测场所地址　　　　　　B. 检测项目

　C. 检测依据　　　　　　　　D. 判定依据

10. 交通运输主管部门应该在( )等方面开展监督检查工作。

　A. 工地试验室设立和施工现场检测情况

　B. 检测机构和检测人员质量检测活动的规范性、真实性

　C. 原始记录、质量检测报告的真实性、规范性和完整性

　D. 质量保证体系运行的有效性

11. 检测机构和人员出具虚假检测报告,篡改、伪造检测报告将被( )。

　A. 处 1 万元以上 3 万元以下罚款

　B. 由交通运输主管部门责令改正

　C. 处 3 万元以上 10 万元以下罚款

　D. 给予警告或者通报批评

12. 《公路水运工程质量检测管理办法》规定,该办理变更而未按要求办理的,则( )。

　A. 处 5000 元以上 1 万元以下罚款

　B. 由交通运输主管部门责令改正

　C. 由交通运输主管部门责令限期办理

　D. 逾期未办理的,通报批评

13. 检测机构未按规定进行样品管理的,则( )。

　A. 给予警告　　　　　　　　B. 通报批评

C. 交通运输主管部门责令改正　　　　D. 处5000元以上1万元以下罚款

14. 交通运输主管部门工作人员在质量检测管理工作中对符合法定条件的申请人未在法定期限内颁发资质证书的,则( )。
   A. 给予警告　　　　　　　　　　　B. 通报批评
   C. 构成犯罪的,依法追究刑事责任　　D. 依法给予处分

15. 资质延续审批以专家组书面审查为主,审查内容包括( )。
   A. 证明质量检测水平的典型报告
   B. 质量检测业绩证明文件
   C. 仪器设备的使用权证明
   D. 受控质量检测标准、规范和规程文件清单

16. 现场核查工作布置会议应该完成的工作包括( )。
   A. 明确现场核查工作安排
   B. 听取申请人有关工作的汇报
   C. 抽取试验操作人员
   D. 抽取现场试验操作考核参数

17. 检测场地核查不仅要核查场地面积、环境条件、样品管理等情况,还要评价( )。
   A. 检测功能区域划分　　　　　　　B. 仪器设备布局
   C. 环境条件　　　　　　　　　　　D. 规程制度

18. 关于专家组对现场试验操作进行考核,下列说法正确的是( )。
   A. 对从事涉及结构安全的基桩、钢结构、混凝土结构、桥梁隧道工程等检测项目的主要操作人员进行现场考核
   B. 根据技术能力考核情况,确认申请人的质量检测能力范围。有必要对参数的检测方法、测量范围、测量精确度等做出限制时,专家组应予以注明
   C. 采取随机抽取的方式确定现场试验操作考核参数,检测人员由申请人提交专家组核定
   D. 对于只有模拟报告而无业绩报告的参数只需提交比对报告即可

19. 在延续审批进行现场核查时,需随机抽取考核( )的参数。
   A. 标准规范发生变更　　　　　　　B. 比对试验结果存在问题
   C. 资质证书有效期内未开展　　　　D. 难度较大

20. 关于终止技术评审工作,下列表述正确的是( )。
   A. 终止技术评审工作需得到许可机关同意后方可终止
   B. 终止技术评审工作需技术评审特别说明事项表填写
   C. 如果实际状况与申请材料严重不符,包括人员、场地、仪器设备等强制性指标要求的实际情况低于资质等级条件要求,可终止
   D. 质量保证体系失控,相关记录缺失或失实,可终止

21. 质量检测现场操作考核中,需要考核的内容是( )。
   A. 现场操作考核参数所涉及的主要仪器设备
   B. 现场操作考核参数所涉及的设备有效校准/检定台套数

C. 现场操作考核参数所涉及的设备有效校准/检定率

D. 现场操作考核参数所涉及的质量检测环境有多少处不满足质量检测标准要求

22. 质量检测记录和报告核查中,需要核查( )。

A. 检测参数
B. 核查情况
C. 核查记录/报告编号
D. 报告记录缺陷

23. 按照《交通运输部办公厅关于做好公路水运工程质量检测机构资质评审有关工作的通知》(交办安监函〔2024〕1432号)要求,持证高级职称人员相关专业是指( )。

A. 信息与通信工程类
B. 交通运输类
C. 水力类
D. 水利类

24. 按照《交通运输部办公厅关于做好公路水运工程质量检测机构资质评审有关工作的通知》(交办安监函〔2024〕1432号)要求,可以实际确认为检测机构人员的包括( )等人员。

A. 与检测机构签订劳动(聘用)合同的人员

B. 与检测机构签订劳动(聘用)合同并按要求缴纳社会保险的人员

C. 集团公司、高校、科研院所等上级单位委派且年龄不超过60周岁的人员

D. 劳务派遣、外包人员

25. 按照《交通运输部办公厅关于做好公路水运工程质量检测机构资质评审有关工作的通知》(交办安监函〔2024〕1432号)要求,人员与机构的劳动关系应该以( )加以确认。

A. 连续有效社保缴纳记录
B. 劳动合同
C. 聘用合同
D. 有效劳动关系证明

26. 信用评价依据( )原则进行。

A. 科学
B. 客观
C. 全面
D. 公开

27. 如果试验检测机构( ),按照评价标准信用等级将直接确定为D级。

A. 出借或借用试验检测等级证书承揽试验检测业务

B. 以弄虚作假或其他违法形式骗取等级证书或承接业务

C. 出具虚假数据报告并造成质量标准降低

D. 所设立的工地试验室及现场检测项目信用评价得分为0

28. 工地试验室的下列( )失信行为,构成以100分的扣分标准。

A. 出具假报告造成质量安全事故
B. 未按规定参加信用评价
C. 未经母体机构有效授权
D. 未履行合同擅离工地

29. 按照《公路水运工程试验检测信用评价办法》对试验检测机构进行信用评价,以信用评价综合得分 = 母体机构得分×(1 − A) + 工地试验室(∑每个工地试验室得分/总数)×A 计算得到,与综合得分对应的有5个信用等级,当分数( )时,可以评价机构的信用为好和较好。

A. ≥95 分
B. <85 分
C. ≥85 分且 <95 分
D. >60 分且 ≤70 分

30. 无论是试验检测机构还是工地试验室,如果出现检测设备未按规定检定校准,则被扣除( )。

A. 2 分/台 B. 3 分/台
C. 单次扣分不超过 10 分/次 D. 单次扣分不超过 20 分/次

31. 下列既属于检验检测机构的失信行为,也属于工地试验室失信行为的有( )。
   A. 聘用重复执业试验检测人员从事试验检测工作的
   B. 超出授权范围开展业务
   C. 试验检测设备未按规定检定校准的
   D. 试验记录、报告存在代签事实的

32. 工地试验室依据母体检测机构的质量体系文件,结合工程特点,所编制的质量体系文件及各项管理制度,应具有( )特点。
   A. 全面 B. 适用
   C. 简洁 D. 针对性和操作性强

33. 工地试验室应制定样品管理制度,对样品的( )等全过程实施严格的控制和管理。
   A. 取样 B. 运输 C. 存储 D. 处置

34. 工地试验室标准化建设的核心不包括( )。
   A. 质量管理信息化 B. 检测工作智能化
   C. 硬件建设标准化 D. 数据报告信息化

35. 工地试验室总体规划应该遵循( )原则。
   A. 总体布局合理 B. 功能分区明确
   C. 环境安全、卫生 D. 组织协调顺畅

36. 工地试验室的人员应是( )。
   A. 全员持证上岗 B. 检测人员持证上岗
   C. 在母体检测机构注册登记 D. 专业配置合理

37. 工地试验室的设备存在( )情形时,应该进行期间核查。
   A. 搬运 B. 移动
   C. 性能不稳定、使用频率高 D. 恶劣环境下使用

38. 按照《公路水运工程试验检测专业技术人员职业资格制度规定》,下列属于职业资格制度规定范围专业的是( )。
   A. 道路工程 B. 桥梁隧道工程
   C. 交通工程 D. 水运结构与地基

39. 工地试验室在人员配备上必须坚持( )原则。
   A. 专业配置合理 B. 实验室授权负责人具有高职称
   C. 试验检测人员持证上岗 D. 能覆盖工程涉及的专业范围和内容

40. 公路水运检测机构的持证人员的继续教育应该遵循( )原则。
   A. 简单易懂 B. 切合实际
   C. 全员培训 D. 注重实效

41. 下列对实验室安全管理要求描述正确的是( )。
   A. 实验室应建立内外部的沟通和报告机制
   B. 实验室最高管理者对实验室安全和安全管理体系负最终责任

C. 实验室应在最高管理层中指定人员作为安全责任人
D. 实验室的安全管理体系应覆盖实验室在固定场所内进行的工作

42. 实验室对安全管理所要求的文件应该(　　)。
   A. 对策划、运行所需的外来文件作出标识,并对发放予以控制
   B. 确保文件字迹清楚,易于识别
   C. 确保在使用处能得到适用文件
   D. 发布前审批,确保充分性和适宜性

43. 实验室的安全检查应该包括(　　)。
   A. 危险源辨识　　　　　　　　B. 门窗安全
   C. 值班记录　　　　　　　　　D. 人员能力与健康状况

44. 实验室的安全管理的内审要素包括(　　)。
   A. 向管理者报告审核结果的信息
   B. 确定安全管理体系是否有效满足方针和目标
   C. 确定安全管理体系是否得到正确实施和保持
   D. 确定安全管理体系是否符合对安全管理的策划安排和本标准的要求

45. 安全管理体系的输出包括(　　)。
   A. 安全方针和目标　　　　　　B. 安全绩效
   C. 管理体系及其过程的有效性　D. 变更的需要

46. 通过培训,实验室的所有人员应该知道(　　)。
   A. 个体防护装备的维护　　　　B. 个体防护装备的使用
   C. 实验室风险　　　　　　　　D. 实验室安全规定

47. 实验室应根据活动类型设置相应安全标志,标志包括(　　)。
   A. 通用安全标志　　　　　　　B. 消防标志
   C. 化学品作业场所安全警示标志　D. 设备标志

48. 实验室人员个体防护装备的最低要求是(　　)。
   A. 封闭性的鞋子　　　　　　　B. 佩戴手套
   C. 佩戴护目镜　　　　　　　　D. 穿着实验服

49. 《公路水运工程安全生产监督管理办法》要求,施工单位应当按照(　　)对施工现场的安全生产负主体责任。施工单位主要负责人依法对项目安全生产工作全面负责。
   A. 法律法规　　　　　　　　　B. 操作规程
   C. 工程建设强制性标准　　　　D. 合同文件组织施工

50. 按照《公路水运工程安全生产监督管理办法》要求,从业人员应当遵守安全施工的规章制度和操作规程,有权(　　)。
   A. 了解其作业场所和工作岗位存在的风险因素
   B. 服从单位领导的指令
   C. 对施工现场存在的安全问题提出检举和控告
   D. 拒绝违章指挥和强令冒险作业

51. 按照《公路水运工程安全生产监督管理办法》要求,作业人员应当遵守安全施工的规

章制度和操作规程,正确使用( )。
A. 安全防护用具 B. 机械设备
C. 灭火器 D. 消防水龙头

52.《公路水运工程安全生产监督管理办法》(交通运输部令 2017 年第 25 号)已于 2017 年 8 月 1 日起施行,其编制的依据是( )。
A.《中华人民共和国安全生产法》 B.《建设工程安全生产管理条例》
C.《中华人民共和国公路法》 D.《安全生产许可证条例》

53. 实施《公路水运工程安全生产监督管理办法》,管理办法适用的对象包括从事( )等工作的单位。
A. 勘察 B. 监理 C. 质量监督 D. 检验检测

54. 对公路水运工程从业单位的安全生产条件实施监督管理,安全管理的主要责任人是( )。
A. 项目负责人 B. 单位的主要负责人
C. 专职安全生产管理人员 D. 作业班组长

55. 对严重危及公路水运工程生产安全的( )应当依法予以淘汰。
A. 工艺 B. 设备 C. 设施 D. 材料

56. 按照《公路水运工程安全生产条件通用要求》(JT/T 1404—2022)对施工单位的要求,下列描述正确的是( )。
A. 应取得相应资质证书及安全生产许可证
B. 应保证合理施工工期
C. 为从业人员包括短期雇佣的从业人员办理意外伤害保险
D. 不应使用应当淘汰的、危及安全生产的施工工艺、设备和材料

57. 公路水运工程建设项目中的"两区三场"是指( )。
A. 堆料场 B. 拌和场 C. 钢筋加工场 D. 生活区

58.《公路水运工程安全生产条件通用要求》(JT/T 1404—2022)规定,事故隐患排查治理时,重大事故隐患治理应明确( )等相关要求。
A. 责任 B. 措施 C. 标准 D. 时限

59. 综合评价类报告由正文、附件、目录和( )组成。
A. 封面 B. 签字页 C. 声明 D. 扉页

60.《公路水运试验检测数据报告编制导则》(JT/T 828—2019)规定,记录表中的检测数据部分包括( )。
A. 抽样数据 B. 原始观测数据
C. 数据处理过程与方法 D. 试验结果

61. 检测记录表应该( )。
A. 信息齐全 B. 真实可靠 C. 内容完整 D. 结论准确

62. 检测记录中检测数据部分由( )构成。
A. 原始观测数据 B. 数据处理过程
C. 试验结果 D. 数据处理方法

63. 对于自动采集电子数据的,应采用(　　)等方式记录原始数据。
   A. 手工誊抄　　　　　　　　　　B. 保存电子档
   C. 打印签字粘贴于记录表并手工誊抄　　D. 打印签字粘贴于记录表

64. 关于检测记录的页码,下列描述正确的是(　　)。
   A. 靠右对齐　　　　　　　　　　B. 居中
   C. 位于标题部分第一行位置　　　　D. 以"第×页,共×页"的形式表示

65. 检测记录的落款部分应该由(　　)组成。
   A. 检测项目实际承担人员　　　　B. 检测项目领域持证人员
   C. 检测日期　　　　　　　　　　D. 复核日期

66. 工程部位的填写要求是(　　)。
   A. 当可以明确被检对象在工程中的具体位置时,宜填写工程部位名称
   B. 涉及盲样可不填写
   C. 当被检对象为独立结构物时,宜填写结构物及其构件名称
   D. 当可以明确被检对象在工程中的具体位置时,宜填写起止桩号

67. 检测记录的样品信息包括(　　)。
   A. 收到样品时间　　　　　　　　B. 样品状态描述
   C. 自行编制的样品编号　　　　　D. 抽样的环境条件

68. 检测记录在填写检测依据和判定依据时,下列选项中只能作为判定依据的是(　　)。
   A. 标准　　　　　　　　　　　　B. 规程
   C. 设计文件　　　　　　　　　　D. 产品说明书

习题参考答案及解析

一、单项选择题

1. D

【解析】《公路水运工程质量检测管理办法》第十二条。许可机关受理申请后,应当组织开展专家技术评审。

2. B

【解析】《公路水运工程质量检测管理办法》第二十三条。检测机构的名称、注册地址、检测场所地址、法定代表人、行政负责人、技术负责人和质量负责人等事项发生变更的,检测机构应当在完成变更后10个工作日内向原许可机关申请变更。

3. B

【解析】《公路水运工程质量检测管理办法》第七条。检测机构资质分为公路工程和水运工程专业。公路工程专业设甲级、乙级、丙级资质和交通工程专项、桥梁隧道工程专项资质。水运工程专业分为材料类和结构类。水运工程材料类设甲级、乙级、丙级资质。水运工程结构类设甲级、乙级资质。

4. A

【解析】《公路水运工程质量检测管理办法》第十三条。专家技术评审包括书面审查和现场核查两个阶段

5. B

【解析】《公路水运工程质量检测管理办法》第十三条。许可机关应当将专家技术评审时间安排书面告知申请人。

6. C

【解析】《公路水运工程质量检测管理办法》第十三条。专家技术评审的时间最长不得超过60个工作日。

7. D

【解析】《公路水运工程质量检测管理办法》第十六条。许可机关应当自受理申请之日起20个工作日内作出是否准予行政许可的决定。

8. B

【解析】《公路水运工程质量检测管理办法》第十八条。检测机构资质证书有效期为5年。有效期满拟继续从事质量检测业务的,检测机构应当提前90个工作日向许可机关提出资质延续申请。

9. B

【解析】《公路水运工程质量检测管理办法》第二十三条。检测机构的名称、注册地址、检测场所地址、法定代表人、行政负责人、技术负责人和质量负责人等事项发生变更的,检测机构应当在完成变更后10个工作日内向原许可机关申请变更。发生检测场所地址变更的,许可机关应当选派2名以上专家进行现场核查,并在15个工作日内办理完毕;其他变更事项许可机关应当在5个工作日内办理完毕。

10. A

【解析】《公路水运工程质量检测管理办法》第五十三条。检测机构违反本办法规定,有下列行为之一的,由交通运输主管部门责令改正,处5000元以上1万元以下罚款:……(四)未按规定报告在检测过程中发现检测项目不合格且涉及工程主体结构安全的。选项B、C对应的是该办法第五十二条,选项D对应的是该办法第五十五条。

11. C

【解析】《公路水运工程质量检测机构资质审批专家技术评审工作程序》第一条。为确保公路水运工程质量检测机构资质审批工作科学、公正、规范,根据《公路水运工程质量检测管理办法》(交通运输部令2023年第9号)制定本程序。

12. A

【解析】《公路水运工程质量检测机构资质审批专家技术评审工作程序》第五条。许可机关自收到申请人通过公路水运工程质量检测管理信息系统提交的技术评审证明材料后,5个工作日内向申请人发出技术评审通知,明确技术评审的工作安排。

13. B

【解析】《公路水运工程质量检测机构资质审批专家技术评审工作程序》第六条。书面审查具体内容如下:(二)证明质量检测水平的典型报告(典型报告应覆盖所有的质量检测

项目且不少于质量检测项目必选参数的10%,其中桥梁、隧道和基坑及基桩等涉及结构安全的检测项目以及水泥混凝土、沥青混合料等检测项目不少于必选参数的15%,新增参数典型报告不低于30%。典型报告应包括委托单、报告及相关记录等)。

14. C

【解析】 《公路水运工程质量检测机构资质审批专家技术评审工作程序》第十四条。专家组应对申请人的原始记录、报告进行检查评价,主要内容如下:(一)业务委托、合同签订、任务分派、样品管理、报告审批等检测业务流程是否规范;(二)在覆盖所有质量检测项目的基础上,抽查不少于15%的必选参数和5%的可选参数的质量检测记录和报告。

15. C

【解析】 《公路水运工程质量检测机构资质等级条件》一、公路工程质量检测机构资质等级条件"表2-5 质量检测能力基本要求及主要仪器设备(桥梁隧道工程专项)"的注释——注:3. 可选参数申请数量应不低于本等级可选参数总数量的60%。

16. D

【解析】 《交通运输部办公厅关于做好公路水运工程质量检测机构资质评审有关工作的通知》附件3 公路水运工程质量检测机构资质审批技术评审报告(修订版)"四、质量检测机构仪器设备检查表",其表头如下。

序号	设备编号	设备名称	规格型号	测量范围	仪器设备核查情况	是否检定/校准、确认	是否有效检定、校准(仅书面审查时填写)
一、土							

17. C

【解析】 《交通运输部办公厅关于做好公路水运工程质量检测机构资质评审有关工作的通知》附件3 公路水运工程质量检测机构资质审批技术评审报告(修订版)"五、质量检测现场操作考核情况记录表",其表头如下。

序号	质量检测报告			检测依据的标准、规范、规程名称及编号	判定标准名称及编号	抽查的检测人员及证书编号	所用仪器设备名称型号/编号	是否有效检定/校准	环境条件是否满足要求	现场操作完成情况		考核结论(未予确认的参数)	
	报告编号	检测项目	必选参数	可选参数							全部完成	未完成情况描述	必选参数	可选参数

18. D

【解析】 《交通运输部办公厅关于做好公路水运工程质量检测机构资质评审有关工作的通知》附件3 公路水运工程质量检测机构资质审批技术评审报告(修订版)"二、质量检测机构条件核查汇总表"。

(1)有下列情形之一并且数据、结果存在错误或者无法复核的不实检测报告,即为"不符合":①使用未经检定或者校准的仪器、设备、设施的;②违反国家有关强制性规定的检验检测规程或者方法的;③未按照标准等规定传输、保存原始数据和报告的。

(2)有下列情形之一的虚假检测报告,即为"不符合":①未经检验检测的;②伪造、变造原始数据、记录,或者未按照标准等规定采用原始数据、记录的;③减少、遗漏或者变更标准等规定的应当检验检测的项目,或者改变关键检验检测条件的;④伪造检验检测机构公章或者检验检测专用章,或者伪造报告签发人签名或者签发时间的。

(3)原始记录和质量检测报告内容清晰、完整、规范,检测数据可追溯,相关信息符合规范要求,质量检测报告存在下列情形之一的,即为"不符合";或任一情形报告均未达到最大份数,但各种情形报告总数大于或等于10份的,即为"不符合":①样品数量不足或抽检频率不足,且结论不准确的报告大于或等于3份。②检测依据的标准规范不正确且未进行任何说明的报告大于或等于3份。③原始记录或报告中主要仪器设备及编号、试验条件、样品抽取或测点布设等关键信息不全,且导致试验结果无法复现、追溯的,或导致检测结论不准确的报告大于或等于3份。④未严格按相关标准规范要求的步骤进行检验检测,且对试验结果产生影响的报告大于或等于3份,或导致检测结论错误的报告1份。⑤原始记录和报告信息不一致的报告大于或等于3份。

19. A

【解析】《公路水运工程试验检测信用评价办法》第六条。试验检测机构的信用评价实行综合评分制。具体扣分标准按照《公路水运工程试验检测机构信用评价标准》和《公路水运工程工地试验室及现场检测项目信用评价标准》执行。

20. D

【解析】《公路水运工程试验检测信用评价办法》第十一条。对试验检测人员信用评价实行累计扣分制。具体扣分标准按照《公路水运工程试验检测人员信用评价标准》执行。

21. D

【解析】《公路水运工程试验检测信用评价办法》第五条。信用评价周期为1年。

22. A

【解析】《公路水运工程试验检测信用评价办法》附件3中,行为代码JJC203009表述的失信行为:出现JJC201008、JJC201010～JJC201013、JJC201017、JJC201023及JJC202005项行为的对行政负责人的处理。附件1中,JJC201010失信行为"试验检测机构的变更未在规定期限内办理变更手续"。

23. C

【解析】《关于印发工地试验室标准化建设要点的通知》(四)。工地试验室授权负责人应按照工地试验室管理和标准化建设的有关要求,对工地试验室运行和试验检测活动负起责任,切实履行好配置试验室资源、建立质量保证体系、完善管理制度、监督制度执行等各项职责,确保工地试验室人员、设备、环境等满足工地试验检测工作需要,使相关试验检测工作有效开展。

24. D

【解析】《工地试验室标准化建设要点》3.2.5。工地试验室不得聘用信用较差或很差的试验检测人员担任授权负责人,不得聘用信用很差的试验检测人员从事试验检测工作。

25. A

【解析】《工地试验室标准化建设要点》1.2。工地试验室必须严格执行国家有关法律、法规、技术标准和交通运输主管部门的有关规范、规程,遵循科学、客观、严谨、公正的原则,独立开展试验检测活动,为工程建设提供真实、准确的试验检测数据和报告。

26. D

【解析】《工地试验室标准化建设要点》2.4。工地试验室按照规定到项目质监机构登记备案后,方可开展试验检测工作。这里要注意是到项目所在地的质监机构备案。

27. A

【解析】《工地试验室标准化建设要点》4.6.1。工地试验室应加强外委试验管理,超出母体检测机构授权范围的试验检测项目和参数应进行外委,外委试验应向项目建设单位报备。

28. A

【解析】《工地试验室标准化建设要点》2.3。母体检测机构应在其等级证书核定的业务范围内对工地试验室进行授权,上年度信用评价等级在C级及以下的检测机构不宜作为授权设立工地试验室的母体检测机构。

29. D

【解析】《工地试验室标准化建设要点》3.1.7。工地试验室应有良好的通风采光条件,化学室、沥青及沥青混合料室应设置机械强制通风设施。

选项A、B涉及的是该文件第3.1.8条,即:工地试验室应设置较完善的排水设施,并配备必要的应急水源,保证试验检测工作正常、连续开展。各功能室均应铺设上、下水管道,配备水池,地面应设置地漏。水泥混凝土室、石料室等房间地面应设置水槽和沉淀池。

30. C

【解析】《工地试验室标准化建设要点》4.2.4。仪器设备应实施标识管理,分为管理状态标识和使用状态标识。管理状态标识包括设备名称、编号、生产厂商、型号、操作人员和保管人员等信息;使用状态标识分为"合格""准用""停用"三种,分别用"绿""黄""红"三色标签进行标识。仪器设备标识管理在实际工作中比较混乱。考生应该知道设备标识分为管理状态标识和使用状态标识两种,其中管理状态标识需要信息全面,使用状态标识则是以"绿""黄""红"三色标签进行标识的。

31. A

【解析】《工地试验室标准化建设要点》3.1.4。工地试验室工作区功能室一般分为土工室、集料室、石料室、水泥室、留样室等,不包括收样室。

32. D

【解析】《工地试验室标准化建设要点》4.4.7。工地试验室应注意收集隐蔽工程、关键部位的工程质量检验图片及影像资料,及时整理归档。

33. B

【解析】《公路水运工程试验检测人员继续教育办法(试行)》第一条。这里一定要区别持证的检测人员和检测公司的人员,继续教育只针对在检测公司里从事检测工作的持证试验检测人员。

34. D

【解析】《公路水运工程试验检测人员继续教育办法(试行)》第十五条。公路水运工程试验检测继续教育周期为2年(自取得证书的次年起计算)。试验检测人员在每个周期内接受继续教育的时间累计不应少于24学时。

35. A

【解析】《检测实验室安全 第1部分:总则》(GB/T 27476.1—2014)4.2.1。实验室应根据业务性质、活动特点等建立、实施、保持和持续改进与其规模及活动性质相适应的安全管理体系,确定如何满足所有安全要求,并形成文件。安全管理体系文件应包括:a)安全方针和目标;b)安全管理体系覆盖范围的描述;c)安全管理体系主要要素和其相互作用描述,及文件的查询途径;d)实验室为确保对涉及安全风险管理过程进行有效策划、运行和控制所需的文件和记录。

36. C

【解析】《检测实验室安全 第1部分:总则》(GB/T 27476.1—2014)5.1.2。应系统识别实验室活动所有可预见的危险源,应识别所有与各类任务相关的可预见的危险,如机械、电气、高低温、火灾爆炸、噪声、振动、呼吸危害、毒物、辐射、化学等危险;或与任务不直接相关的可预见的危险,如实验室突然停电、停水、地震、水灾、台风等特殊状态下的安全。

37. A

【解析】《检测实验室安全 第1部分:总则》(GB/T 27476.1—2014)5.1.3.2。发生以下情况时,应重新进行风险评价:采用新的设备、材料、方法、环境、人员发生变化或改变实验室结构的功能时;包括物质存储或使用的实验室分区执行的任务发生改变之前;变更检验工作流程时;发生安全事故或事件后;适用的法律法规和标准等发生改变。

38. B

【解析】《检测实验室安全 第1部分:总则》(GB/T 27476.1—2014)5.3.5.4.1。局部排风的目的是通过将污染物在其产生的地方就将其排除以将实验室内空气污染减到最少。有多种不同的局部排风系统可供实验室使用。通风柜是最常使用的局部排风系统之一。

39. B

【解析】 这里需要注意的是办法的实施时间。《公路水运工程安全生产监督管理办法》于2017年6月7日经第9次部务会议通过,2017年6月12日公布,自2017年8月1日起施行。这里涉及文件的通过日期、公布日期、实施日期。当然文件的实施日期应该需要记忆。

40. A

【解析】《公路水运工程安全生产监督管理办法》第五条。交通运输部负责全国公路水运工程安全生产的监督管理工作。长江航务管理局承担长江干线航道工程安全生产的监督管理工作。县级以上地方人民政府交通运输主管部门按照规定的职责负责本行政区域内的公路水运工程安全生产监督管理工作。

41. B

【解析】《公路水运工程安全生产监督管理办法》第四十九条。交通运输主管部门对有下列情形之一的从业单位及其直接负责的主管人员和其他直接责任人员给予违法违规行为失信记录并对外公开,公开期限一般自公布之日起12个月。

42. C

【解析】 注意是重大事故才是上报。详见《公路水运工程安全生产监督管理办法》第四十一条。建立职工参与的工作机制,对隐患排查、登记、治理等全过程闭合管理情况予以记录。事故隐患排查治理情况应当向从业人员通报,重大事故隐患还应当按规定上报和专项治理。

43. B

【解析】《公路水运工程安全生产条件通用要求》(JT/T 1404—2022)5.2.3。电工、焊接与热切割作业人员、架子工等特种作业人员应取得作业资格证书后方可上岗作业,进场前宜接受技能测试。

44. B

【解析】《公路水运试验检测数据报告编制导则》(JT/T 828—2019)4.1。公路水运试验检测数据报告应格式统一、形式合规,宜采用信息化方式编制。

45. D

【解析】《公路水运试验检测数据报告编制导则》(JT/T 828—2019)4.4、4.5。记录表应由标题、基本信息、检测数据、附加声明、落款五部分组成。每一试验检测参数(或试验方法)可单独编制记录表。同一试验过程同时获得多个试验检测参数时,可将多个参数集成编制于一个记录表中。检测类报告应由标题、基本信息、检测对象属性、检测数据、附加声明、落款六部分组成。考生应注意,记录文件与报告的内容组成不一样。

46. C

【解析】"报告中集料的规格"属于检测对象属性。

47. D

【解析】《公路水运试验检测数据报告编制导则》(JT/T 828—2019)5.1.3.2。记录表的唯一性标识编码用于管理记录表格式的编码具有唯一性,与记录表名称同处一行,靠右对齐。记录表唯一性标识编码由9位或10位字母和数字组成,其结构如下图所示。当同一记录表中包含两个及以上参数时,其唯一性标识编码由各参数对应的唯一性标识编码顺序组成。记录表唯一性标识编码要求:专业编码由3位大写英文字母组成,第1位字母为J,代表记录表,第2、3位字母用于区分专业类别,GL代表公路工程专业,SY代表水运工程专业。

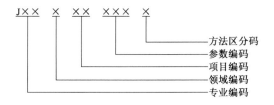

48. A

【解析】《公路水运试验检测数据报告编制导则》(JT/T 828—2019)5.2.3。样品信息编制要求如下:来样时间应填写检测收到样品的日期,以"YYYY年MM月DD日"的形式表示;如:2019年05月24日。当日完成的试验检测工作可填写当日日期;一日以上的试验检测工作应表征试验的起止期。日期以"YYYY年MM月DD日"的形式表示。

49. C

【解析】《公路水运试验检测数据报告编制导则》(JT/T 828—2019)6.1.3.1。报告名称位于标题部分第二行居中位置,采用以下表述方式:由单一记录表导出的报告,其报告名称宜采用"项目名称""参数名称""试验检测报告"的形式命名,并按照上述记录的规定处理。

50. C

【解析】 这里容易出错的是选项 A、B,感觉有关,其实这两者均是题干中提到的检测结果,这都是原始记录应该包括的数据部分内容。根据《公路水运试验检测数据报告编制导则》6.4.2。检测类报告检测数据部分的相关内容来源于检测记录表,应包含检测项目、技术要求/指标、检测结果、检测结论等内容及反映检测结果与结论的必要图表信息。

51. C

【解析】《公路试验检测数据报告编制导则》5.2.3.3c)。样品编号应由检测单位自行编制,用于区分每个独立样品的唯一性编号。选项 C 中表明了土的击实识别信息,即"土工"+"击实"的首字母。而选项 B 无唯一样品序号。

二、判断题

1. ×

【解析】 这里要注意名称的变化,"试验检测"应为"质量检测"。《公路水运工程质量检测管理办法》第一条:为了加强公路水运工程质量检测管理,保证公路水运工程质量及人民生命和财产安全,根据《建设工程质量管理条例》,制定本办法。

2. √

【解析】《公路水运工程质量检测管理办法》第十三条。专家技术评审包括书面审查和现场核查两个阶段,所用时间不计算在行政许可期限内。

3. ×

【解析】《公路水运工程质量检测管理办法》第十条。申请人可以同时申请不同专业、不同等级的检测机构资质。题干表述的是旧办法《公路水运工程试验检测管理办法》的管理要求。

4. ×

【解析】《公路水运工程质量检测管理办法》第十一条。申请人应当通过公路水运工程质量检测管理信息系统提交申请材料,并对其申请材料实质内容的真实性负责。许可机关不得要求申请人提交与其申请资质无关的技术资料和其他材料。注意信息系统的名称发生了变化。

5. ×

【解析】《公路水运工程质量检测管理办法》第十二条。许可机关受理申请后,应当组织开展专家技术评审。注意旧办法中"等级评审"现已变为"专家技术评审"。

6. ×

【解析】《公路水运工程质量检测管理办法》第十七条。检测机构资质证书由正本和副本组成,具有同等效力。但二者注明的内容不一致。

7. ×

【解析】《公路水运工程质量检测管理办法》第十八条。有效期满拟继续从事质量检测业务的,向许可机关提出资质延续申请。新办法中已将"换证申请"均变为"资质延续申请"。

8. √

【解析】《公路水运工程质量检测管理办法》第十八条。检测机构资质证书有效期为5年。第二十一条:符合资质条件的,许可机关准予检测机构资质证书延续5年。

9. ×

【解析】《公路水运工程质量检测管理办法》第二十二条。资质延续审批中的专家技术评审以专家组书面审查为主,但申请人存在本办法第四十八条第三项、第五十二条、第五十三条第五项和第五十五条规定的违法行为,以及许可机关认为需要核查的情形的,应当进行现场核查。

10. ×

【解析】《公路水运工程质量检测管理办法》第二十四条。检测机构需要终止经营的,应当在终止经营之日15日前告知许可机关,并按照规定办理有关注销手续。

11. √

【解析】《公路水运工程质量检测管理办法》第二十七条。取得资质的检测机构应当根据需要设立公路水运工程质量检测工地试验室。工地试验室是检测机构设置在公路水运工程施工现场,提供设备、派驻人员,承担相应质量检测业务的临时工作场所。

12. ×

【解析】注意,"不合格且涉及工程主体结构安全的"才需报告。《公路水运工程质量检测管理办法》第三十六条。在检测过程中发现检测项目不合格且涉及工程主体结构安全的,检测机构应当及时向负有工程建设项目质量监督管理责任的交通运输主管部门报告。

13.

【解析】"同等能力"说法错误,这也是部令要求高于检测领域资质认定的情形之一。《公路水运工程质量检测管理办法》第三十七条。检测机构的技术负责人和质量负责人应当由公路水运工程试验检测师担任。质量检测报告应当由公路水运工程试验检测师审核、签发。

14. ×

【解析】《公路水运工程质量检测管理办法》第四十七条。检测机构取得资质后,不再符合相应资质条件的,许可机关应当责令其限期整改并向社会公开。检测机构完成整改后,应当向许可机关提出资质重新核定申请。

15. ×

【解析】《公路水运工程质量检测管理办法》第四十八条。检测机构违反本办法规定,有下列行为之一的,其检测报告无效:(二)资质证书已过有效期从事质量检测活动的。

16. ×

【解析】《公路水运工程质量检测机构资质审批专家技术评审工作程序》第二条。公路水运工程质量检测机构资质审批(包括延续审批)专家技术评审工作应遵循本程序。注意新旧办法中定义的变化,"等级评定""换证复核"已变为"资质审批""延续审批"。

17. ×

【解析】《公路水运工程质量检测机构资质审批专家技术评审工作程序》第四条。技术评审专家组应根据申请人所申请的专业、资质类别等级,按照专业覆盖的原则,从许可机关建立的质量检测专家库中随机抽取组成,并符合回避要求。专家组一般由3人及以上组成,设组长1名,实行组长负责制。注意新旧办法中定义的变化,应该是"资质审批专家技术评审",

而不是"等级评定"。

18. ×

【解析】 应该是"申请人通过公路水运工程质量检测管理信息系统提交的技术评审证明材料后",证明材料包括:申请书,检测人员、仪器设备和设施、质量检测场所证明材料,质量保证体系文件等。《公路水运工程质量检测机构资质审批专家技术评审工作程序》第五条规定:许可机关自收到申请人通过公路水运工程质量检测管理信息系统提交的技术评审证明材料后,5个工作日内向申请人发出技术评审通知,明确技术评审的工作安排。

19. ×

【解析】 应该是"技术评审专家组进行书面审查"。《公路水运工程质量检测机构资质审批专家技术评审工作程序》第五条。专家组对申请人通过公路水运工程质量检测管理信息系统提交的全部材料进行书面审查,并按有关规定开展现场核查,现场核查时间一般为2天。

20. ×

【解析】 《公路水运工程质量检测机构资质审批专家技术评审工作程序》第十二条。专家组核查中对于申请人同时申请多个资质的,行政、技术、质量负责人所持检测人员证书可在多个资质中使用;技术负责人不单独配置时,应同时持有满足不同资质要求的检测人员证书;不同资质可共用检测用房、仪器设备,但检测用房须满足不同资质要求。注意在满足不同资质时用房、设备可以共用,但是技术负责人需核查其持证情况。

21. ×

【解析】 《交通运输部办公厅关于做好公路水运工程质量检测机构资质评审有关工作的通知》附件2公路水运工程质量检测机构各资质等级人员配备要求。技术负责人和质量负责人的工作经历是黑体字,为必选条件。

22. ×

【解析】 《交通运输部办公厅关于做好公路水运工程质量检测机构资质评审有关工作的通知》附件3公路水运工程质量检测机构资质审批技术评审报告(修订版)"一、技术评审工作日程记录"。正确表述是"评审等级"包括公路工程甲级、水运工程材料甲级、公路工程乙级等类别,具体如下。

评审等级	□公路工程甲级	□公路工程乙级	□公路工程丙级
	□公路工程桥梁隧道工程专项	□公路工程交通工程专项	
	□水运工程材料甲级	□水运工程材料乙级	□水运工程材料丙级
	□水运工程结构甲级	□水运工程结构乙级	

23. √

【解析】 《公路水运工程质量检测机构资质等级条件》一、公路工程质量检测机构资质等级条件"表3 质量检测环境要求"的注释——注:此表内容为强制性要求。

24. ×

【解析】 《交通运输部办公厅关于做好公路水运工程质量检测机构资质评审有关工

作的通知》附件3公路水运工程质量检测机构资质审批技术评审报告(修订版)"七、质量检测能力范围确认表"的注释——注:参数限制范围应在参数后面用括号说明,表述上使用"只用:×××法",只做"×××"。

25. √

【解析】 《公路水运工程试验检测信用评价办法》附件2。

26. √

【解析】 《公路水运工程试验检测信用评价办法》附件1。

27. ×

【解析】 《公路水运工程试验检测信用评价办法》附件2中JJC202019。试验样品管理存在人为选择性取样、样品流转工作失控、样品保管条件不满足要求、未按规定留样等不规范行为的,扣5分/项。

28. √

【解析】 《公路水运工程试验检测信用评价办法》附件2中JJC202001。注意区分机构失信行为与人员失信行为的扣分标准。

29. √

【解析】 《公路水运工程试验检测信用评价办法》附件3中JJC203002。

30. ×

【解析】 《公路水运工程试验检测信用评价办法》第九条。项目业主于次年1月中旬将工地试验室、现场检测项目的评价意见和扣分依据以及母体机构失信行为报项目质监机构。

31. √

【解析】 《公路水运工程试验检测信用评价办法》第八条。试验检测机构信用评价分为AA、A、B、C、D五个等级。

32. ×

【解析】 《公路水运工程试验检测信用评价办法》第十二条。机构分等级;人员实行累计扣分制,没有等级之分。所以选择时一定要看清楚是针对机构的还是针对人员的。

33. ×

【解析】 《工地试验室标准化建设要点》4.6.3。外委试验取样、送样过程应进行见证。工地试验室不仅是要建立外委试验台账,还应对外委试验结果进行确认。

34. ×

【解析】 《工地试验室标准化建设要点》3.4.1。工地试验室应依据母体检测机构的质量体系文件,结合工程特点,编制简洁、适用、针对性和操作性强的质量体系文件及各项管理制度。注意,应该在母体检测机构的体系框架内进行,而不是另外编制一套质量体系文件。

35. √

【解析】 《工地试验室标准化建设要点》4.1.2。工地试验室应保持试验检测人员相对稳定,因特殊情况确需变动的,应由母体检测机构报经建设单位同意,并向项目质监机构备案。

36. √

【解析】 《工地试验室标准化建设要点》4.7.6。母体检测机构应定期对授权工地试验室进行检查指导,确保授权工作规范有效,检查过程应有记录,检查结果应有落实和反馈。

37. √

【解析】《工地试验室标准化建设要点》4.6.4。工程建设项目的同一合同段中的施工、监理单位和检测机构不得将外委试验委托给同一家检测机构。

38. ×

【解析】《工地试验室标准化建设要点》2.3。上年度信用评价等级在 C 级及以下的检测机构,不宜作为设立工地试验室的母体机构。

39. √

【解析】《工地试验室标准化建设要点》3.1.2。工地试验室规划应遵循总体布局合理、功能分区明确、组织协调顺畅的原则。另需注意的是,工地试验室仪器设备应按照优化检测工作流程、整体布局合理、同步作业不相互干扰的原则进行布置。

40. √

【解析】《公路水运工程试验检测人员继续教育办法(试行)》第三条。接受继续教育是试验检测人员的义务和权利。试验检测人员应按照本办法规定参加继续教育。

41. ×

【解析】《检测实验室安全 第1部分:总则》(GB/T 27476.1—2014)。适用于检测实验室,校准和科研实验室可参照使用。适用于固定场所内的实验室,其他场所的实验室可参照使用,但可能需要附加要求。

42. √

【解析】《检测实验室安全 第1部分:总则》(GB/T 27476.1—2014)5.1.1。实验室应建立、实施和保持程序,以持续进行危险源辨识、风险评价和确定必要的控制措施。应对实验室的所有工作进行危险源辨识和风险评价。在确定控制措施时,应考虑评价的结果。危险源辨识、风险评价和确定的控制措施应形成文件,并及时更新。

43. √

【解析】《检测实验室安全 第1部分:总则》(GB/T 27476.1—2014)5.3.5.3。工作时间内,实验室宜提供适宜的制热或制冷系统。存在易燃物品或易燃蒸汽的地方,应以间接方式加热。当实验室内的高温能导致可识别的潜在危险时,应提供制冷。

44. √

【解析】《检测实验室安全 第1部分:总则》(GB/T 27476.1—2014)5.4.2.2。一般的实验操作中,建议穿长袖棉质或棉质/聚酯的工作服、外披型长褂或其他实验服。外披型长袍褂建议采用能快速解开的纺织物系带方式。尼龙制品在热或酸环境下容易被破坏,建议不要选用。

45. √

【解析】《检测实验室安全 第1部分:总则》(GB/T 27476.1—2014)5.6.1.3。物料应有明确的安全标签和标识,应标注充分的信息,用以清晰界定不同物质,且实验室使用人员应熟悉其相关危险特性。

46. ×

【解析】《公路水运工程安全生产监督管理办法》第二十三条。施工单位应在劳动合同中载明有关保障从业人员劳动安全等事项,同时还应书面告知危险岗位的操作规程。题干错误之处在于没有明确以什么方式告知,管理办法中明确的是以书面形式。

47. ×

【解析】《公路水运工程安全生产监督管理办法》第三十二条。依合同承担试验检测或者施工监测的单位,应当按照法律、法规、规章、工程建设强制性标准和合同文件开展工作。所提交的试验检测或者施工监测数据应当真实、准确,数据出现异常时应当及时向合同委托方报告。

48. √

【解析】《公路水运工程安全生产监督管理办法》第二十七条。从业单位应当建立健全安全生产责任制,明确各岗位的责任人员、责任范围和考核标准等内容。从业单位应当建立相应的机制,加强对安全生产责任制落实情况的监督考核。虽然检验检测机构不是公路工程施工企业,但仍然存在安全生产问题,所以也应按照《公路水运工程安全生产监督管理办法》要求完善各种安全生产制度。

49. √

【解析】《公路水运工程安全生产监督管理办法》第十五条。从业单位应当依法对从业人员进行安全生产教育和培训。未经安全生产教育和培训合格的从业人员,不得上岗作业。

50. ×

【解析】《公路水运工程安全生产条件通用要求》(JT/T 1404—2022)1 范围。本文件规定了公路水运工程安全生产条件的基本要求,机构、人员与费用,安全管理制度,安全技术保障,应急管理,临时设施与设备,通用作业,公路工程,水运工程,特殊季节与特殊环境施工等要求。注意是规定了"基本要求"。

51. √

【解析】《公路水运工程安全生产条件通用要求》(JT/T 1404—2022)3.2。安全生产条件是指从业单位为保障公路水运工程施工作业安全所需的管理组织、制度、技术、人员、设备与环境等要素及其组合。

52. √

【解析】《公路水运试验检测数据报告编制导则》(JT/T 828—2019)。综合评价类报告是指以获得新建及既有工程性质评价结果为目的,针对材料、构件、工程制品及实体的一个或多个技术指标进行检测而出具的数据结果、检测结论和评价意见。唯一性标识编码位于封面部分上部右上角,靠右对齐。编码规则的编制要求应符合 6.1.3.3 的规定,其类型识别码为"H"。

53. √

【解析】《公路水运试验检测数据报告编制导则》(JT/T 828—2019)4.3。记录表应信息齐全、数据真实可靠,具有可追溯性;报告结论准确、内容完整。

54. ×

【解析】应盖压在检测单位名称上。《公路水运试验检测数据报告编制导则》(JT/T 828—2019)6.1.3.2。专用章包括检测专用印章、等级专用标识章、资质认定标志等,具体要求如下:a) 检测专用印章应端正地盖压在检测单位名称上;b) 等级专用标识章应按照 JT/T 1181

的规定使用;c)资质认定标志等应按照相关规定使用。

55. √

【解析】《公路水运试验检测数据报告编制导则》(JT/T 828—2019)6.5.2。附加声明部分可用于:a)对试验检测的依据、方法、条件等偏离情况的声明;b)其他见证方签认;c)其他需要补充说明的事项。

56. ×

【解析】《公路水运试验检测数据报告编制导则》(JT/T 828—2019)7.2。扉页部分宜包含报告有效性规定、效力范围申明、使用要求、异议处理方式,以及检测机构联系信息。

57. ×

【解析】《公路水运试验检测数据报告编制导则》(JT/T 828—2019)7.1.2.3。报告名称位于封面部分"报告编号"之后的居中位置,统一为"检测报告"。

58. ×

【解析】《公路水运试验检测数据报告编制导则》(JT/T 828—2019)7.1.2.2。报告编号位于封面部分上部右上角第二行,靠右对齐。

59. ×

【解析】 应与等级证书中的机构名称一致。《公路水运试验检测数据报告编制导则》(JT/T 828—2019)5.1.3.3。检测单位名称位于标题部分第三行位置,靠左对齐,编制要求如下:a)当检测单位为检测机构时,应填写等级证书中的机构名称,可附加等级证书的编号;b)当检测单位为工地试验室时,应填写其授权文件上的工地试验室名称。

60. ×

【解析】 应记入样品信息部分。《公路水运试验检测数据报告编制导则》(JT/T 828—2019)5.2.3.3。样品信息应包含来样时间、样品名称、样品编号、样品数量、样品状态、制样情况和抽样情况,其中制样情况和抽样情况可根据实际情况删减。编制要求如下:a)来样时间应填写检测收到样品的日期,以"YYYY 年 MM 月 DD 日"的形式表示;如:2019 年 05 月 24 日;b)样品名称应按标准规范的要求填写;c)样品编号应由检测单位自行编制,用于区分每个独立样品的唯一性编号;d)样品数量宜按照检测依据规定的计量单位,如实填写;e)样品状态应描述样品的性状,如样品的物理状态、是否有污染、腐蚀等;f)制样情况应描述制样方法及条件、养护条件、养护时间及依据等;g)抽样情况应描述抽样日期、抽取地点(包括简图、草图或照片)、抽样程序、抽样依据及抽样过程中可能影响检测结果解释的环境条件等。

61. √

【解析】《公路水运试验检测数据报告编制导则》(JT/T 828—2019)6.3.3。检测对象属性应能如实反映检测对象的基本情况,视报告具体内容需要确定,并具有可追溯性,具体要求如下:a)基础资料宜描述工程实体的基本技术参数,如设计参数、地质情况、成型工艺等;b)测试说明宜包括测试点位、测试路线、图片资料等,若对试验结果有影响时,还应说明试验后样品状态;c)制样情况、抽样情况的编制要求与记录的要求与样品信息要求一致。

62. √

【解析】《公路水运试验检测数据报告编制导则》(JT/T 828—2019)。要区分记录和报告落款部分的差异。报告落款部分应由检测、审核、批准、日期组成。记录落款部分应由检测、记录、复核、日期组成。

63. ×

【解析】《公路水运试验检测数据报告编制导则》(JT/T 828—2019)7.4。签字页部分应包含工程名称、项目负责人、项目参加人员、报告编写人、报告审核人和报告批准人。宜打印姓名并手签。对于采用信息化手段编制的报告,可使用数字签名。

考生要区分检测类报告签认与综合评价报告签认的差异。综合评价类报告是新出现的类型,其相关的规定需要充分重视。综合评价类的签认是以签字页的形式出现。

64. √

【解析】《公路水运试验检测数据报告编制导则》(JT/T 828—2019)6.1.2。检测类报告标题部分应包含报告名称、唯一性标识编码、检测单位名称、专用章、报告编号、页码组成。

65. ×

【解析】《〈公路水运工程试验检测数据报告编制导则〉释义手册》4.3。数据的真实可靠,是指如实地记录当时当地的试验检测的实际情况,包括试验检测过程中的数据、现象、仪器设备、环境条件等信息,确保试验检测所得原始数据、计算、修约的正确性,以及环境条件、设备状态等信息的准确性。

66. √

【解析】要区分两类不同报告的构成内容完全不一样。详见《公路水运试验检测数据报告编制导则》(JT/T 828—2019)7.5.1。综合评价类报告应包含项目概况、检测依据、人员和仪器设备、检测内容与方法、检测数据分析、结论与分析评估、有关建议等内容。

三、多项选择题

1. BCD

【解析】《公路水运工程质量检测管理办法》第七条。检测机构资质分为公路工程和水运工程专业。公路工程专业设甲级、乙级、丙级资质和交通工程专项、桥梁隧道工程专项资质。水运工程专业分为材料类和结构类;水运工程材料类设甲级、乙级、丙级资质,水运工程结构类设甲级、乙级资质。

2. BCD

【解析】《公路水运工程质量检测管理办法》第九条。申请检测机构资质的检测机构应当具备以下条件:(一)依法成立的法人;(二)具有一定数量的具备公路水运工程试验检测专业技术能力的人员;(三)拥有与申请资质相适应的质量检测仪器设备和设施;(四)具备固定的质量检测场所,且环境条件满足质量检测要求;(五)具有有效运行的质量保证体系。

选项A"质量手册"只是文件化的质量管理制度,不能代表质量保证体系。

3. ABCD

【解析】《公路水运工程质量检测管理办法》第十一条。申请人应当按照本办法规定向许可机关提交以下申请材料:(一)检测机构资质申请书;(二)检测人员、仪器设备和设施、质量检测场所证明材料;(三)质量保证体系文件。设备的证明材料是指设备所有权的证明材料;场所证明材料是指独立使用权的证明材料。

4. ABD

【解析】《公路水运工程质量检测管理办法》第十四条。专家技术评审应当对申请人提交的全部材料进行书面审查,并对实际状况与申请材料的符合性、申请人完成质量检测项目的实际能力、质量保证体系运行等情况进行现场核查。

5. ABC

【解析】《公路水运工程质量检测管理办法》第十五条。专家组应当在专家技术评审时限内向许可机关报送专家技术评审报告。专家技术评审报告应当包括对申请人资质条件等事项的核查抽查情况和存在问题,是否存在实际状况与申请材料严重不符、伪造质量检测报告、出具虚假数据等严重违法违规问题,以及评审总体意见等。

6. BD

【解析】《公路水运工程质量检测管理办法》第十七条。检测机构资质证书由正本和副本组成。正本上应当注明机构名称,发证机关,资质专业、类别、等级、发证日期,有效期,证书编号,检测资质标识等;副本上还应当注明注册地址、检测场所地址、机构性质、法定代表人、行政负责人、技术负责人、质量负责人、检测项目及参数、资质延续记录、变更记录等。注意正本和副本的内容是不一致的。

7. AB

【解析】《公路水运工程质量检测管理办法》第二十二条。当申请人存在"超出资质许可范围从事质量检测活动的;出具虚假检测报告,篡改、伪造检测报告的;将检测业务转包、违规分包的;接受监督检查时不如实提供有关资料,或者拒绝、阻碍监督检查的;检测机构违反本办法规定,转让、出租检测机构资质证书的"等情形被认定时,就不能仅采用书面审查而需要进行现场核查。

8. ABCD

【解析】《公路水运工程质量检测管理办法》。

第三十七条　检测机构的技术负责人和质量负责人应当由公路水运工程试验检测师担任。

第二十九条　检测机构应当保证质量保证体系有效运行。

第三十六条　在检测过程中发现检测项目不合格且涉及工程主体结构安全的,检测机构应当及时向负有工程建设项目质量监督管理责任的交通运输主管部门报告。

第二十八条　检测机构和检测人员应当独立开展检测工作,不受任何干扰和影响,保证检测数据客观、公正、准确。

9. ABC

【解析】《公路水运工程质量检测管理办法》第三十三条。检测机构出具的质量检测报告应当符合规范要求,包括检测项目、参数数量(批次)、检测依据、检测场所地址、检测数据、检测结果等相关信息。

10. ABCD

【解析】《公路水运工程质量检测管理办法》第四十二条。交通运输主管部门开展监督检查工作,主要包括下列内容:(二)检测机构能力的符合性,工地试验室设立和施工现场检测情况;(三)原始记录、质量检测报告的真实性、规范性和完整性;(六)质量保证体系运行的有效性;(七)检测机构和检测人员质量检测活动的规范性、合法性和真实性。

11. AB

【解析】《公路水运工程质量检测管理办法》第五十二条。检测机构违反本办法规定,有下列行为之一的,由交通运输主管部门责令改正,处1万元以上3万元以下罚款;造成危害后果的,处3万元以上10万元以下罚款;构成犯罪的,依法追究刑事责任:(一)出具虚假检测报告,篡改、伪造检测报告的。注意"造成危害后果的"才是选项C。

12. CD

【解析】《公路水运工程质量检测管理办法》第五十一条。检测机构未按照本办法第二十三条规定申请变更的,由交通运输主管部门责令限期办理;逾期未办理的,给予警告或者通报批评。

13. ABC

【解析】《公路水运工程质量检测管理办法》第五十四条。检测机构或者检测人员违反本办法规定,有下列行为之一的,由交通运输主管部门责令改正,给予警告或者通报批评:(一)未按规定进行样品管理的;……。

14. CD

【解析】《公路水运工程质量检测管理办法》第五十六条。交通运输主管部门工作人员在质量检测管理工作中,有下列情形之一的,依法给予处分;构成犯罪的,依法追究刑事责任:(三)对符合法定条件的申请人未在法定期限内颁发资质证书的。

15. ABD

【解析】《公路水运工程质量检测机构资质审批专家技术评审工作程序》第六条。书面审查具体内容如下:(二)证明质量检测水平的典型报告;(三)受控质量检测标准、规范和规程文件清单;(四)仪器设备的所有权证明、检定/校准证书;(五)质量检测业绩证明文件。选项C应是所有权,而不是使用权。

16. AB

【解析】《公路水运工程质量检测机构资质审批专家技术评审工作程序》第九条。专家组长主持召开现场核查工作布置会议,专家组全体成员以及申请人主要岗位人员参加。会议主要内容是听取申请人有关工作的汇报,明确现场核查工作安排及有关要求等。选项C、D是现场核查工作预备会议开展的工作。

17. ABCD

【解析】《公路水运工程质量检测机构资质审批专家技术评审工作程序》第十条。专家组应核查检测场地面积及布局、环境条件、样品管理、各检测区设备布置、操作规程和管理制度、安全防护及环境保护等情况,评价各检测功能区域划分是否清晰、合理,仪器设备布局是否科学规范,环境条件是否满足相关技术标准,规程制度是否齐全并及时更新等。

18. AB

【解析】《公路水运工程质量检测机构资质审批专家技术评审工作程序》第十五条。专家组对现场试验操作进行考核,评价申请人的质量检测技术能力。现场试验操作考核参数一般应采取随机抽取的方式确定,且应覆盖所申请资质等级能力范围的所有检测项目,并不低于必选参数总量的15%,同时抽取相应的检测人员。对于有模拟报告而无业绩且未能提交比对试验报告的参数,也应列为现场试验操作随机抽取考核范围。主要考核内容如下:(五)对从事涉及结构安全的基桩、钢结构、混凝土结构、桥梁隧道工程等检测项目的主要操作人员进行现场考核;(六)根据技术能力考核情况,确认申请人的质量检测能力范围。有必要对参数的检测方法、测量范围、测量精确度等做出限制时,专家组应予以注明。

19. ABCD

【解析】《公路水运工程质量检测机构资质审批专家技术评审工作程序》第十六条。延续审批需现场核查时,应将难度较大、资质证书有效期内未开展或开展频率低、标准规范发生变更、比对试验结果存在问题的检测参数等纳入随机抽取考核范围。

20. ACD

【解析】《公路水运工程质量检测机构资质审批专家技术评审工作程序》第十八条。申请人发生下列情况之一,专家组经报告许可机关同意后可终止技术评审工作,完成《终止技术评审报告》:(一)实际状况与申请材料严重不符,包括人员、场地、仪器设备等强制性指标要求的实际情况低于资质等级条件要求;(二)检测实际能力不能满足基本要求;(三)质量保证体系失控,相关记录缺失或失实;(四)有意干扰技术评审工作,技术评审工作不能正常进行;(五)存在伪造质量检测报告、出具虚假数据等弄虚作假行为;(六)存在被考核人员冒名顶替、借(租)用质量检测仪器设备等情况;(七)存在其他严重的违法违规问题。

注意,选项 B 是《公路水运工程质量检测机构资质审批专家技术评审工作程序》变化的内容,即如果终止技术评审需完成《终止技术评审报告》。

21. ABCD

【解析】《交通运输部办公厅关于做好公路水运工程质量检测机构资质评审有关工作的通知》附件3公路水运工程质量检测机构资质审批技术评审报告(修订版)"五、质量检测现场操作考核情况记录表",具体如下。

核查总体情况	现场考核抽查检测项目____项,共抽取参数____个,抽取检测人员____人,出具检测报告____份,其中: 抽取必选参数____个,占必选参数总量的____%,检测人员按要求现场完成参数____个,未按要求完成的参数____个,未完成的参数; 抽取可选参数____个,检测人员按要求现场完成参数____个,未按要求完成的参数____个,未完成不予确认的参数; 现场操作考核参数所涉及的主要仪器设备____台,其中有效检定/校准____台,有效检定/校准率____%;未有效检定/校准的情况描述; 现场操作考核参数所涉及的质量检测环境有____处不满足质量检测标准要求,不满足的情况描述

22. ABC

【解析】《交通运输部办公厅关于做好公路水运工程质量检测机构资质评审有关工作的通知》附件3公路水运工程质量检测机构资质审批技术评审报告(修订版)"六、质量检测记录和报告核查表",其表头如下。

序号	检测项目	检测参数		检测记录/报告编号	核查情况		情况说明
		必选参数	可选参数		是否为不实或虚假检测报告	报告是否存在不规范情形	

23. ABD

【解析】《交通运输部办公厅关于做好公路水运工程质量检测机构资质评审有关工作的通知》附件3公路水运工程质量检测机构资质审批技术评审报告(修订版)"二、质量检测机构条件核查汇总表"的注释——注:3.高级职称相关专业是指土木类、交通运输类、交通运输工程类、城市轨道交通类、水利类、地质勘察与测绘类、电气工程类、信息与通信工程类、土建施工类、材料类等相关专业。

24. ABC

【解析】《交通运输部办公厅关于做好公路水运工程质量检测机构资质评审有关工作的通知》附件3公路水运工程质量检测机构资质审批技术评审报告(修订版)"二、质量检测机构条件核查汇总表"的注释——注:2."实际确认人员",是指与检测机构签订劳动(聘用)合同并按要求缴纳社会保险的人员,以及集团公司、高校、科研院所等上级单位委派的人员,年龄应不超过60周岁。对劳务派遣、外包人员,以及独立法人的下属公司或其他公司人员,不纳入实际确认人员。持有多个专业检测证书的人员,至多在两个资质申请中作为申报人员。

25. ABCD

【解析】《交通运输部办公厅关于做好公路水运工程质量检测机构资质评审有关工作的通知》附件3公路水运工程质量检测机构资质审批技术评审报告(修订版)"三、质量检测机构主要人员核查表"的注释——注:"社保"需核查机构提交资质申请时近3个月连续有效社保缴纳记录。选项A正确,选项BCD见下图。

人员与机构的劳动关系情况		
劳动(聘用)合同	社保	其他有效的劳动关系证明

26. ABD

【解析】《公路水运工程试验检测信用评价办法》第三条。信用评价应遵循公开、客观、公正、科学的原则。

27. ABCD

【解析】《公路水运工程试验检测信用评价办法》附件1中行为代码:JJC201001、JJC201002、JJC201003、JJC201004。注意区分机构失信行为与人员失信行为的扣分标准。

28. AD

【解析】《公路水运工程试验检测信用评价办法》第六条和附件2。工地试验室及现场检测项目扣100分的失信行为包括:(1)出虚假数据报告造成质量安全事故或质量标准降低的;(2)未履行合同擅自撤离工地的。

29. AC

【解析】《公路水运工程试验检测信用评价办法》第八条。试验检测机构信用评价分为AA、A、B、C、D五个等级,评分对应的信用等级分别为:AA级:信用评分≥95分,信用好;A级:85分≤信用评分<95分,信用较好;B级:70分≤信用评分<85分,信用一般;C级:60分≤信用评分<70分,信用较差;D级:信用评分<60分,信用很差。这里一定要记清楚各档次分数的界限值是多少。

30. AD

【解析】《公路水运工程试验检测信用评价办法》第六条和附件1中JJC201014。试验检测设备未按规定检定校准的,扣2分/台、单次扣分不超过20分

31. AC

【解析】 根据《公路水运工程试验检测信用评价办法》的规定,表1机构的行为代码JC201008和表2的行为代码JJC202003,都规定了聘用重复执业试验检测人员从事试验检测工作的属于失信行为;表1机构的行为代码JC201014和表2的行为代码JC202008,都规定了试验检测设备未按规定检定校准的属于失信行为。因此只有选项A、C正确。

32. BCD

【解析】《工地试验室标准化建设要点》3.4.1。工地试验室应依据母体检测机构的质量体系文件,结合工程特点,编制简洁、适用、针对性和操作性强的质量体系文件及各项管理制度。

33. ABCD

【解析】《工地试验室标准化建设要点》4.5.1。工地试验室应制定样品管理制度,对样品的取样、运输、标识、存储、留样及处置等全过程实施严格的控制和管理。

34. AB

【解析】《关于印发工地试验室标准化建设要点的通知》三(一)。工地试验室标准化建设是促进工程建设项目管理水平进一步提升的重要举措,其核心是质量管理精细化、检测工作规范化、硬件建设标准化和数据报告信息化。

35. ABD

【解析】《工地试验室标准化建设要点》3.1.2。工地试验室规划应遵循总体布局合理、功能分区明确、组织协调顺畅的原则。

36. BCD

【解析】《工地试验室标准化建设要点》3.2.2。试验检测人员应持证上岗、专业配置合理,能涵盖工程涉及专业范围和内容。试验检测人员应注册登记在母体检测机构。注意,这里不需要工地试验室的每个员工都持证上岗,但检测人员必须持证上岗。

37. CD

【解析】《工地试验室标准化建设要点》4.2.3。仪器设备在检定/校准周期内如存在修理、搬运、移动等情况,应重新进行检定/校准。对于性能不稳定、使用频率高和进行现场检测的仪器设备,以及在恶劣环境下使用的仪器设备应进行期间核查。注意,工地试验室的设备虽然在检定/校准周期内,但由于建设工地实验室的需要对设备进行了修理、搬运、移动等,这时必须进行重新检定/校准,而不能以期间核查方式进行计量确认。

38. ABCD

【解析】《公路水运工程试验检测专业技术人员职业资格制度规定》第四条。包括道路工程、桥梁隧道工程、交通工程、水运结构与地基、水运材料5个专业。

39. ACD

【解析】《工地试验室标准化建设要点》。

3.2.1 工地试验室应综合考虑工程特点、工程量大小及工程复杂程度、工期要求等因素,

科学合理地确定试验检测人员数量,确保试验检测工作正常开展。

3.2.2 试验检测人员应持证上岗、专业配置合理,能涵盖工程涉及专业范围和内容。试验检测人员应注册登记在母体检测机构。

40. BD

【解析】《公路水运工程试验检测人员继续教育办法(试行)》第四条。继续教育应坚持切合实际、注重实效,方便工程现场试验检测人员学习的原则。注意,选项 A、C 感觉是合理的,但文件不是这样规定的。

41. ABCD

【解析】《检测实验室安全 第1部分:总则》(GB/T 27476.1—2014)。

4.1.2 实验室的安全管理体系应覆盖实验室在固定场所内进行的工作;

4.1.4 实验室最高管理者对实验室安全和安全管理体系负最终责任;

4.1.5 实验室应在最高管理层中指定人员作为安全责任人;

4.1.6 实验室应建立内外部的沟通和报告机制。

42. ABCD

【解析】《检测实验室安全 第1部分:总则》(GB/T 27476.1—2014)4.3。实验室应对安全管理体系所要求的文件进行控制,应建立、实施和保持程序,规定:a)发布前审批,确保充分性和适宜性;b)必要时,对文件进行修订,并重新审批;c)对文件更改和现行修订状态作出标识;d)确保在使用处能得到适用文件;e)确保文件字迹清楚,易于识别;f)对策划、运行所需的外来文件作出标识,并对发放予以控制;g)防止对过期文件的非预期使用。如需保留,应作出适当标识。

43. AD

【解析】《检测实验室安全 第1部分:总则》(GB/T 27476.1—2014)4.9.1。实验室应开展对实验室工作的安全检查。安全检查应包括对危险源辨识、风险评价和风险控制措施、人员能力与健康状况、环境、设施和设备、物料、工作流程等的安全检查。

44. BCD

【解析】《检测实验室安全 第1部分:总则》(GB/T 27476.1—2014)4.13.2。实验室应确保按计划时间间隔对安全管理体系进行内部审核,以便确定安全管理体系是否:符合对安全管理的策划安排和本标准的要求;得到正确实施和保持;有效满足方针和目标。选项 A 是安全管理体系内审的结果,而不是内审的要素。

45. AB

【解析】《检测实验室安全 第1部分:总则》(GB/T 27476.1—2014)4.14。最高管理者应按计划的时间间隔对安全管理体系及其活动进行评审,确保其持续适宜性、充分性和有效性。评审应包括评价改进机会和对安全管理体系进行修改的需求,包括安全方针、目标的修改,应保存管理评审记录。

管理评审的输入应包括:内部审核和外部审核的结果;参与和协商结果;来自外部相关方的相关沟通信息;实验室的安全绩效;安全事件统计;安全目标的实现程度;不符合控制、纠正措施和预防措施的状况;以往管理评审的后续纠正措施;安全检查报告和应急情况报告(包括安全演练);对有关安全法律法规的适用性和遵守情况的定期评价结果;危险源辨识、风险评价和风险控制的情况报告;改进建议。

管理评审的输出应符合实验室持续改进的承诺,并包括与以下更改有关的决策和措施:安全绩效;安全方针和目标;资源;其他安全管理体系要素。

选项C、D是检验检测机构管理评审的四个输出中的两个,而不是安全管理系统管理评审的输出。

46. ABCD

【解析】《检测实验室安全 第1部分:总则》(GB/T 27476.1—2014)5.2.2。培训和指导:a)应对进入实验室的所有人员实施入门培训,确保他们清楚实验室安全规定、风险和程序,并确保他们经过适用的个体防护装备的使用和维护培训;b)实验室制定的培训计划应包含安全培训内容,并与实验室当前和预期的工作相适应;c)实验室相关人员应经过危险物品和安全设备的使用和安全处理培训;d)实验室人员应经过应急程序的培训,包括确保所有员工和参观者安全撤离实验室;e)当使用在培员工时,应对其安排适当的监督;f)实验室应保留培训记录,并对培训有效性进行评价。

47. ABCD

【解析】《检测实验室安全 第1部分:总则》(GB/T 27476.1—2014)5.3.9.1。实验室应根据活动类型设置相应安全标志,包括:通用安全标志、消防标志、化学品作业场所安全警示标志、工业管道标志、气瓶标志、设备标志等。紧急通道和出入口应设置醒目标志。实验室应定期检查和维护安全标志和警告。

48. ACD

【解析】《检测实验室安全 第1部分:总则》(GB/T 27476.1—2014)5.4.2.1。实验室内使用个体防护装备的最低要求是穿着实验服和封闭性的鞋子,必要时,佩戴护目镜,除非已有风险评价确认可降低要求。

49. ACD

【解析】《公路水运工程安全生产监督管理办法》第三十四条。施工单位应当按照法律、法规、规章、工程建设强制性标准和合同文件组织施工,保障项目施工安全生产条件,对施工现场的安全生产负主体责任。施工单位主要负责人依法对项目安全生产工作全面负责。

50. ACD

【解析】《公路水运工程安全生产监督管理办法》第四十三条。作业人员应当遵守安全施工的规章制度和操作规程,正确使用安全防护用具、机械设备。发现安全事故隐患或者其他不安全因素,应当向现场专(兼)职安全生产管理人员或者本单位项目负责人报告。

作业人员有权了解其作业场所和工作岗位存在的风险因素、防范措施及事故应急措施,有权对施工现场存在的安全问题提出检举和控告,有权拒绝违章指挥和强令冒险作业。

51. AB

【解析】《公路水运工程安全生产监督管理办法》第四十三条。灭火器和消防水龙头都属于安全器材。

52. AB

【解析】《公路水运工程安全生产监督管理办法》第一条。考生需要关注的是每个法律法规、规章制度、管理办法都说明了其制定依据。

53. ABD

【解析】《公路水运工程安全生产监督管理办法》第三条。本办法所称公路水运工程,是指列入国家和地方基本建设计划的公路、水运基础设施新建、改建、扩建以及拆除、加固等建设项目。本办法所称从业单位,是指从事公路水运工程建设、勘察、设计、监理、施工、检验检测、安全评价等工作的单位。

54. ABC

【解析】《公路水运工程安全生产监督管理办法》第十四条。施工单位从事公路水运工程建设活动,应当取得安全生产许可证及相应等级的资质证书。施工单位的主要负责人和安全生产管理人员应当经交通运输主管部门对其安全生产知识和管理能力考核合格。施工单位应当设置安全生产管理机构或者配备专职安全生产管理人员。施工单位应当根据工程施工作业特点、安全风险以及施工组织难度,按照年度施工产值配备专职安全生产管理人员,不足 5000 万元的至少配备 1 名;5000 万元以上不足 2 亿元的按每 5000 万元不少于 1 名的比例配备;2 亿元以上的不少于 5 名,且按专业配备。选项 A、B、C 实际上专指第十四条里的在公路水运工程中实施监督管理负责安全生产的三类人员。

55. ABD

【解析】《公路水运工程安全生产监督管理办法》第二十条。对严重危及公路水运工程生产安全的工艺、设备和材料,应当依法予以淘汰。交通运输主管部门可以会同安全生产监督管理部门联合制定严重危及公路水运工程施工安全的工艺、设备和材料的淘汰目录并对外公布。

56. ABD

【解析】《公路水运工程安全生产条件通用要求》(JT/T 1404—2022)。

4.5 建设项目应保证合理施工工期,任何单位不应随意压缩工期。

4.7 从事公路水运工程建设项目施工活动的施工单位,应取得相应资质证书及安全生产许可证,且均应在有效期内。

4.12 施工单位不应使用应当淘汰的、危及安全生产的施工工艺、设备和材料。

4.14 施工单位应为从业人员包括短期雇佣的从业人员办理工伤保险,为施工现场从事危险作业的人员办理意外伤害保险。

57. BCD

【解析】《公路水运工程安全生产条件通用要求》(JT/T 1404—2022)3.8。两区三场是公路水运工程建设项目中的生活区、办公区和钢筋加工场、拌和场、预制场的统称。

58. ABD

【解析】《公路水运工程安全生产条件通用要求》(JT/T 1404—2022)。

7.3.1 施工单位应全员参与事故隐患排查治理,建设单位与监理单位应定期组织开展事故隐患排查,督促施工单位完善排查机制。

7.3.2 重大事故隐患治理应明确责任、措施、资金、时限、预案等相关要求,整改过程中应采取相应的安全防范措施,整改治理完成后应通过验收。

59. ABD

【解析】《公路水运试验检测数据报告编制导则》(JT/T 828—2019)4.6。综合评价类报告应由封面、扉页、目录、签字页、正文、附件六部分组成,其中目录部分、附件部分可根据实际情况删减。导则了提出新的综合评价类报告形式,要充分重视。

60. BCD

【解析】《公路水运试验检测数据报告编制导则》(JT/T 828—2019)5.3.2。组成检测数据部分应包括原始观测数据、数据处理过程与方法,以及试验结果等内容。

61. AB

【解析】《公路水运试验检测数据报告编制导则》(JT/T 828—2019)4.3。记录表应信息齐全、数据真实可靠,具有可追溯性;报告应结论准确、内容完整。

62. ABCD

【解析】《公路水运试验检测数据报告编制导则》(JT/T 828—2019)5.3.2。检测数据部分应包括原始观测数据、数据处理过程与方法,以及试验结果等内容。

63. BD

【解析】《公路水运试验检测数据报告编制导则》(JT/T 828—2019)5.3.3.1。原始观测数据应包含获取试验结果所需的充分信息,以便该试验在尽可能接近原条件的情况下能够复现,具体要求如下:a)手工填写的原始观测数据应在现场如实、完整记录,如需修改,应杠改并在修改处签字;b)由仪器设备自动采集的检测数据、试验照片等电子数据,可打印签字后粘贴于记录表中或保存电子档。

64. ACD

【解析】《公路水运试验检测数据报告编制导则》(JT/T 828—2019)5.1.3.5。页码位于标题部分第一行位置,靠右对齐,应以"第×页,共×页"的形式表示。

65. AD

【解析】《公路水运试验检测数据报告编制导则》(JT/T 828—2019)5.5.3。检测、记录及复核应签署实际承担相应工作的人员姓名,日期为记录表的复核日期,以"YYYY 年 MM 月 DD 日"的形式表示。对于采用信息化手段编制的记录表,可使用数字签名。

66. ABCD

【解析】《公路水运试验检测数据报告编制导则》(JT/T 828—2019)5.2.3.2。工程部位/用途为二选一填写项,当涉及盲样时可不填写,编制要求如下:a)当可以明确被检对象在工程中的具体位置时,宜填写工程部位名称及起止桩号;b)当被检对象为独立结构物时,宜填写结构物及其构件名称、编号等信息;c)当指明数据报告结果的具体用途时,宜填写相关信息。

67. ABC

【解析】《公路水运试验检测数据报告编制导则》(JT/T 828—2019)5.2.3.3。样品信息应包含来样时间、样品名称、样品编号、样品数量、样品状态、制样情况和抽样情况,其中制样情况和抽样情况可根据实际情况删减。

68. CD

【解析】《公路水运试验检测数据报告编制导则》(JT/T 828—2019)5.2.3.6、5.2.3.7。检测依据应为当次试验所依据的标准、规范、规程、作业指导书等技术文件,应填写完整的技术文件名称和代号。当技术文件为公开发布的,可只填写其代号。必要时,还应填写技术文件的方法编号、章节号或条款号等。判定依据应为出具检测结论所依据的标准、规范、规程、设计文件、产品说明书等,编制要求同检测依据。

第四章 公路水运工程试验检测人员考试管理

复习提示

本章涉及的相关文件有：《公路水运工程试验检测专业技术人员职业资格制度规定》《公路水运工程试验检测专业技术人员职业资格考试实施办法》。

习题

一、单项选择题

1. 试验检测师应当通过( )专业科目的考试。
   A. 任意1门　　　　　　　　　　B. 2门或2门以上
   C. 至少3门　　　　　　　　　　D. 全部5门

2. 如果检测报告已经签发后，需要进行实质性修改，修订的检测报告需( )。
   A. 不变动原报告唯一性编号　　　B. 重新注以唯一性编号
   C. 重新注以有别于原报告的编号　D. 重新注以顺序编号

3. 按照《公路水运工程试验检测专业技术人员职业资格考试实施办法》，职业资格考试成绩实行( )年为一个周期的滚动管理。
   A. 1　　　　　B. 3　　　　　C. 2　　　　　D. 5

4. 按照《公路水运工程试验检测专业技术人员职业资格考试实施办法》，职业资格考试中，《公共基础》科目的考试时间为( )分钟。
   A. 100　　　　B. 150　　　　C. 120　　　　D. 180

5. 按照《公路水运工程试验检测专业技术人员职业资格制度规定》，不属于职业资格制度规定范围专业的是( )。
   A. 公路工程　　　　　　　　　　B. 桥梁隧道工程
   C. 交通工程　　　　　　　　　　D. 水运材料

6. 按照《公路水运工程试验检测专业技术人员职业资格制度规定》，职业资格考试应该由( )组织和实施工作。
   A. 交通运输部与人力资源社会保障部

B. 各省交通质量监督机构

C. 交通运输部工程质量监督机构

D. 交通运输部职业资格中心

7.按照《公路水运工程试验检测专业技术人员职业资格制度规定》,下列不属于助理试验检测师职业能力要求的是(　　)。

A. 熟悉相关技术标准、规范、规程

B. 熟悉相关法律法规

C. 编制试验检测报告

D. 编制试验检测方案

8.国家为了用人单位能够科学地使用公路水运工程试验检测专业技术人员,同时为全社会提供公路水运工程试验检测专业技术人员能力评价服务,特别设立了公路水运工程试验检测专业技术人员(　　)制度。

A. 准入类职业资格评价

B. 能力类职业资格评价

C. 考核类职业资格

D. 水平评价类职业资格

二、判断题

1.交通运输部职业资格中心按照职责分工负责指导、监督和检查公路水运工程助理试验检测师、试验检测师职业资格考试的实施工作。　　　　　　　　　　　　　　(　　)

2.公路水运工程试验检测专业技术人员职业资格考试合格后,取得的职业资格证书全国行业有效。　　　　　　　　　　　　　　　　　　　　　　　　　　　　(　　)

3.按照《公路水运工程试验检测专业技术人员职业资格制度规定》,职业资格考试合格后证书由交通运输部职业资格中心登记,并向社会公布。　　　　　　　　　　(　　)

三、多项选择题

1.按照《公路水运工程试验检测专业技术人员职业资格考试实施办法》规定,(　　)的人员不得参加公路水运工程试验检测师职业资格考试。

A. 取得中专或高中学历,从事检测工作满4年

B. 取得双学士学位,从事检测工作满2年

C. 取得本科学历,从事检测工作满3年

D. 取得硕士学位,从事检测工作满1年

2.《公路水运工程试验检测专业技术人员职业资格制度规定》制定的依据是(　　)。

A.《中华人民共和国公路法》

B.《中华人民共和国港口法》

C.《中华人民共和国考试法》

D.《中华人民共和国航道法》

习题参考答案及解析

一、单项选择题

1. A

【解析】 《公路水运工程试验检测专业技术人员职业资格考试实施办法》第四条。

2. C

【解析】 检验检测报告或证书签发后,若有更正或增补应予以记录。修订的检验检测报告或证书应标明所代替的报告或证书,并注以唯一性标识。

3. C

【解析】 《公路水运工程试验检测专业技术人员职业资格考试实施办法》第四条。公路水运工程助理试验检测师、试验检测师考试成绩均实行2年为一个周期的滚动管理。在连续2个考试年度内,参加公共基础科目和任一专业科目的考试并合格,可取得相应专业和级别的公路水运工程试验检测专业技术人员职业资格证书。

4. C

【解析】 《公路水运工程试验检测专业技术人员职业资格考试实施办法》第三条。公路水运工程助理试验检测师、试验检测师均设公共基础科目和专业科目,专业科目为《道路工程》《桥梁隧道工程》《交通工程》《水运结构与地基》和《水运材料》。《公共基础》科目考试时间为120分钟,专业科目考试时间为150分钟。

5. A

【解析】 《公路水运工程试验检测专业技术人员职业资格制度规定》第四条。公路水运工程试验检测专业技术人员职业资格包括道路工程、桥梁隧道工程、交通工程、水运结构与地基、水运材料5个专业。考生应该准确掌握专业名称。

6. D

【解析】 《公路水运工程试验检测专业技术人员职业资格制度规定》第八条。交通运输部职业资格中心负责公路水运工程助理试验检测师和试验检测师职业资格考试的组织和实施工作,组织成立考试专家委员会,研究拟定考试科目、考试大纲、考试试题和考试合格标准。这里容易混淆的是,职业资格考试的组织者一定不是选项B"各省交通质量监督机构",而考试的实施者却是各省交通质量监督机构。考生需要分清楚组织者、实施者、监督者、管理者等由谁来担当。

7. D

【解析】 《公路水运工程试验检测专业技术人员职业资格制度规定》第十六条和第十七条。这里需要分别记忆助理试验检测工程师和试验检测工程师在能力上的不同要求。还要注意这里题干是"不属于"。

8. D

【解析】 《公路水运工程试验检测专业技术人员职业资格制度规定》第三条。这里需要准确记忆这次变更后的公路水运工程试验检测专业技术人员考核名称。

二、判断题

1. ×

【解析】《公路水运工程试验检测专业技术人员职业资格考试实施办法》。

第一条 人力资源社会保障部、交通运输部按照职责分工负责指导、监督和检查公路水运工程助理试验检测师、试验检测师职业资格考试的实施工作。

第二条 交通运输部职业资格中心具体负责公路水运工程助理试验检测师、试验检测师职业资格考试的实施工作。

2. ×

【解析】《公路水运工程试验检测专业技术人员职业资格制度规定》第十三条。公路水运工程试验检测职业资格考试合格,由交通运输部职业资格中心颁发人力资源社会保障部、交通运输部监制,交通运输部职业资格中心用印的相应级别《中华人民共和国公路水运工程试验检测专业技术人员职业资格证书》。该证书在全国范围有效。这里主要注意提法的准确性。

3. √

【解析】《公路水运工程试验检测专业技术人员职业资格制度规定》第十九条。

三、多项选择题

1. AC

【解析】题干有意混淆了学历和从业时间。《公路水运工程试验检测专业技术人员职业资格考试实施办法》第十二条。

2. ABD

【解析】《公路水运工程试验检测专业技术人员职业资格制度规定》第一条。为加强公路水运工程试验检测专业技术人员队伍建设,提高试验检测专业技术人员素质,根据《中华人民共和国公路法》《中华人民共和国港口法》《中华人民共和国航道法》和国家职业资格证书制度的有关规定,制定本规定。考生需要注意的是,每个法律法规、规章制度、管理办法都会在第一章说明其制定的上位法是什么,也就是其制定的依据是什么。这其实是考试的一类出题方式,需要加以关注。

第五章 检验检测机构资质认定管理

复习提示

本章涉及的相关文件有:《中华人民共和国认证认可条例》《检验检测机构资质认定管理办法》《检验检测机构监督管理办法》《检测和校准实验室能力的通用要求》(GB/T 27025—2019)、《检验检测机构资质认定评审准则》《〈检验检测机构资质认定评审准则〉条文释义》《实验室信息管理系统管理规范》(RB/T 028—2020)、《测量设备校准周期的确定和调整方法指南》(RB/T 034—2020)、《检测实验室仪器设备计量溯源结果确认指南》(RB/T 039—2020)《检测和校准结果及与规范符合性的报告指南》(RB/T 197—2015)、《检验检测实验室技术要求验收规范》(GB/T 37140—2018)、《检验检测机构诚信基本要求》(GB/T 31880—2015)。

习题

一、单项选择题

1. 按照检验检测机构资质认定一般程序,资质认定部门自受理申请之日起,应当在( )个工作日内,依据检验检测机构资质认定基本规范、评审准则的要求,完成对申请人的技术评审。

  A. 5   B. 30   C. 10   D. 7

2. 检验检测机构应该在资质认定证书规定的( )范围内,依据相关标准或者技术规范规定的程序和要求,出具检验检测数据、结果。

  A. 检测条件   B. 检测能力

  C. 检测参数   D. 技术能力

3. 检验检测机构如有( )情形,三年内不得再次申请资质认定。

  A. 申请资质认定时提供虚假材料或者隐瞒有关情况的

  B. 未依法取得资质认定,擅自向社会出具有证明作用的数据、结果的

  C. 需要变更事项未按照资质认定部门申请办理变更手续的

  D. 以欺骗、贿赂等不正当手段取得资质认定的

4. 检验检测机构违反规定,转让、出租、出借资质认定证书或者标志,伪造、变造、冒用资质认定证书或者标志,使用已经过期或者被撤销、注销的资质认定证书或者标志的,则( )。

A. 由县级以上市场监督管理部门责令限期改正;逾期未改正或者改正后仍不符合要求的,处 1 万元以下罚款

B. 由县级以上市场监督管理部门责令限期改正,逾期未改正或者改正后仍不符合要求的,处 3 万元罚款

C. 由县级以上市场监督管理部门责令改正,处 3 万元以下罚款

D. 由县级以上市场监督管理部门责令限期改正

5. 检验检测机构自被撤销资质认定之日起(　　)年内,不得再次申请资质认定。
   A. 1　　　　B. 2　　　　C. 3　　　　D. 5

6. 资质认定证书的有效期为(　　)年。
   A. 1　　　　B. 3　　　　C. 6　　　　D. 7

7. 当检验检测机构发生资质认定检验检测项目取消情形时,应该(　　)。
   A. 向资质认定部门申请办理变更手续
   B. 自行从机构参数表内取消,并以某种形式公示
   C. 自行从机构参数表内取消,并报相关部门备案
   D. 自行从机构参数表内取消

8. 资质认定证书有效期为(　　)年。如需证书延续,应当在其有效期届满(　　)个月前提出申请。
   A. 6;3　　　　B. 6;6　　　　C. 3;3　　　　D. 3;6

9. 下列不属于不实检验检测报告情形的是(　　)。
   A. 样品的采集、标识、分发、流转、制备、保存、处置不符合标准等规定,存在样品污染、混淆、损毁、性状异常改变等情形的
   B. 调换检验检测样品或者改变其原有状态进行检验检测的
   C. 使用未经检定或者校准的仪器、设备、设施的
   D. 未按照标准等规定传输、保存原始数据和报告的

10. 根据《检测和校准实验室能力的通用要求》(GB/T 27025—2019),关于实验方法的选择和验证,下列说法不正确的是(　　)。
    A. 对所有实验室活动方法的偏离,应被客户接受
    B. 为方便操作人员使用,可以对国家标准补充方便使用的细则
    C. 实验室不应采用设备制造商要求的方法对仪器设备进行校准
    D. 当客户未指定所用的方法时,实验室制定或修改的方法也可使用

11. 根据《检测和校准实验室能力的通用要求》(GB/T 27025—2019),(　　)是指按照预先规定的条件,由两个或多个实验室对相同或类似的物品进行测量或检测的组织、实施和评价。
    A. 测量审核　　　　　　　　B. 平行试验
    C. 对比试验　　　　　　　　D. 实验室间比对

12. 当客户在送样检测中未指定所用的检测方法时,实验室应当(　　)。
    A. 为客户采用本机构常用的方法
    B. 直接选用国家标准或者行业标准

C. 通知客户,推荐使用国际、国家标准、团体标准以及自制标准

D. 通知客户,告知采用的方法

13. 检验检测机构一般应为独立法人,非独立法人的机构需要( )。

   A. 由上级主管单位确认其最高管理者

   B. 经法人书面授权

   C. 县级以上资质认定部门批准

   D. 当地资质认定部门批准

14. 资质认定是指依照( )的相关规定,由市场监督管理部门依照法律、行政法规规定,对向社会出具具有证明作用的数据、结果的检验检测机构的基本条件和技术能力是否符合法定要求实施的评价许可。

   A.《中华人民共和国认证认可条例》

   B.《中华人民共和国计量法》

   C.《中华人民共和国计量法实施细则》

   D.《检验检测机构资质认定管理办法》

15. 下列选项中,描述正确的是( )。

   A. 资质认定评审是指依照《检验检测机构资质认定管理办法》的相关规定自行或者委托专业技术评价机构组织相关专业评审人员,对检验检测机构申请的资质认定事项是否符合资质认定条件以及相关要求所进行的技术性审查

   B. 资质认定技术评审是指依照《中华人民共和国行政许可法》的有关规定,自行或者委托专业技术评价机构组织相关专业评审人员,对检验检测机构申请的资质认定事项是否符合资质认定条件以及相关要求所进行的技术性审查

   C. 资质认定技术评审,是指依照《检验检测机构资质认定管理办法》的相关规定,由市场监管总局或者省级市场监督管理部门自行或者委托专业技术评价机构组织相关专业评审人员,对检验检测机构申请的资质认定事项是否符合资质认定条件以及相关要求所进行的技术性审查

   D. 资质认定技术评审,是指依照《检验检测机构资质认定管理办法》的相关规定,由国家认证认可监督管理委员会和省级质量技术监督部门自行或者委托专业技术评价机构组织相关专业评审人员,对检验检测机构申请的资质认定事项是否符合资质认定条件以及相关要求所进行的技术性审查

16. 对于采用告知承诺程序实施资质认定的,对检验检测机构承诺内容是否属实进行现场核查的内容与程序,应当符合( )。

   A.《中华人民共和国认证认可条例》

   B.《检验检测机构资质认定评审准则》

   C.《检验检测机构资质认定管理办法》

   D.《检验检测机构资质认定告知承诺实施办法(试行)》

17. 检验检测机构应当配备具有( )且性能符合工作要求的设备和设施。

   A. 完全所有权   B. 支配权

   C. 独立支配使用权   D. 共同使用权

18. 检验检测机构使用标准方法前应当(　　)。
    A. 先验证,后确认　　　　　　　　B. 先确认,后验证
    C. 验证　　　　　　　　　　　　　D. 确认

19. 《检验检测机构资质认定评审准则》采用(　　)方式进行评审时,其评审结论为"符合""不符合"。
    A. 一般程序的技术评审方式　　　　B. 现场评审
    C. 书面审查　　　　　　　　　　　D. 远程评审

20. 许可机关应该按照《检验检测机构资质认定告知承诺实施办法(试行)》在(　　)内开展现场核查。
    A. 1 个月　　　B. 90 天　　　C. 90 个工作日　　　D. 3 个月

21. 对未获得资质认定的检验检测机构,在其建立和运行管理体系(　　)方可提出申请,资质认定部门对其机构主体、人员、场所环境、设备设施、管理体系等方面是否符合资质认定要求的审查。
    A. 一年后　　　B. 半年后　　　C. 90 个工作日后　　　D. 3 个月后

22. 评审结论为"基本符合"的检验检测机构对评审组提出的整改项进行整改,整改时间不超过(　　)
    A. 90 个工作日　　　　　　　　　B. 30 个工作日
    C. 3 个月　　　　　　　　　　　　D. 1 个月

23. 评审组长在收到检验检测机构的整改材料后,应当在(　　)个工作日内组织评审组成员完成跟踪验证。
    A. 5　　　B. 15　　　C. 30　　　D. 60

24. 按照《检验检测机构资质认定评审准则》要求,检验检测机构对工作场所具有完全的使用权,并能提供证明文件。如租用、借用场地,期限为(　　)。
    A. 不少于 1 年　　　B. 1 年　　　C. 6 个月　　　D. 3 个月

25. 依据《实验室信息管理系统管理规范》(RB/T 028—2020)的规定,退役数据的保存年限要求为(　　)。
    A. 6 年
    B. 10 年
    C. 长期保存
    D. 满足法律法规、认证认可管理部门和客户的要求

26. 设备的校准周期通常不宜超过(　　)。
    A. 6 个月　　　B. 1 年　　　C. 3 年　　　D. 5 年

27. 报告检测或校准结果及其不确定度时,不宜使用过多的有效数字。一般情况下,不确定度的表示不宜超过(　　)位有效数字。
    A. 4　　　B. 3　　　C. 2　　　D. 1

28. 数值型结果需计算包含概率约为(　　)的扩展不确定度。
    A. 80%　　　B. 85%　　　C. 90%　　　D. 95%

29. 规定上限与下限的区间为 $2T$,如果检测和校准结果测量不确定度为 U,测量值落在

[下限 + U]到[上限 − U]的可能性是( )。($U:T=1:3$)

A.66.6%　　　　　B.0.666　　　　　C.66.7%　　　　　D.67%

30.某检测人员按照委托书要求,对抗震钢筋(HRB400E)进行了质量偏差、屈服强度、抗拉强度、弯曲性能、断后伸长率、最大力总伸长率等指标的检测。检测结果显示,弯曲性能和最大力总伸长率两个指标不满足 GB 50204—2015 中 5.2.3 对抗震钢筋的相应要求,在报告结论部分,检测人员应该作出( )结论描述。

A. 依据 GB/T 28900—2012 进行了检测,所检参数检测结果满足规范要求

B. 依据 GB/T 28900—2012 进行了检测,所检参数检测结果除部分参数外均满足规范要求

C. 依据 GB/T 28900—2012 进行了检测,不能作出判定

D. 依据 GB/T 28900—2012 进行了检测,所检参数检测结果弯曲性能和最大力总伸长率参数不符合规范限值,质量偏差、屈服强度、抗拉强度、断后伸长率符合规范要求

31.按照《检验检测实验室技术要求验收规范》(GB/T 37140—2018)要求,检验检测机构实验室宜采用天然采光,环境允许开窗通风,应优先采用( )。

A.局部通风　　　B.自然通风　　　C.机械通风　　　D.全面通风

32.按照《检验检测实验室技术要求验收规范》(GB/T 37140—2018)要求,检验检测机构实验室,凡进行强酸、强碱、有毒液体操作并有飞溅爆炸可能的,为了保护操作者的眼睛,应就近设置( )。

A.保护挡板　　　　　　　　　B.水龙头

C.应急眼睛冲洗器　　　　　　D.应急喷淋

33.按照实验室区域划分中垂直布局的原则,( )应该布局在底层。

A.产生粉尘物质的实验室　　　B.产生有害气体的实验室

C.产生有毒气体的实验室　　　D.重型设备

34.《检验检测实验室技术要求验收规范》(GB/T 37140—2018)适用于( )。

A.生物安全　　　　　　　　　B.净化及医学实验室

C.动植物检验　　　　　　　　D.除上述选项外的其他实验室

35.实验室空间高度在不设置空调系统情况下,要求室内净高不低于( )。

A.2.8m　　　　　B.2.6m　　　　　C.2.4m　　　　　D.2.5m

36.根据实验室给排水系统评估和控制主项的要求,凡是进行强酸、强碱、有毒液体作并有飞溅爆炸可能的实验室,应就近设置( )。

A.紧急报警装置　　　　　　　B.灭火器

C.砂箱　　　　　　　　　　　D.应急喷淋及应急眼睛冲洗器

37.《检验检测实验室技术要求验收规范》(GB/T 37140—2018)规定,实验室排水系统应有防回流设计,存水弯或水封高度不得小于( )。

A.20mm　　　　　B.30mm　　　　　C.50mm　　　　　D.60mm

38.交通检测机构专用标识章的形状为长方形,上半部分为标识,下半部分为证书编号,字体为( )。

A.隶书　　　　　B.楷书　　　　　C.宋体　　　　　D.仿宋体

二、判断题

1. 因应对突发事件等需要,检验检测机构应该承担应急工作。( )
2. 检验检测授权签字人应当符合相关技术能力要求。( )
3. 检验检测机构对送检样品的代表性和真实性负责。( )
4. 检验检测报告存在数据错误,确需更正的,检验检测机构应当按照标准等规定进行更正,并予以标注或者说明。( )
5.《检验检测机构监督管理办法》(国家市场监督管理总局令第 39 号)规定,改变关键检验检测条件进行检测,且结果存在错误的报告属于不实检验检测报告。( )
6.《检测和校准实验室能力的通用要求》(GB/T 27025—2019)规定,实验室应授权人员开发、修改、验证、确认方法。( )
7. 实验室的公正性是指检测活动的真实性、数据的真实性。( )
8. 客户以口头形式表达的投诉,实验室应该记录归档。( )
9.《检测和校准实验室能力的通用要求》(ISO/IEC 17025:2017)适用于所有不论其人员数量多少从事实验室活动的组织。( )
10. 检测的判定规则可以不通知客户。( )
11. 实验室应该选择、验证非标准方法和自制方法。( )
12. 如因客户提供的信息对检测结果有效性有影响时,实验室应该有责任解释。( )
13.《检测和校准实验室能力通用要求》(GB/T 27025—2019)规定,实验室对于从客户以外的渠道(如投诉人,监管机构)所获取的有关客户信息不必承担保密义务。( )
14. 根据不同行业或者领域的特殊性而制定和发布相关技术评审补充要求,应该一并作为评审方式和依法行政许可的要求。( )
15. 质量检测报告均应报告测量不确定度。( )
16. 现场试验,如结果数据不满意则应当认为检验检测机构不具备该项检验检测能力。( )
17. 检验检测能力中的非标准方法,应当在"限制范围"栏内予以注明:仅限特定合同约定的委托检验检测。( )
18. LIMS 是由计算机及其相关配套设备、设施(含网络)和软件构成,以实现实验室获得的数据和信息(包括计算机及非计算机系统保存的)管理,具有根据实验室管理规则对数据和信息进行采集、记录、报告、存储、传输、检索、统计、分析等处理功能。( )
19. LIMS 就是用于收集、处理、记录、报告、存储或检索实验室活动数据和信息,是实验室活动及其管理的信息化工具。( )
20. LIMS 应该满足实验室对数据安全性和保密性的管理要求。实验室应建立 LIMS 退役管理程序,明确申请、审核、批准职责和流程。( )
21. 校准周期或者校准间隔是指对设备进行连续校准的时间间隔。( )
22. 测量设备即为实现测量过程所必需的测量仪器、软件,测量标准,标准物质,辅助设备或组合。( )
23.《检测实验室仪器设备计量溯源结果确认指南》(RB/T 039—2020)适用于检验检测实

验室对仪器设备计量溯源结果进行确认。( )

24. "确认"就是确保计划的实施与预期目标一致。( )

25. 如果检测方法对仪器设备的准确度没有明确规定的,检测实验室就无须判定该设备是否满足计量要求。( )

26. 检测实验室应保留计量溯源结果确认的记录,计量溯源结果确认过程应注明日期并由技术负责人审查批准,以证明结果的有效性。( )

27. 当检测机构获取校准/检定证书后即可开始使用相关的仪器设备。( )

28. 经检定或校准后,仪器设备某些指标或某些测量范围不符合检定规程或校准规范,但这些指标或这些测量范围不在实验室的使用范围之内,而实验室所使用的技术要求和量程都符合要求,仍然评价判定其为不符合计量要求。( )

29. 《检测和校准结果及与规范符合性的报告指南》(RB/T 197—2015)给出了检测和校准结果在检测报告和校准证书中的报告方法,以及检测和校准结果与规范符合性的判定和在检测报告和校准证书中的报告方法。( )

30. 检测和校准结果通常分为数值型结果和非数值型结果两种类型。( )

31. 多数情况下,对于非数值结果可以直接作出其与规范的符合性判断。( )

32. 对于单一量的规范符合性报告,需在报告中注明诸如"符合性报告基于包含概率为95%的扩展不确定度"的说明。( )

33. 实验室的实验废水可以加以循环利用。( )

34. 检验检测机构要不断识别诚信要素,以满足法律、技术、管理和责任方面的基本要求。( )

三、多项选择题

1. 设立认证机构应当符合下列( )条件。
   A. 注册资本不得少于人民币 300 万元
   B. 有固定场所
   C. 有符合认证认可要求的管理制度
   D. 有专业人员

2. 资质认定部门自收到技术评审结论之日起,应当在( )个工作日内,作出是否准予许可的决定。准予许可的,自作出决定之日起( )个工作日内,向申请人颁发资质认定证书。
   A. 5　　　　　B. 30　　　　　C. 10　　　　　D. 7

3. 《检验检测机构资质认定管理办法》是依据( )的相关规定制定的。
   A. 《中华人民共和国认证认可条例》
   B. 《中华人民共和国行政许可法》
   C. 《中华人民共和国标准化法》
   D. 《中华人民共和国计量法》

4. 检验检测机构资质认定工作,应当遵循( )的原则。
   A. 便利高效　　　　　　　　　　B. 科学规范

C. 公平公开　　　　　　　　　　　D. 严谨细致

5. 资质认定证书到期,检验检测机构需要延续证书有效期,资质认定部门可以采取书面审查和现场评审两种方式,作出是否准予延续的决定。如果采用书面审查的方式,资质认定部门依据(　　)作出决定。

A. 检验检测机构提交的相关具备资质能力的证明材料

B. 检验检测机构以公开方式作出的诚信承诺

C. 信用信息

D. 分类监管情况

6. 发生(　　),应以办理变更手续方式向资质认定部门提出申请。

A. 资质认定检验检测项目取消的

B. 检验检测标准发生变更的

C. 报告授权签字人发生变更的

D. 检验检测方法发生变更的

7. 按照《检验检测机构资质认定管理办法》规定进行技术评审工作,评审组在技术评审中发现有不符合要求时,可以采取(　　)方式处理。

A. 书面通知申请人限期整改,直至完成整改

B. 书面通知申请人限期整改,整改 30 个工作日

C. 申请人在整改期内完成,相应评审项目判定合格

D. 申请人在整改期内未完成,相应评审项目判定不合格

8. 检验检测机构及其人员应当对其出具的检验检测报告负责,依法承担(　　)法律责任。

A. 经济　　　　B. 民事　　　　C. 行政　　　　D. 刑事

9. 检验检测机构及其人员应当独立于其出具的检验检测报告所涉及的利益相关方,不受任何可能干扰其技术判断的因素影响,保证其出具的检验检测报告(　　)。

A. 客观　　　　B. 准确　　　　C. 真实　　　　D. 完整

10. 如果检验检测机构未按照国家有关强制性规定的(　　)等要求进行检验检测,将由县级以上市场监督管理部门责令限期改正;逾期未改正或者改正后仍不符合要求的,处 3 万元以下罚款。

A. 样品管理　　　　　　　　　　　B. 仪器设备管理与使用

C. 检验检测规程或者方法　　　　　D. 数据传输与保存

11. 如果检验检测机构(　　),将由县级以上市场监督管理部门责令限期改正;逾期未改正或者改正后仍不符合要求的,处 3 万元以下罚款。

A. 未在检验检测报告上加盖检验检测机构公章

B. 未经授权签字人签发

C. 授权签字人超出其技术能力范围签发

D. 未在检验检测报告上加盖检验检测专用章

12. 如果检验检测报告需要更正文字错误时,检验检测机构应当(　　)。

A. 替换正确的新报告

B. 按照标准等规定进行更正
C. 按照标准等规定对更正内容予以标注
D. 按照标准等规定对更正内容予以说明

13. 下列属于虚假检验检测报告情形的是( )。
    A. 伪造、变造原始数据、记录,或者未按照标准等规定采用原始数据、记录的
    B. 违反国家有关强制性规定的检验检测规程或者方法的
    C. 改变关键检验检测条件的
    D. 改变其原有状态进行检验检测的

14. 对于检验检测机构存在不符合《检验检测机构监督管理办法》规定,违反一般性管理要求的事项,指导监管执法人员可以采用( )等手段予以处理。
    A. 行政处罚   B. 说服教育
    C. 监督整改   D. 提醒纠正

15. 实验室的人员应该具有( )的职责。
    A. 针对管理体系有效性、满足客户和其他要求的重要性进行沟通
    B. 识别与管理体系或实验室活动程序的偏离
    C. 向实验室管理层报告管理体系运行状况和改进需求
    D. 实施、保持和改进管理体系

16. 《检测和校准实验室能力的通用要求》(GB/T 27025—2019)规定,检测和校准工作开始后修改合同应( )。
    A. 报资质认定部门备案   B. 立即纠正对合同的偏离
    C. 重新进行合同评审   D. 通知所有受到影响的人员

17. 《检测和校准实验室能力的通用要求》(GB/T 27025—2019)规定,实验室应通过( )确保测量结果溯源到国际单位制。
    A. 实验室间的比对
    B. 具备能力的实验室提供的校准
    C. SI 单位的直接复现,并通过直接或间接与国家或国际标准比对来保证
    D. 具备能力的标准物质生产者提供并声明计量溯源至 SI 的有证标准物质的标准值

18. 实验室人员的( )活动都需要通过制定系列程序来加强管理。
    A. 人员培训   B. 人员授权
    C. 能力确定   D. 人员监督

19. 对检测结果有影响的设施和环境,我们必须予以( )。
    A. 监测   B. 调节   C. 记录   D. 控制

20. 实验室除应该在质量手册里明确对实验室全权负责的管理层以外,还必须( )。
    A. 确定实验室的组织和管理结构、其在母体组织中的位置
    B. 规定对实验室活动结果有影响的所有管理、操作或验证人员的职责、权力
    C. 规定与实验室有关的外部机构的要求
    D. 确定管理、技术运作和支持服务间的关系

21. 实验室进行非标准方法的确认的技术方法有( )。

A. 实验室间的比对
B. 请市场监管局进行资质评审确认方法的可行性
C. 与其他已确认的方法进行结果比对
D. 对影响结果的因素进行系统性评审

22. 实验室进行的抽样方法内容包括( )。
  A. 抽样计划   B. 样品的选择
  C. 制备和处理样品   D. 任务来源

23.《检验检测机构资质认定评审准则》规定,机构应与其人员应建立符合( )等法律依据的劳动关系。
  A.《中华人民共和国计量法》   B.与之相关的法律、行政法规
  C.《中华人民共和国劳动合同法》   D.《中华人民共和国劳动法》

24. 检验检测机构应当具有符合标准或者技术规范要求的检验检测场所,包括( )。
  A. 多个地点的   B. 可移动的   C. 临时的   D. 固定的

25. 检验检测机构对检验检测数据、结果的准确性或者有效性有影响的设备实施检定、校准或核查的目的是( )。
  A. 确保测量设备的准确性   B. 确保测量设备的可追溯性
  C. 维护设备的稳定性和可靠性   D. 符合法律法规和标准的要求

26. 下列关于标准物质的描述,正确的是( )。
  A. 标准物质的溯源要明确
  B. 标准物质的来源要可追溯
  C. 标准物质的认证要合规
  D. 可能时,标准物质应溯源到 SI 单位或有证标准物质

27. 下列选项中,( )属于检验检测机构购买的服务。
  A. 分包服务   B. 检测服务
  C. 抽样服务   D. 能力验证服务

28. 检验检测机构以书面或电子方式出具检验检测报告,应当( )。
  A. 数据完整   B. 结论明确
  C. 信息齐全   D. 方法有效

29. 下列选项中,属于检验检测机构质量记录的是( )。
  A. 合同评审   B. 投诉   C. 设备管理   D. 环境条件控制

30. 内部质量控制方法包括但不限于( )。
  A. 人员比对   B. 留样再测   C. 能力验证   D. 实验室间比对

31. 检验检测机构资质认定一般程序的技术评审方式包括( )
  A. 远程评审   B. 现场评审   C. 书面审查   D. 复查换证

32. 现场评审根据申请范围安排现场试验,现场试验应该覆盖申请类别的主要( )。
  A. 仪器设备   B. 检测方法
  C. 试验人员   D. 关键项目/参数

33. 下列选项中,适用于现场评审的有( )。

A. 少量参数扩项

B. 扩项评审

C. 首次评审

D. 不影响其符合资质认定条件和要求的变更评审

34. 如果检验检测机构的( )等依法需要办理变更的事项发生变化,则应当实施变更评审。

A. 工作场所　　　　　　　　B. 技术能力

C. 法定代表人　　　　　　　D. 技术负责人

35. 下列关于现场技术评审工作实施部门,描述正确的是( )。

A. 资质认定部门按照专业覆盖、随机选派的原则组建评审组

B. 评审组由1名组长、1名及以上评审员或者技术专家组成

C. 实施组长负责制

D. 评审组按照下达的评审任务,独立开展资质认定评审活动,并对评审结论负责

36. 材料审查的结果主要有( )。

A. 实施现场评审　　　　　　B. 暂缓实施现场评审

C. 终止评审　　　　　　　　D. 不实施现场评审

37. 检验检测机构资质认定现场评审工作程序中,现场提问的方式包括( )。

A. 与现场考察结合进行　　　B. 与现场试验考核结合进行

C. 与查阅记录结合进行　　　D. 座谈会

38. 如果检验检测机构( ),均按不具备检验检测能力处理。

A. 环境条件不符合检验检测要求　　B. 不能提供检验检测方法

C. 检验检测人员不具备相应的技能　　D. 检验检测设备配置不正确

39. 如果检验检测机构存在( ),评审组请示资质认定部门,经同意后可终止评审。

A. 申请材料与真实情况严重不符

B. 管理体系严重失控

C. 场所严重不符合检验检测活动的要求

D. 无合法的法律地位

40. 检验检测机构使用租用、借用的设备设施申请资质认定的,应当有合法的租用、借用合同,租用、借用期限不少于1年。并对租用、借用的设备设施具有( )。

A. 完全的使用权　　B. 支配权　　C. 所有权　　D. 共同的使用权

41. 检验检测机构应该对其使用的危险化学品( )。

A. 设置必要的防护设施　　　B. 设置必要的应急设施

C. 制定相应预案　　　　　　D. 有效识别

42. 按照一般程序审查,如果( )出现不符合,审查结论为"不符合"。

A. 机构法律地位　　　　　　B. 人员

C. 检验检测方法　　　　　　D. 设备和设施

43. 建设LIMS系统的工作应包括( )。

A. 提出结构要求　　　　　　B. 可行性分析

C. 选择服务商　　　　　　　　　　　　D. 开发过程管理

44. 我们维护 LIMS 的目的是确保数据和信息的（　　）。
    A. 开放性　　　　B. 准确性　　　　C. 完整性　　　　D. 安全性

45. 定期校准的目的是（　　）。
    A. 建立、保持和证明设备的计量溯源性
    B. 更新设备测量结果的偏差
    C. 更新设备测量结果的不确定度
    D. 确定设备的计量特性是否发生变化

46. 影响报告结果有效性的设备类型包括（　　）。
    A. 用于从多个量计算获得测量结果的设备
    B. 对测量结果不确定度的贡献超过规定限制的设备
    C. 用于直接测量被测量的设备
    D. 用于修正测量值的设备

47. 设备初始校准周期的确定应该考虑的因素有（　　）。
    A. 环境条件的影响　　　　　　　　　B. 测量所需的不确定度
    C. 检测/校准方法的要求　　　　　　 D. 计量检定规程（或校准规范）的规定

48. 下列关于设备后续校准周期的调整，描述正确的是（　　）。
    A. 是否调整应该在设备管理文件中有规定
    B. 是否采用校准证书给出的建议
    C. 根据设备使用情况自行决定
    D. 根据收集的连续 3 次校准数据，重新评估校准周期规律

49. 对提供校准/检定服务的机构，检测机构应该（　　）。
    A. 保留对校准/检定供应商评价、选择、评价结果及采取措施的记录
    B. 每年对其服务的资质、能力、质量等表现进行评价
    C. 建立友好的商业合作关系
    D. 纳入合格供应商管理

50. 计量溯源结果确认的实施包括（　　）。
    A. 计量溯源结果的符合性确认
    B. 计量溯源确认结果的处置
    C. 校准/检定证书的确认
    D. 计量溯源结果记录档案保存管理

51. 对校准/检定机构提供的校准/检定的报告或证书进行计量溯源确认，是指确认（　　）。
    A. 证书的校准结果、检定结论描述是否适当
    B. 校准/检定机构的认可标识
    C. 校准/检定机构的测量结果能溯源到国家或国际基准
    D. 校准/检定机构的授权证号

52. 对计量溯源确认结果的处置，应采用（　　）等行为。

A. 加贴计量确认合格标识

B. 对影响其性能的调整装置进行封印

C. 对影响其性能的调整装置采取其他保护措施,防止未经授权的改变

D. 对校准结果不符合高精度检测要求或关键量值不满足检测要求的设备,可降级使用(精度要求较低的)或限制范围使用

53. 计量溯源确认记录的保存应该考虑的因素有(　　)。

    A. 顾客要求   B. 法律法规要求

    C. 设备制造商责任   D. 公司的储存空间

54. 检测机构确定仪器设备计量要求的参数依据是(　　)。

    A. 检验规程   B. 技术标准

    C. 合同书   D. 顾客要求

55. 符合性报告的方式需避免其与检查和产品认证相混淆。为此,可以在报告中添加说明,对于检测,可以表述为(　　)。

    A. 本报告仅对被测样品负责

    B. 仅与被测样品有关,与被测样品取样的来源无关

    C. 本报告中的检测结果和符合性与送样有关

    D. 本报告中的检测结果和符合性报告仅与被测样品有关,与被测样品取样的来源无关

56. 《检验检测实验室技术要求验收规范》(GB/T 37140—2018)规定,新建检验检测实验室的设计应满足主体建筑(　　)等方面的要求。

    A. 安全评价   B. 环境评价

    C. 职业卫生评价   D. 节能评价

57. 按照《检验检测实验室技术要求验收规范》(GB/T 37140—2018)要求,检验检测机构实验室平面布局应重点考虑实验室运营工作效率的提升,按照实验室运营流程进行布局设置,实验室运营流程宜充分考虑(　　)和污物流等因素。

    A. 样品流 B. 检测步骤 C. 人流 D. 物流

58. 按照《检验检测实验室技术要求验收规范》(GB/T 37140—2018)要求,检验检测机构实验室给排水系统包括(　　)系统。

    A. 生活给排水   B. 实验给排水

    C. 污、废水处理   D. 消防水

59. 实验室的家具包括(　　)。

    A. 文件柜 B. 排气罩 C. 设备台 D. 办公桌

60. 下列(　　)因素决定了实验室平面尺寸要求。

    A. 房间的平面形状   B. 实验台宽度

    C. 仪器设备尺寸   D. 检修的要求

61. 建设新的检验检测实验室的建筑设计应该考虑(　　)等方面的要求。

    A. 环境评价   B. 安全评价

    C. 智能化   D. 节能评价

62. 实验室污、废水的处理的方法包括( )。
    A. 中和　　　　　　　　　　　　B. 物理
    C. 化学　　　　　　　　　　　　D. 生物

63. 实验室的建筑设计力求做到( )。
    A. 互不干扰　　　　　　　　　　B. 交通合理
    C. 功能明确　　　　　　　　　　D. 美观舒适

64. 实验室的安全标识包括( )。
    A. 消防标志　　　　　　　　　　B. 化学品作业场所安全警示标志
    C. 气瓶标志　　　　　　　　　　D. 通用安全标识

65. 检验检测机构为了验证自身诚信的状况,需要( )等活动。
    A. 制定计划　　　　　　　　　　B. 收集内、外部信息
    C. 开展自我评价　　　　　　　　D. 开展第三方评价

66. 从诚信的管理要求上看,检验检测机构应该真实记录检测全过程,保证原始记录的完整、真实和可追溯性,因此检验检测机构不应该随意( )原始记录。
    A. 销毁　　　　B. 变造　　　　C. 编造　　　　D. 更改

67. 检验检测机构的诚信意识和信用水平偏低的现象主要表现为( )。
    A. 违背承诺　　　　　　　　　　B. 虚假报告
    C. 商业贿赂　　　　　　　　　　D. 不实宣传

68. 检验检测机构应当按照相关标准和技术规范的要求,对检验检测样品的标识、储存、流转和处理进行管理,利用有效手段( )并保存有关记录。
    A. 识别样品的来源　　　　　　　B. 保护样品真实性
    C. 保护样品安全性　　　　　　　D. 保护样品完整性

69. 检验检测机构为保证诚信应该依据法律法规、标准或技术规范建立的管理体系,应当覆盖检验检测机构( )并有效实施。
    A. 所有部门　　　　　　　　　　B. 所有场所
    C. 所有活动　　　　　　　　　　D. 所有人员

70. 为了确保检验检测机构的公正性,检验检测机构应该( )。
    A. 是依法成立并能够承担相应法律责任的法人或其他组织
    B. 有确保其管理层和员工不受任何来自内外部的不正当的商业、财务和其他对工作质量以及公正性有不良影响的压力和影响的措施
    C. 有避免参与降低其独立性、公正性、诚实性、可信度、技术能力和判断能力活动的政策
    D. 有避免参与降低其独立性、公正性、诚实性、可信度、技术能力和判断能力活动的程序

71. 检验检测机构的诚信文化建设应该包括( )。
    A. 质量意识　　　　　　　　　　B. 诚信理念
    C. 品牌效应　　　　　　　　　　D. 社会承诺

72. 检验检测机构应以多种形式和方式履行社会责任,树立良好社会形象,包括( )等

方面的行为。

A. 公益支持   B. 公共责任
C. 社会服务   D. 道德行为

习题参考答案及解析

一、单项选择题

1. B

【解析】《检验检测机构资质认定管理办法》第十一条。资质认定部门自受理申请之日起,应当在30个工作日内,依据检验检测机构资质认定基本规范、评审准则的要求,完成对申请人的技术评审。技术评审包括书面审查和现场评审(或者远程评审)。

2. B

【解析】《检验检测机构资质认定管理办法》第十九条。检验检测机构应当在资质认定证书规定的检验检测能力范围内,依据相关标准或者技术规范规定的程序和要求,出具检验检测数据、结果。

本题需要仔细分析一下,该办法的第十五条规定,资质认定证书内容包括:发证机关、获证机构名称和地址、检验检测能力范围、有效期限、证书编号、资质认定标志。选项A、D并不是证书内容。证书中,是采用检测参数(选项C)来表述一个机构的检测能力的。此外,资质认定和交通行业等级管理都是用参数进行管理的。故选项B才是正确答案。

3. D

【解析】《检验检测机构资质认定管理办法》。该办法区分风险、危害程度,采取了不同的行政管理方式。选项A涉及第三十三条(即一年内不得再次申请资质认定);选项B涉及第三十四条(即由县级以上市场监督管理部门责令限期改正,处3万元罚款)。选项C涉及第三十五条(即由县级以上市场监督管理部门责令限期改正;逾期未改正或者改正后仍不符合要求的,处1万元以下罚款)。

4. C

【解析】《检验检测机构资质认定管理办法》第三十七条。检验检测机构违反本办法规定,转让、出租、出借资质认定证书或者标志,伪造、变造、冒用资质认定证书或者标志,使用已经过期或者被撤销、注销的资质认定证书或者标志的,由县级以上市场监督管理部门责令改正,处3万元以下罚款。

注意,针对不同的违规行为处罚方式不一样,有"逾期未改正或者改正后仍不符合要求的,处1万元以下罚款",还有"责令改正,处3万元以下罚款"。

5. C

【解析】《检验检测机构资质认定管理办法》第三十二条。

6. C

【解析】《检验检测机构资质认定管理办法》第十三条。资质认定证书有效期为6年。

7. A

【解析】《检验检测机构资质认定管理办法》第十四条。检验检测机构有下列情形之一,应当向资质认定部门申请办理变更手续:a)机构名称、地址、法人性质发生变更的;b)法定代表人、最高管理者、技术负责人、检验检测报告授权签字人发生变更的;c)资质认定检验检测项目取消的;d)检验检测标准或者检验检测方法发生变更的;e)依法需要办理变更的其他事项。有上述5种情形之一的,应该向资质认定部门申请办理变更手续。这是38号令新增加的内容,明确了对于检验检测机构一些不用的参数应该怎样规范处理的问题。

8. A

【解析】《检验检测机构资质认定管理办法》第十三条。86号令是证书到期前6个月提出复查申请,163号令是证书到期前3个月提出延续申请;证书有效期由3年延长至6年。这也是38号令的新要求。

9. B

【解析】 选项B属于虚假报告情形,其他属于不实报告的情形。《检验检测机构监督管理办法》第十三条。检验检测机构不得出具不实检验检测报告。检验检测机构出具的检验检测报告存在下列情形之一,并且数据、结果存在错误或者无法复核的,属于不实检验检测报告:(一)样品的采集、标识、分发、流转、制备、保存、处置不符合标准等规定,存在样品污染、混淆、损毁、性状异常改变等情形的;(二)使用未经检定或者校准的仪器、设备、设施的;(三)违反国家有关强制性规定的检验检测规程或者方法的;(四)未按照标准等规定传输、保存原始数据和报告的。

10. C

【解析】《检测和校准实验室能力的通用要求》(GB/T 27025—2019)。

7.2.1.3 实验室应确保使用最新有效版本的方法,除非不合适或不可能做到。必要时,应补充方法使用的细则以确保应用的一致性。

7.2.1.4 当客户未指定所用的方法时,实验室应选择适当的方法并通知客户。推荐使用国际标准、区域标准或国家标准中发布的方法,或由知名技术组织或有关科技文献或期刊中公布的方法,或设备制造商规定的方法。实验室制定或修改的方法也可使用。

选项C表述的是与方法选择和验证不相关的问题。

11. D

【解析】《检测和校准实验室能力的通用要求》(GB/T 27025—2019)7.7.2。可行和适当时,实验室应通过与其他实验室进行结果比对来监控能力水平。监控应予以策划和审查,包括但不限于以下一种或两种措施:a)参加能力验证;b)参加除能力验证之外的实验室间比对。此题难点在于题干隐含了实验室间比对的概念,通用要求只说可以采取两种方式。

12. C

【解析】《检测和校准实验室能力的通用要求》(ISO/IEC 17025:2017)7.2.1.4。当客户未指定所用的方法时,实验室应选择适当的方法并通知客户。推荐使用以国际标准、区域标准或国家标准发布的方法,或由知名技术组织或有关科技文献或期刊中公布的方法,或设备制造商规定的方法。实验室制定或修改的方法也可使用。选项A、B是多数机构采取的做法,这是不正确的。

13. B

【解析】 《检测和校准实验室能力认可准则》(CNAS-CL01:2018)5.1。实验室应为法律实体,或法律实体中被明确界定的一部分,该实体对实验室活动承担法律责任。

首先,检验检测机构必须具有在法律上的独立性,以保证对其行为担负法律责任。

其次,法人又有独立法人和非独立法人之分,非独立法人经法人授权后独立开展工作对本机构的行为负全部的法律责任。

14. D

【解析】 《检验检测机构资质认定评审准则》第三条。本准则所称资质认定,是指依照《检验检测机构资质认定管理办法》的相关规定,由市场监督管理部门依照法律、行政法规规定,对向社会出具具有证明作用的数据、结果的检验检测机构的基本条件和技术能力是否符合法定要求实施的评价许可。

15. C

【解析】 选项 A:依据是正确的,但是定义不对,"资质认定评审"应为"资质认定技术评审";选项 B:依据不对,应该是《检验检测机构资质认定管理办法》;选项 D:组织机构不对,应该是市场监管总局或者省级市场监督管理部门。

16. B

【解析】 《检验检测机构资质认定评审准则》第五条。依照《检验检测机构资质认定管理办法》《检验检测机构资质认定告知承诺实施办法(试行)》等的相关规定,对于采用告知承诺程序实施资质认定的,对检验检测机构承诺内容是否属实进行现场核查的内容与程序,应当符合本准则的相关规定。

17. C

【解析】 《检验检测机构资质认定评审准则》第十一条。(一)检验检测机构应当配备具有独立支配使用权、性能符合工作要求的设备和设施。该项规定表明,此设备和设施在一定时间内仅能自行使用,不得共用。

18. C

【解析】 《检验检测机构资质认定评审准则》第十二条。(四)检验检测机构能正确使用有效的方法开展检验检测活动。检验检测方法包括标准方法和非标准方法,应当优先使用标准方法。使用标准方法前应当进行验证;使用非标准方法前,应当先对方法进行确认,再验证。

19. C

【解析】 《检验检测机构资质认定评审准则》。

第十五条 现场评审结论分为"符合""基本符合""不符合"三种情形。

第十六条 书面审查结论分为"符合""不符合"两种情形。

20. D

【解析】 《检验检测机构资质认定评审准则》第十八条。检验检测机构资质认定告知承诺依据《检验检测机构资质认定告知承诺实施办法(试行)》和有关规定实施。应当对检验检测机构承诺的真实性进行现场核查。告知承诺的现场核查程序参照一般程序的现场评审方式进行。

【条文释义】(依据《〈检验检测机构资质认定评审准则〉条文释义》,下同):告知承诺许可对行政许可程序进行了流程再造,资质认定部门依据检验检测机构承诺直接作出行政许可决定,再于3个月内开展现场核查,现场核查的内容和流程可参照《检验检测机构资质认定 现场评审工作程序》。

21. D

【解析】 《检验检测机构资质认定评审准则》附件1检验检测机构资质认定现场评审工作程序"2适用范围"。首次评审:对未获得资质认定的检验检测机构,在其建立和运行管理体系3个月后提出申请,资质认定部门对其机构主体、人员、场所环境、设备设施、管理体系等方面是否符合资质认定要求的审查。注意,这是首次对管理体系运行时间提出的要求。

22. B

【解析】 《检验检测机构资质认定评审准则》附件1检验检测机构资质认定现场评审工作程序"4.5整改的跟踪验证"。现场评审结束后,评审结论为"基本符合"的检验检测机构对评审组提出的整改项进行整改,整改时间不超过30个工作日。注意,跟踪验证是新的评审准则提出的新程序,明确了提交整改报告后的系列技术评审工作要求。

23. A

【解析】 《检验检测机构资质认定评审准则》附件1检验检测机构资质认定现场评审工作程序4.5.2 评审组长在收到检验检测机构的整改材料后,应当在5个工作日内组织评审组成员完成跟踪验证。

24. A

【解析】 《检验检测机构资质认定评审准则》"附件4《检验检测机构资质认定评审准则》一般程序审查(告知承诺核查)表"2.10.1.17)检验检测机构对工作场所具有完全的使用权,并能提供证明文件。如租用、借用场地,期限不少于1年。

25. D

【解析】 《实验室信息管理系统管理规范》(RB/T 028—2020)8.4。退役数据的保存年限应满足法律法规、认证认可管理部门和客户的要求。

26. C

【解析】 《测量设备校准周期的确定和调整方法指南》(RB/T 034—2020)6.1.5。设备的校准周期通常不宜超过3年(检测或校准方法有规定的设备除外),机构应有充分有效的技术手段作为支撑。

27. C

【解析】 《检测和校准结果及与规范符合性的报告指南》(RB/T 197—2015)4.1.2。报告检测或校准结果及其不确定度时,不宜使用过多的有效数字。一般情况下,不确定度的表示不宜超过2位有效数字(但在评估阶段和合成不确定度分量时,为了减小数值修约误差,宜至少多保留1位有效数字)。

28. D

【解析】 《检测和校准结果及与规范符合性的报告指南》(RB/T 197—2015)4.1.3.1。当测量不确定度影响到测量结果的有效性或其使用时,或客户提出要求时,或当不确定度影响到与规范限值的符合性判定时,需计算包含概率约为95%的扩展不确定度。

29. C

【解析】《检测和校准结果及与规范符合性的报告指南》(RB/T 197—2015)4.1.4。题干中上限与下限的区间为$2T$,其中$T=$(上限－下限)$/2$;$U:T=1:3$;则:$2T-2U=2T-2\times\frac{1}{3}T=2\times\frac{2}{3}T\approx66.7\%\times2T$。

30. D

【解析】《检测和校准结果及与规范符合性的报告指南》(RB/T 197—2015)5.3.2。对要求或规范符合性综合评价可以用以下3种方式之一进行表述,或综合起来进行表述,也可以按以下表述简要报告:a)所有测量值均符合规范的情况(所有测量值均为下图的第1种情况)时,在报告中表述为"所有测量值均符合规范限值"或"物品/样品符合要求"。b)部分测量值不能作出符合或不符合规范的情况(部分测量值为下图的第2、第3、第4种情况)时,在报告中表述为"部分测量值不可能作出规范符合性报告"。c)一个或多个测量值不符合规范的情况(一个或多个测量值为下图的第5种情况)时,在报告中表述为"部分测量值不符合规范限值"或"物品/样品不符合要求"。题干描述的是c)这一种情形,所以只有选项D是正确的。

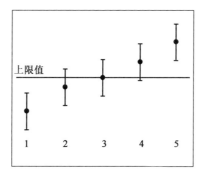

具有规范上限值的符合性评价图示

31. B

【解析】 通风方式包括自然通风和机械通风两种方式。选项A、D都是属于机械通风。详见《检验检测实验室技术要求验收规范》(GB/T 37140—2018)6.2.7。实验室采光、通风要求如下:

(1)实验区内通用实验室、研究工作室、辅助区的业务接待室、办公室、会议室、资料阅览室,宜利用天然采光。利用天然采光的房间,其窗地面积比不应小于1:6。

(2)辅助区有人员长期停留的房间宜优先利用自然通风。实验室环境允许开窗通风时,应优先利用自然通风。

32. C

【解析】《检验检测实验室技术要求验收规范》(GB/T 37140—2018)7.2.1.5。凡进行强酸、强碱、有毒液体操作并有飞溅爆炸可能的实验室,应就近设置应急喷淋及应急眼睛冲洗器。应急眼睛冲洗器的供水压力应按产品要求确定。应急喷淋处应设置排水口,并在局部做适当的防水措施。选项D应急喷淋需要设置但是不能迅速用于清洗眼睛,选项B水龙头肯定设置有,但是其水流方向向下,在紧急情况下不能迅速冲洗眼睛。

33. D

【解析】《检验检测实验室技术要求验收规范》(GB/T 37140—2018)5.2.3.3。实验室功能区域划分中在垂直布局中应遵循如下原则：
——大型或重型设备宜布置在建筑物的底层。
——大型或重型测试样品对应的测试区域宜布置在建筑物的底层。
——较大振动或噪声较大的设备宜布置在建筑物的底层。
——对振动极其敏感的设备宜布置在建筑物的底层。
——需要做设备强化地基的实验室宜布置在建筑物的底层。
——产生有毒有害气体的实验室宜布置在建筑物的顶层。
——产生粉尘物质的实验室宜布置在建筑物的顶层。

34. D

【解析】《检验检测实验室技术要求验收规范》(GB/T 37140—2018)1 范围。本标准不适用于生物安全、动植物检验、净化及医学实验室。

35. A

【解析】《检验检测实验室技术要求验收规范》(GB/T 37140—2018)6.2.1。不设置空调系统时,净高不低于2.8m;设置空调系统时,净高不低于2.6m,局部小范围可不低于2.4m。

36. D

【解析】《检验检测实验室技术要求验收规范》(GB/T 37140—2018)7.2.1.5。凡进行强酸、强碱、有毒液体操作并有飞溅爆炸可能的实验室,应就近设置应急喷淋及应急眼睛冲洗器。应急眼睛冲洗器的供水压力应按产品要求确定。应急喷淋处应设置排水口并在局部做适当的防水措施。

37. C

【解析】《检验检测实验室技术要求验收规范》(GB/T 37140—2018)7.2.1.11。实验室排水系统应有防回流设计,存水弯或水封高度不得小于50mm。有特殊要求的实验室或防护区应根据压差要求设置存水弯和地漏水封深度;构造内无存水弯的卫生器具与排水管道连接时,应在排水口以下设存水弯。

38. A

【解析】专用标识章的形状为长方形,长为27mm,宽为16mm。上半部分为标识,下半部分为证书编号,字体为隶书,字号为小四,颜色为"蝴蝶蓝",如下图所示。

报告专用标识章

二、判断题

1. ×

【解析】《检验检测机构资质认定管理办法》第二十三条。因应对突发事件等需要,资质认定部门可以公布符合应急工作要求的检验检测机构名录及相关信息,允许相关检验检测机构临时承担应急工作。

注意,条文中的用词不是"应该",而是"可以"和"临时"。两个词意思不一样,表达的行为就完全不一样。

2. √

【解析】《检验检测机构监督管理办法》第七条。检验检测授权签字人应当符合相关技术能力要求。

3. ×

【解析】《检验检测机构监督管理办法》第九条。检验检测机构对委托人送检的样品进行检验的,检验检测报告对样品所检项目的符合性情况负责,送检样品的代表性和真实性由委托人负责。

4. ×

【解析】《检验检测机构监督管理办法》第十一条。检验检测报告用语应当符合相关要求,列明标准等技术依据。检验检测报告存在文字错误,确需更正的,检验检测机构应当按照标准等规定进行更正,并予以标注或者说明。注意,检测报告不能修改检测数据。

5. ×

【解析】 应该是虚假检验检测报告。《检验检测机构监督管理办法》。

第十四条 检验检测机构不得出具不实检验检测报告。检验检测机构出具的检验检测报告存在下列情形之一,并且数据、结果存在错误或者无法复核的,属于不实检验检测报告:

(一)样品的采集、标识、分发、流转、制备、保存、处置不符合标准等规定,存在样品污染、混淆、损毁、性状异常改变等情形的;

(二)使用未经检定或者校准的仪器、设备、设施的;

(三)违反国家有关强制性规定的检验检测规程或者方法的;

(四)未按照标准等规定传输、保存原始数据和报告的。

第十五条 检验检测机构不得出具虚假检验检测报告。检验检测机构出具的检验检测报告存在下列情形之一的,属于虚假检验检测报告:

(一)未经检验检测的;

(二)伪造、变造原始数据、记录,或者未按照标准等规定采用原始数据、记录的;

(三)减少、遗漏或者变更标准等规定的应当检验检测的项目,或者改变关键检验检测条件的;

(四)调换检验检测样品或者改变其原有状态进行检验检测的;

(五)伪造检验检测机构公章或者检验检测专用章,或者伪造授权签字人签名或者签发时间的。

6. √

【解析】 《检测和校准实验室能力的通用要求》(GB/T 27025—2019)。

7.2.1.5 实验室在引入方法前,应验证能够正确地运用该方法,以确保实现所需的方法性能。应保存验证记录。如果发布机构修订了方法,应依据方法变化的内容重新进行验证。

7.2.1.6 当需要开发方法时,应予以策划,并指定具备能力的人员,为其配备足够的资源。在方法开发的过程中,应进行定期评审,以确定持续满足客户需求。开发计划的任何变更都应得到批准和授权。

7.2.2.1 实验室应对非标准方法、实验室开发的方法、超出预定范围使用的标准方法,或其他修改的标准方法进行确认。确认应尽可能全面,以满足预期用途或应用领域的需要。

7. ×

【解析】 《检测和校准实验室能力的通用要求》(ISO/IEC 17025:2017)术语和定义3.1。公正性(impartiality)指客观性的存在。

注1:客观性意味着利益冲突不存在或已解决,不会对后续的实验室活动产生不利影响。

注2:其他可用于表示公正性要素的术语有无利益冲突、没有成见、没有偏见、中立、公平、思想开明、不偏不倚、不受他人影响、平衡。

怎么理解呢?公平、正义这是字面上的解释,公平、中立这是比较容易理解。怎么理解客观性呢?应该是与检测活动有关的双方没有利益关系,或者曾经有利益关系,现在没有了,这样在没有利益关系的条件下进行的检测活动,才是客观的,才具有公正性。

8. √

【解析】 无论什么形式的投诉,都需要记录归档。

9. √

【解析】 《检测和校准实验室能力的通用要求》(ISO/IEC 17025:2017)1 范围。本准则适用于所有从事实验室活动的组织,不论其人员数量多少。

10. ×

【解析】 《检测和校准实验室能力的通用要求》(ISO/IEC 17025:2017)7.1.3。当客户要求针对检测或校准作出与规范或标准符合性的声明(如通过/未通过,在允许限内/超出允许限)时,应明确规定规范或标准以及判定规则。选择的判定规则应通知客户并得到同意,除非规范或标准本身已包含判定规则。

我们检测时,既要有检测依据,检测完毕又需要对检测结果作出判定,这也涉及使用的判定标准需要通知客户并得到客户同意的问题。

11. ×

【解析】 《检测和校准实验室能力的通用要求》(ISO/IEC 17025:2017)7.2.2。要区分的是实验室对各类标准需要事先进行选择,并确保使用最新的有效版本,使用前要证明本机构能够运用该标准。而对非标方法、自制方法、超出预定范围使用的方法、修改的方法,要用各种技术方法,比如方法比对、实验室间的比、对标准物质校准或者评估偏倚度和精密度等进行确认。

12. ×

【解析】 应该是免责声明。《检测和校准实验室能力的通用要求》(ISO/IEC 17025:2017)7.8.2.2。实验室对报告中的所有信息负责,客户提供的信息除外。客户提供的数据应予明确标识。此外,当客户提供的信息可能影响结果的有效性时,报告中应有免责声明。当实验室不负责抽样(如样品由客户提供)时,应在报告中声明结果仅适用于收到的样品。

13. ×

【解析】《检测和校准实验室能力的通用要求》(GB/T 27025—2019)4.2.3。实验室对于从客户以外的渠道(如投诉人、监管机构)所获取的有关客户的信息,应在客户和实验室间保密。除非信息的提供方同意,实验室应为信息提供方(来源)保密,且不应告知客户。

14. √

【解析】《检验检测机构资质认定评审准则》第四条。针对不同行业或者领域的特殊性,市场监管总局、国务院有关主管部门,依照有关法律法规的规定,制定和发布相关技术评审补充要求,评审补充要求与本准则一并作为技术评审依据。

15. ×

【解析】《检验检测机构资质认定评审准则》第十二条。(五)当检验检测标准、技术规范或者声明与规定要求的符合性有测量不确定度要求时,检验检测机构应当报告测量不确定度。

16. ×

【解析】《检验检测机构资质认定评审准则》附件1 检验检测机构资质认定现场评审工作程序4.4.4 现场考核。3)现场试验:b.现场试验考核结果的应用——在现场考核中,如结果数据不满意,应当要求检验检测机构分析原因;如属偶然原因,可安排检验检测机构重新试验;如属于系统偏差,则应当认为检验检测机构不具备该项检验检测能力。

注意,只有当属于系统误差的结果数据不满意时,才能判为不具备检测能力。

17. √

【解析】《检验检测机构资质认定评审准则》附件1 检验检测机构资质认定现场评审工作程序4.4.9 检验检测能力的确定。2)确定检验检测能力时应当注意以下问题:e.检验检测能力中的非标准方法,应当在"限制范围"栏内予以注明:仅限特定合同约定的委托检验检测。

18. √

【解析】《实验室信息管理系统管理规范》(RB/T 028—2020)3.1。实验室信息管理系统(laboratory information management system,简称LIMS)的定义为:由计算机及其相关配套设备、设施(含网络)和软件构成,以实现实验室获得的数据和信息(包括计算机及非计算机系统保存的)管理,具有根据实验室管理规则对数据和信息进行采集、记录、报告、存储、传输、检索、统计、分析等处理功能。

19. √

【解析】《实验室信息管理系统管理规范》(RB/T 028—2020)4.1.1。LIMS是实验室活动及其管理的信息化工具,与实验室活动密切相关,用于收集、处理、记录、报告、存储或检索实验室活动数据和信息。

20. √

【解析】《实验室信息管理系统管理规范》(RB/T 028—2020)8.1。退役系统及数据的处置,应满足实验室对数据安全性和保密性的管理要求。实验室应建立LIMS退役管理程序,明确申请、审核、批准职责和流程。

21. √

【解析】《测量设备校准周期的确定和调整方法指南》(RB/T 034—2020)3.1。校准周期或者校准间隔是指对设备进行连续校准的时间间隔。

22. √

【解析】《测量设备校准周期的确定和调整方法指南》(RB/T 034—2020)3.5。测量设备是指为实现测量过程所必需的测量仪器、软件、测量标准、标准物质、辅助设备或组合。

23. ×

【解析】 不适用于"检验实验室"。《检测实验室仪器设备计量溯源结果确认指南》(RB/T 039—2020)适用于检测实验室对仪器设备计量溯源结果进行确认。

24. ×

【解析】《检测实验室仪器设备计量溯源结果确认指南》(RB/T 039—2020)3.6 确认。对规定要求是否满足预期用途的"验证"。确保计划的实施与预期目标一致应该是"验证"。

25. ×

【解析】《检测实验室仪器设备计量溯源结果确认指南》(RB/T 039—2020)5.2.2。检测实验室进行计量溯源结果确认时,可采用相应的计量溯源结果确认方法:b)如检测方法对仪器设备的准确度没有明确规定的,检测实验室应根据行业要求、仪器设备校准规范或检定规程规定应能达到的要求作为计量要求。

26. ×

【解析】 应该是由授权人审查批准。《检测实验室仪器设备计量溯源结果确认指南》(RB/T 039—2020)6.1。检测实验室应保留计量溯源结果确认的记录,计量溯源结果确认过程应注明日期并由授权人审查批准,以证明结果的有效性。

27. ×

【解析】《检测实验室仪器设备计量溯源结果确认指南》(RB/T 039—2020)5.1 校准/检定证书的确认。检测实验室应对校准/检定机构提供的校准/检定的报告或证书进行计量溯源确认,确认满足要求后方可使用。

28. ×

【解析】《检测实验室仪器设备计量溯源结果确认指南》(RB/T 039—2020)5.2.2。检测实验室进行计量溯源结果确认时,可采用相应的计量溯源结果确认方法:d)经检定或校准后,仪器设备某些指标或某些测量范围不符合检定规程或校准规范,但它不在实验室的使用范围之内,而实验室所使用的技术要求和量程都符合要求,仍可评价判定其为符合计量要求。

29. √

【解析】《检测和校准结果及与规范符合性的报告指南》(RB/T 197—2015)1 范围。

30. √

【解析】《检测和校准结果及与规范符合性的报告指南》(RB/T 197—2015)4.1.3。检测和校准结果通常分为数值型结果和非数值型结果两种类型。

31. √

【解析】《检测和校准结果及与规范符合性的报告指南》(RB/T 197—2015)4.1.3.2。

多数情况下,对于非数值结果可以直接作出其与规范的符合性判断。

32. √

【解析】《检测和校准结果及与规范符合性的报告指南》(RB/T 197—2015)5.2.2。当作出规范符合性的报告时,需明确地向客户说明扩展不确定度的包含概率。一般采用包含概率为95%的扩展不确定度,并在报告中包含诸如"符合性报告基于包含概率为95%的扩展不确定度"的说明。如果使用其他包含概率的扩展不确定度,需与客户达成一致。鼓励使用高于95%的包含概率,避免使用低于95%的包含概率。

33. ×

【解析】《检验检测实验室技术要求验收规范》(GB/T 37140—2018)。

7.1.5　排水系统的设置,应根据污、废水的性质、浓度、水质、水温等特点,并结合室外排水条件,经技术经济比较后确定。实验废水不得作为回用水原水使用。

7.2.1.10　实验室排水宜设置独立的排水管道系统。

34. √

【解析】《检验检测机构诚信基本要求》(GB/T 31880—2015)4.1 总则。

三、多项选择题

1. ABC

【解析】《中华人民共和国认证认可条例》。取得认证机构资质,应当符合下列条件:(一)取得法人资格;(二)有固定的场所和必要的设施;(三)有符合认证认可要求的管理制度;(四)注册资本不得少于人民币300万元;(五)有10名以上相应领域的专职认证人员。从事产品认证活动的认证机构,还应当具备与从事相关产品认证活动相适应的检测、检查等技术能力。

2. CD

【解析】《检验检测机构资质认定管理办法》第十一条(四)。资质认定部门自收到技术评审结论之日起,应当在10个工作日内,作出是否准予许可的决定。准予许可的,自作出决定之日起7个工作日内,向申请人颁发资质认定证书。不予许可的,应当书面通知申请人,并说明理由。

3. AD

【解析】《检验检测机构资质认定管理办法》第一条。为了规范检验检测机构资质认定工作,优化准入程序,根据《中华人民共和国计量法》及其实施细则、《中华人民共和国认证认可条例》等法律、行政法规的规定,制定本办法。

4. AC

【解析】《检验检测机构资质认定管理办法》第七条。检验检测机构资质认定工作应当遵循统一规范、客观公正、科学准确、公平公开、便利高效的原则。

5. CD

【解析】《检验检测机构资质认定管理办法》第十三条。资质认定部门根据检验检测机构的申请事项、信用信息、分类监管等情况,采取书面审查、现场评审(或者远程评审)的方式进行技术评审,并作出是否准予延续的决定。这是38号令新增加的一种评审方式,需要加以重点理解记忆。

6. ABCD

【解析】《检验检测机构资质认定管理办法》第十四条。有下列情形之一的,检验检测机构应当向资质认定部门申请办理变更手续:(一)机构名称、地址、法人性质发生变更的;(二)法定代表人、最高管理者、技术负责人、检验检测报告授权签字人发生变更的;(三)资质认定检验检测项目取消的;(四)检验检测标准或者检验检测方法发生变更的;(五)依法需要办理变更的其他事项。

7. BCD

【解析】《检验检测机构资质认定管理办法》第二十六条。评审组在技术评审中发现有不符合要求时,应当书面通知申请人限期整改,整改期不得超过30个工作日。逾期未完成整改或者整改后仍不符合要求的,相应评审项目应当判定不合格。

8. BCD

【解析】《检验检测机构监督管理办法》第五条。检验检测机构及其人员应当对其出具的检验检测报告负责,依法承担民事、行政和刑事法律责任。

9. ABCD

【解析】《检验检测机构监督管理办法》第六条。检验检测机构及其人员应当独立于其出具的检验检测报告所涉及的利益相关方,不受任何可能干扰其技术判断的因素影响,保证其出具的检验检测报告真实、客观、准确、完整。

10. ABCD

【解析】《检验检测机构监督管理办法》第八条、第二十五条。检验检测机构应当按照国家有关强制性规定的样品管理、仪器设备管理与使用、检验检测规程或者方法、数据传输与保存等要求进行检验检测。违反此规定进行检验检测的,由县级以上市场监督管理部门责令限期改正;逾期未改正或者改正后仍不符合要求的,处3万元以下罚款。

11. ABCD

【解析】《检验检测机构监督管理办法》第二十五条。未在检验检测报告上加盖检验检测机构公章或者检验检测专用章,或者未经授权签字人签发或者授权签字人超出其技术能力范围签发的,由县级以上市场监督管理部门责令限期改正;逾期未改正或者改正后仍不符合要求的,处3万元以下罚款。

12. BCD

【解析】《检验检测机构监督管理办法》第十一条。检验检测报告用语应当符合相关要求,列明标准等技术依据。检验检测报告存在文字错误,确需更正的,检验检测机构应当按照标准等规定进行更正,并予以标注或者说明。选项A是错误的习惯做法。

13. ACD

【解析】选项B属于不实报告情形。详见《检验检测机构监督管理办法》第十四条。检验检测机构出具的检验检测报告存在下列情形之一的,属于虚假检验检测报告:(一)未经检验检测的;(二)伪造、变造原始数据、记录,或者未按照标准等规定采用原始数据、记录的;(三)减少、遗漏或者变更标准等规定的应当检验检测的项目,或者改变关键检验检测条件的;(四)调换检验检测样品或者改变其原有状态进行检验检测的;(五)伪造检验检测机构公章或者检验检测专用章,或者伪造授权签字人签名或者签发时间的。

14. BD

【解析】 《检验检测机构监督管理办法》第二十四条。县级以上市场监督管理部门发现检验检测机构存在不符合本办法规定,但无需追究行政和刑事法律责任的情形的,可以采用说服教育、提醒纠正等非强制性手段予以处理。

15. BCD

【解析】 选项 A 是管理层的职责。详见《检测和校准实验室能力的通用要求》(ISO/IEC 17025:2017)5.6、5.7。

5.6 实验室应有人员(不论其他职责)具有履行职责所需的权力和资源,这些职责包括:a)实施、保持和改进管理体系;b)识别与管理体系或实验室活动程序的偏离;c)采取措施以预防或最大程度减少这类偏离;d)向实验室管理层报告管理体系运行状况和改进需求;e)确保实验室活动的有效性。

5.7 实验室管理层应确保:a)针对管理体系有效性、满足客户和其他要求的重要性进行沟通;b)当策划和实施管理体系变更时,保持管理体系的完整性。

16. CD

【解析】 《检测和校准实验室能力的通用要求》(GB/T 27025—2019)7.1.6。如果在工作开始后修改合同,应重新进行合同评审,并将修改内容通知所有受到影响的人员。

17. BCD

【解析】 《检测和校准实验室能力的通用要求》(GB/T 27025—2019)。

6.5.1 实验室应通过形成文件的不间断的校准链,将测量结果与适当的参考对象相关联,建立并保持测量结果的计量溯源性,每次校准均会引入测量不确定度。

6.5.2 实验室应通过以下方式确保测量结果溯源到国际单位制(SI):a)具备能力的实验室提供的校准;b)由具备能力的标准物质生产者提供并声明计量溯源至 SI 的有证标准物质的标准值;c)SI 单位的直接复现,并通过直接或间接与国家或国际标准比对来保证。

18. ABCD

【解析】 《检测和校准实验室能力的通用要求》(ISO/IEC 17025:2017)6.2.5。实验室应有以下活动的程序,并保存相关记录:a)确定能力要求;b)人员选择;c)人员培训;d)人员监督;e)人员授权;f)人员能力监控。

19. ACD

【解析】 《检测和校准实验室能力的通用要求》(ISO/IEC 17025:2017)6.3.3。当相关规范、方法或程序对环境条件有要求时,或环境条件影响结果的有效性时,实验室应监测、控制和记录环境条件。

20. ABD

【解析】 《检测和校准实验室能力的通用要求》(ISO/IEC 17025:2017)5.5。实验室应:a)确定实验室的组织和管理结构、其在母体组织中的位置,以及管理、技术运作和支持服务间的关系;b)规定对实验室活动结果有影响的所有管理、操作或验证人员的职责、权力和相互关系;c)将程序形成文件的程度,以确保实验室活动实施的一致性和结果有效性为原则。

21. ACD

【解析】《检测和校准实验室能力的通用要求》(ISO/IEC 17025:2017) 7.2.2.1。实验室应对非标准方法、实验室制定的方法、超出预定范围使用的标准方法或其他修改的标准方法进行确认。确认应尽可能全面,以满足预期用途或应用领域的需要。

注1:确认可包括检测或校准物品的抽样、处置和运输程序。

注2:可用以下一种或多种技术进行方法确认:

a) 使用参考标准或标准物质进行校准或评估偏倚和精密度;

b) 对影响结果的因素进行系统性评审;

c) 通过改变控制检验方法的稳健度,如培养箱温度、加样体积等;

d) 与其他已确认的方法进行结果比对;

e) 实验室间比对;

f) 根据对方法原理的理解以及抽样或检测方法的实践经验,评定结果的测量不确定度。

22. ABC

【解析】《检测和校准实验室能力的通用要求》(ISO/IEC 17025:2017) 7.3.2。抽样方法应描述:a) 样品或地点的选择;b) 抽样计划;c) 从物质、材料或产品中取得样品的制备和处理,以作为后续检测或校准的物品。作为公路检测机构,如何规范地选择抽样方案、确定抽样计划、编写抽样方法,是需要掌握的知识。该条款全面告诉了我们在描述抽样方法时应该包括的内容。

23. BCD

【解析】《检验检测机构资质认定评审准则》第九条。(一)检验检测机构与其人员建立劳动关系应当符合《中华人民共和国劳动法》《中华人民共和国劳动合同法》的有关规定,法律、行政法规对检验检测人员执业资格或者禁止从业另有规定的,依照其规定。

24. ABCD

【解析】《检验检测机构资质认定评审准则》第十条。(一)检验检测机构具有符合标准或者技术规范要求的检验检测场所,包括固定的、临时的、可移动的或者多个地点的场所。

25. ABCD

【解析】《检验检测机构资质认定评审准则》第十一条。(二)检验检测机构应当对检验检测数据、结果的准确性或者有效性有影响的设备(包括用于测量环境条件等辅助测量设备)实施检定、校准或核查,保证数据、结果满足计量溯源性要求。

26. ABCD

【解析】《检验检测机构资质认定评审准则》第十一条。(三)检验检测机构如使用标准物质,应当满足计量溯源性要求。其中,选项A要求检测机构应当能够提供标准物质的明确溯源信息,包括该物质的制备方法、制备人员、制备日期等。选项B要求检验检测机构使用的标准物质应当是从可追溯的来源获得的,即能够追溯到国际或国家的标准或认可的参考材料。选项C要求检验检测机构使用的标准物质应当经过认证或合规评估,确保其质量和可靠性。选项D若使用标准物质,应当满足计量溯源性要求,可能时,溯源到SI单位或者有证标准物质[见《检验检测机构资质认定评审准则》"附件4《检验检测机构资质认定评审准则》一般程序审查(告知承诺核查)表"第25项]。

27. ABCD

【解析】《检验检测机构资质认定评审准则》第十二条。(三)检验检测机构选择和购买的服务、供应品应当符合检验检测工作需求。

【条文释义】此处服务指机构开展各种检验检测活动所需的由从外部获得的活动,包括但不限于校准服务、抽样服务、检测服务、分包服务、设施和设备维护服务、能力验证服务以及评审和审核服务。

28. ABCD

【解析】《检验检测机构资质认定评审准则》第十二条。(六)检验检测机构出具的检验检测报告,应当客观真实、方法有效、数据完整、信息齐全、结论明确、表述清晰并使用法定计量单位。

29. AB

【解析】《检验检测机构资质认定评审准则》第十二条。(七)检验检测机构应当对质量记录和技术记录的管理作出规定,包括记录的标识、贮存、保护、归档留存和处置等内容。

【条文释义】1.记录分为质量记录和技术记录两类:(1)质量记录指检验检测机构管理体系活动中的过程和结果的记录,包括但不限于合同评审、分包控制、采购、内部审核、管理评审、纠正措施、预防措施和投诉。(2)技术记录指进行检验检测活动的信息记录,包括但不限于原始观察、导出数据和建立审核路径有关信息的记录,检验检测、环境条件控制、人员、方法、设备管理、样品和质量监控等记录,以及发出的每份检验检测报告的副本。选项C、D属于技术记录。

30. AB

【解析】《检验检测机构资质认定评审准则》第十二条。(九)检验检测机构应当实施有效的数据、结果质量控制活动,质量控制活动与检验检测工作相适应。数据、结果质量控制活动包括内部质量控制活动和外部质量控制活动。内部质量控制活动包括但不限于人员比对、设备比对、留样再测、盲样考核等。外部质量控制活动包括但不限于能力验证、实验室间比对等。

31. ABC

【解析】《检验检测机构资质认定评审准则》第十四条。检验检测机构资质认定一般程序的技术评审方式包括:现场评审、书面审查和远程评审。根据机构申请的具体情况,采取不同技术评审方式对机构申请的资质认定事项进行审查。

32. ABCD

【解析】《检验检测机构资质认定评审准则》第十五条。现场评审适用于首次评审、扩项评审、延续审批(有实际能力变化时)评审、发生变更事项影响其符合资质认定条件和要求的变更评审。现场评审应当对检验检测机构申请相关资质认定事项的技术能力进行逐项确认,根据申请范围安排现场试验。安排现场试验时应当覆盖所有申请类别的主要或关键项目/参数、仪器设备、检测方法、试验人员、试验材料等,并覆盖所有检验检测场所。

33. BC

【解析】《检验检测机构资质认定评审准则》。

第十五条 现场评审适用于首次评审、扩项评审、延续审批(有实际能力变化时)评审、发生变更事项影响其符合资质认定条件和要求的变更评审。

第十六条 书面审查方式适用于已获资质认定技术能力内的少量参数扩项或变更(不影响其符合资质认定条件和要求)和上一许可周期内无违法违规行为、未列入失信名单且申请事项无实质性变化的检验检测机构的延续审批。

34. ABCD

【解析】《检验检测机构资质认定评审准则》附件1检验检测机构资质认定现场评审工作程序2适用范围。变更评审:对已获得资质认定的检验检测机构,其工作场所、技术能力等依法需要办理变更的事项发生变化,资质认定部门对其机构主体、人员、场所环境、设备设施、管理体系等方面是否符合资质认定要求的审查。

选项C、D属于其他需要依法办理变更的事项,详见《检验检测机构资质认定管理办法》(2021年修改)第十四条。有下列情形之一的,检验检测机构应当向资质认定部门申请办理变更手续:(一)机构名称、地址、法人性质发生变更的;(二)法定代表人、最高管理者、技术负责人、检验检测报告授权签字人发生变更的。

35. ABD

【解析】《检验检测机构资质认定评审准则》附件1检验检测机构资质认定现场评审工作程序。

3.1 资质认定部门受理检验检测机构的资质认定事项申请后,依照《检验检测机构资质认定管理办法》的相关规定,根据技术评审需要和专业要求,自行或者委托专业技术评价机构组织相关专业评审人员实施资质认定技术评审。

3.2.1 评审组组成:资质认定部门或者其委托的专业技术评价机构,应当根据检验检测机构申请资质认定事项的检验检测项目和专业类别,按照专业覆盖、随机选派的原则组建评审组。评审组由1名组长、1名及以上评员或者技术专家组成。评审组成员应当在组长的组织下,按照资质认定部门或者其委托的专业技术评价机构下达的评审任务,独立开展资质认定评审活动,并对评审结论负责。

36. ABD

【解析】《检验检测机构资质认定评审准则》附件1检验检测机构资质认定现场评审工作程序4.1.2审查结果。材料审查的结果主要有以下几种情况:1)实施现场评审。当材料审查符合要求,或者材料中虽然存在问题,但不影响现场评审的实施时,评审组长可建议实施现场评审。2)暂缓实施现场评审。当材料审查不符合要求,或者材料中存在的问题影响现场评审的实施时,评审组长可建议暂缓实施现场评审,由资质认定部门或者其委托的专业技术评价机构通知检验检测机构进行材料补正。3)不实施现场评审。当材料审查不符合要求,或者材料中存在的问题影响现场评审的实施且经补正仍不符合要求,或者经确认不具备申请资质认定的技术能力时,可作出"不实施现场评审"的结论,建议不予资质认定。

37. ABCD

【解析】《检验检测机构资质认定评审准则》附件1检验检测机构资质认定现场评审工作程序4.4.5现场提问。现场提问可与现场考察、现场试验考核、查阅记录等活动结合进行,也可以在座谈等场合进行。

38. ABCD

【解析】《检验检测机构资质认定评审准则》附件1检验检测机构资质认定现场评审工作程序4.4.9检验检测能力的确定。2)确定检验检测能力时应当注意以下问题:c.检验检测机构不能提供检验检测方法、检验检测人员不具备相应的技能、无检验检测设备或者检验检测设备配置不正确、环境条件不符合检验检测要求的,均按不具备检验检测能力处理。

39. ABCD

【解析】《检验检测机构资质认定评审准则》附件1《检验检测机构资质认定 现场评审工作程序》4.7终止评审。检验检测机构的以下情况,评审组应当请示资质认定部门或者其委托的专业技术评价机构,经同意后可终止评审:无合法的法律地位;人员严重不足;场所严重不符合检验检测活动的要求;缺乏必备的设备设施;管理体系严重失控;存在严重违法违规问题或被列入经营异常名录、严重违法失信名单;不配合致使评审无法进行;申请材料与真实情况严重不符。

40. AB

【解析】《检验检测机构资质认定评审准则》"附件4《检验检测机构资质认定评审准则》一般程序审查(告知承诺核查)表"2.11.1。22)检验检测机构使用租用、借用的设备设施申请资质认定的,应当有合法的租用、借用合同,租用、借用期限不少于1年;并对租用、借用的设备设施具有完全的使用权、支配权。同一台设备设施不得共同租用、借用、使用。

41. ABCD

【解析】《检验检测机构资质认定评审准则》"附件4《检验检测机构资质认定评审准则》一般程序审查(告知承诺核查)表"2.10.2。20)检验检测机构应当有效识别检验检测活动所涉及的安全因素(如危险化学品的规范存储和领用、危废处理的合规性、气瓶的安全管理和使用等),并设置必要的防护设施、应急设施,制定相应预案。

42. ABCD

【解析】《检验检测机构资质认定评审准则》"附件4《检验检测机构资质认定评审准则》一般程序审查(告知承诺核查)表"。结论中,带"*"条款出现不符合的,审查结论为"不符合"。附件4中带有"*"条款分别是:2.8.1(机构法律地位)、2.9.1(人员)、2.10.1(检验检测场所)、2.11.1(设备和设施)、2.12.4(检验检测方法)。

43. BCD

【解析】《实验室信息管理系统管理规范》(RB/T 028—2020)5。建设管理包括:可行性分析、选择服务商、开发过程管理。选项A是规范单独出来的一项要求。

44. BCD

【解析】《实验室信息管理系统管理规范》(RB/T 028—2020)7.3.1。实验室应建立和保持LIMS维护程序,以确保LIMS数据和信息维护的准确性、完整性和安全性。

45. ABCD

【解析】《测量设备校准周期的确定和调整方法指南》(RB/T 034—2020)4.1。机构对设备进行定期校准的主要目的为:a)建立、保持和证明设备的计量溯源性;b)更新设备测量结果的偏差及不确定度;c)确定设备的计量特性是否发生变化。

46. ABCD

【解析】《测量设备校准周期的确定和调整方法指南》(RB/T 034—2020)4.2需要校

准设备的范围。注:影响报告结果有效性的设备类型可包括:a)用于直接测量被测量的设备;b)用于修正测量值的设备;c)用于从多个量计算获得测量结果的设备;d)对测量结果不确定度的贡献超过规定限制的设备。

47. ABCD

【解析】《测量设备校准周期的确定和调整方法指南》(RB/T 034—2020)5.1。在确定设备初始校准周期时,机构应参考计量检定规程(或校准规范)的规定、(所采用的)检测/校准方法的要求等信息。此外,还应综合考虑以下因素:a)最大允许误差;b)测量所需的不确定度;c)设备制造商的建议(如当机构所需的或声明的不确定度基于准确度时);d)预期使用的程度和频次;e)环境条件的影响;f)设备的调整(或变化);g)被测量的影响(如设备的损耗、磨损等不利影响;h)确定不合理校准周期所带来的后果及风险评估分析;i)设备的设计原理、结构、性能要求等;j)相同或类似设备汇总的或已发布的数据;k)预期使用的风险;l)法律的要求。

48. ABCD

【解析】《测量设备校准周期的确定和调整方法指南》(RB/T 034—2020)。

5.2 对于新设备,建议机构收集至少3次连续的校准数据以确定其性能变化的情况和趋势,在此分析的基础上重新评估校准周期的规律。

6.1.1 设备后续校准周期的调整应由机构(设备使用者)确定,并在文件中予以规定。若设备的校准证书给出了后续校准周期的建议,机构可根据自身情况决定是否采用。

6.1.2 机构可结合设备的使用情况、性能状况及以往的校准结果对设备后续校准周期进行调整。

49. ABD

【解析】《检测实验室仪器设备计量溯源结果确认指南》(RB/T 039—2020)4.3。检测实验室应将提供校准/检定服务的机构及所能提供的检定/校准项目纳入合格供应商管理,每年对其服务的资质、能力、质量等表现进行评价,根据评价结果采取措施,并保留对校准/检定供应商评价、选择、评价结果及采取措施的记录。

50. ABC

【解析】《检测实验室仪器设备计量溯源结果确认指南》(RB/T 039—2020)。5.1 校准/检定证书的确认;5.2 计量溯源结果的符合性确认;5.3 计量溯源确认结果的处置。

51. ABCD

【解析】《检测实验室仪器设备计量溯源结果确认指南》(RB/T 039—2020)5.1 校准/检定证书的确认。检测实验室应对校准/检定机构提供的校准/检定的报告或证书进行计量溯源确认,确认满足要求后方可使用,确认内容包括但不限于:

(1)校准/检定机构资格:①法定的计量检定机构(地方县级以上计量所或政府授权的计量站等)出具的证书上有授权证号;②政府授权的或认可的校准机构出具的证书上应有授权证书号或出具的校准证书上应有认可标识。

(2)校准/检定机构的测量能力:①应在授权范围内出具鉴定证书;②应在政府授权或认可范围内出具校准报告或证书,且校准证书应有包括测量不确定度和/或符合确定的计量规范声明的测量;③测量结果能溯源到国家或国际基准。

(3)满足检测机构要求:①校准/检定参数应与实验室计划校准/检定参数一致;②应满足检测方法、技术规范中规定的要求;③若检测方法未定,可参照仪器说明书中的技术参数要求。

(4)校准结果或检定结论的确认:①应确认校准结果、检定结论描述是否适当;实施检定的设备应出具检定证书,实施校准的设备应出具校准证书,需要进行强制检定的仪器设备不应出具校准证书。②检定/校准结果:出具的校准证书应有包括测量不确定度和/或符合确定的校准规范声明。"检定证书"通常包含溯源性信息,如果未包含测量结果的不确定度信息,检测实验室应索取或评估测量结果的不确定度。

52. ABCD

【解析】《检测实验室仪器设备计量溯源结果确认指南》(RB/T 039—2020)。

5.3.1 检测实验室应对计量溯源结果确认合格的仪器设备加贴计量确认合格标识。对影响其性能的调整装置进行封印或采取其他保护措施,防止未经授权的改变。

5.3.2 检测实验室设备调整或维修前,计量溯源结果确认不合格的设备,实验室应对不合格原因进行分析,并制定相应的措施,这些措施包括:a)对不合格造成的影响后果进行评价,并对以往的测量结果或受影响的产品作追溯处理;b)同类测量设备存在批量差异时,应对计量溯源结果的确认间隔进行评审;c)对校准结果不符合高精度检测要求或关键量值不满足检测要求的设备,可降级使用(精度要求较低的)或限制范围使用。

53. ABC

【解析】《检测实验室仪器设备计量溯源结果确认指南》(RB/T 039—2020)6.2。计量溯源结果确认记录应符合 GB/T 27025 的要求,记录保存时间还应考虑多种因素,包括顾客要求、法律法规要求和制造者的责任。有些计量溯源结果确认的记录可能需永久保存。

54. ABCD

【解析】《检测实验室仪器设备计量溯源结果确认指南》(RB/T 039—2020)4.4。检测实验室应依据顾客要求、法律法规、产品技术规范、合同书、技术标准、检验规程等要求确定计量要求,可明确需要校准的关键量或值。计量要求的参数可包括但不限于:a)最大允许误差或扩展不确定度;b)测量范围;c)量程;d)分辨力;e)稳定性;f)环境条件。

55. AD

【解析】《检测和校准结果及与规范符合性的报告指南》(RB/T 197—2015)5.2.4。符合性报告的方式需避免其与检查和产品认证相混淆。为此,可以在报告中添加说明,对于检测,可以使用以下表述:"本报告中的检测结果和符合性报告仅与被测样品有关,与被测样品取样的来源无关"或"本报告仅对被测样品负责"。

56. ABCD

【解析】《检验检测实验室技术要求验收规范》(GB/T 37140—2018)4.1。新建检验检测实验室的设计应满足主体建筑的安全评价、环境评价、职业卫生评价及节能评价等方面的要求。原有建筑改为实验功能的变更、实验建筑内各单体的实验功能变更都应征得相关主管部门同意,变更不得对生命和财产构成危害。

57. BCD

【解析】《检验检测实验室技术要求验收规范》(GB/T 37140—2018)5.2.2。检验检测实验室平面布局应点考虑实验室运营工作效率的提升,按照实验室运营流程进行布局设置,实验室运营流程宜充分考虑检测步骤、人流、物流和污物流(如有)等因素。选项A看似合理,因为检验检测机构必须面对样品。其实物流应该包括样品,而且涵盖了除样品以外的如药品、加工、配套装置等。

58. ABCD

【解析】《检验检测实验室技术要求验收规范》(GB/T 37140—2018)7.1.1。给排水系统应包括生活给排水系统,实验给排水系统,污、废水处理系统及消防水系统等。

59. BC

【解析】《检验检测实验室技术要求验收规范》(GB/T 37140—2018)3.5。实验室家具是指实验用的成套实验台、设备台、天平台、通风柜、排气罩、试剂柜(架)等的总称。

60. BCD

【解析】《检验检测实验室技术要求验收规范》(GB/T 37140—2018)6.2.2。实验室平面尺寸要求如下:(1)实验室标准单元开间由实验台宽度、布置方式及间距决定。实验台平行布置的标准单元,开间尺寸一般不宜小于6.6m。(2)实验室标准单元进深由实验台宽度、通风柜及实验仪器设备布置决定,进深尺寸一般不宜6.6m,无通风柜时不宜小于5.7m。(3)实验室的开间和进深尺寸,应按照实验室仪器设备尺寸、安装操作及检修的要求确定。选项A虽然也是决定实验室仪器设备布置的需要考虑的因素,但是不符合题意。

61. ABD

【解析】《检验检测实验室技术要求验收规范》(GB/T 37140—2018)4 总则。

4.1 新建检验检测实验室的设计应满足主体建筑的安全评价、环境评价、职业卫生评价及节能评价等方面的要求。原有建筑改为实验功能的变更、实验建筑内各单体的实验功能变更都应征得相关主管部同意,变更不得对生命和财产构成危害。

4.2 在满足检验检测实验室功能需求的同时,还应体现标准化、智能化、人性化的特点,并考虑未来发展的需要,合理确定实验室建设规模。

62. ABCD

【解析】《检验检测实验室技术要求验收规范》(GB/T 37140—2018)7.2.3.2。实验室污、废水按污、废水性质、成分及污染程度应进行物理、化学、生物等不同方式处理。产生的酸、碱污水应进行中和处理,中和后达到中性时,应采用反应池加药处理。

63. ABC

【解析】《检验检测实验室技术要求验收规范》(GB/T 37140—2018)6.1.1。实验室建筑由实验区、辅助区、公用设施区等组成。建筑设计应合理安排各类分区用房,做到功能分区明确、交通合理、联系方便、互不干扰。

64. ABCD

【解析】《检验检测实验室技术要求验收规范》(GB/T 37140—2018)13.2.2.1。实验室应根据活动类型设置明确、明显、醒目的相应安全标志,包括通用安全标志、消防标志、化学品作业场所安全警示标志、工业管道标志、气瓶标志、设备标志等。对限制人员进入的实验室应在其明显部位或上设置警告装置或标志。

65. BCD

【解析】《检验检测机构诚信基本要求》(GB/T 31880—2015)4.1 总则。检验检测机构应收集内部和外部诚信信息,开展诚信自我评价或第三方评价,以验证自身诚信的状况。

66. ACD

【解析】《检验检测机构诚信基本要求》(GB/T 31880—2015)4.4.5 记录控制。

67. ABCD

【解析】《检验检测机构诚信基本要求》(GB/T 31880—2015)引言。诚信意识和信用水平偏低,违背承诺、虚假报告、商业贿赂、不实宣传等现象时有发生。因此,推进检验检测机构诚信建设,建立失信惩戒机制,是树立检验检测行业良好形象,增进社会对检验检测机构公信力的重要措施和手段。标准中说明了不诚信的四种现象。

68. ACD

【解析】《检验检测机构诚信基本要求》(GB/T 31880—2015)4.3.3。检验检测机构应当按照相关标准和技术规范的要求,对检验检测样品的标识、储存、流转和处理进行管理,利用有效手段识别样品的来源,保护样品安全性和完整性,并保存有关记录。这里要理解一个机构的诚信行为要贯穿整个检测行为始终,从样品开始就必须进行管理。

69. ABC

【解析】《检验检测机构诚信基本要求》(GB/T 31880—2015)4.4.2。检验检测机构根据法律法规、标准或技术规范建立的管理体系,应当覆盖检验检测机构所有部门、所有场所和所有活动并有效实施。管理体系中应有本检验检测机构对诚信建设的相关要求。应建立措施避免管理体系与实际运行的脱节。这里要注意,诚信的建立应该覆盖三个"所有"。

70. ABCD

【解析】《检验检测机构诚信基本要求》(GB/T 31880—2015)4.4.3。检验检测机构应:(1)是依法成立并能够承担相应法律责任的法人或其他组织;(2)有确保其管理层和员工不受任何来自内外部的不正当的商业、财务和其他对工作质量以及公正性有不良影响的压力和影响的措施;(3)有避免参与降低其独立性、公正性、诚实性、可信度、技术能力和判断能力活动的政策和程序。检测机构的诚信是从独立承担法律责任开始,建立各项程序、制度、设施才能保证诚信的实施。

71. ABCD

【解析】《检验检测机构诚信基本要求》(GB/T 31880—2015)4.4.8。检验检测机构应开展以诚信为核心的文化建设,树立诚信理念,参与内部和外部诚信文化传播活动。诚信文化建设应包括:质量意识、诚信理念、品牌效应、社会承诺。

72. ABD

【解析】《检验检测机构诚信基本要求》(GB/T 31880—2015)4.5。检验检测机构应以多种形式和方式履行社会责任,树立良好社会形象,包括公共责任、道德行为和公益支持等方面的行为。

第六章　试验检测常用术语和定义

习题

一、单项选择题

1. 标准差 s 用于表征测量结果的(　　)。
   A. 平均水平　　　　　　　　B. 均匀性
   C. 分散性　　　　　　　　　D. 准确性

2. 使用 1mg/L 的标准溶液进行测定时,甲测得的结果分别是 0.95mg/L、0.99mg/L 和 1.03mg/L,乙测得的结果分别为 1.73mg/L、1.74mg/L 和 1.75mg/L。通过分析可以得出(　　)结论。
   A. 甲的结果的精密度高　　　　B. 甲的结果的精密度比乙的精密度高
   C. 乙的结果准确度高　　　　　D. 乙的精密度比甲的精密度高

3. (　　)是指在复现性条件下的测量的复现性。
   A. 精密度　　B. 精确度　　C. 准确度　　D. 正确度

4. 计量溯源性需要通过(　　)建立。
   A. 不确定度　　　　　　　　B. 测量参考标准
   C. 间断的校准链　　　　　　D. 不间断的校准链

5. 判断能力验证样品稳定性的依据是(　　)。
   A. $|\bar{x}-\bar{y}| \leq 0.3\sigma$　　　　　　B. $|\bar{x}-\bar{y}| \geq 0.3\sigma$
   C. $|\bar{x}-\bar{y}| > 0.3\sigma$　　　　　　D. $|\bar{x}-\bar{y}| < 0.3\sigma$

6. (　　)是标准差与算术平均值的比值,用来表示试验结果的精度。
   A. 极差　　　　　　　　　　B. 偏差系数
   C. 算术平均值的标准差　　　D. 加权平均值的标准差

7. 由于工期紧,客户要求检测机构缩短标准、规范规定的样品养护时间或样品静置时间完成检测项目时,以下处理措施正确的是(　　)。
   A. 不接受客户的要求　　　　B. 依据采用非标准方法程序
   C. 依据允许偏离的程序　　　D. 依据不符合检测工作的程序

8. 检验检测机构应保持对检验检测结果、抽样结果的准确性或有效性有显著影响的设备,包括辅助测量设备(例如用于测量环境条件的设备),在投入使用前,进行设备校准的程序。这里的校准是指(　　)。

A. 检查是否具备检定证书
B. 检查仪器设备是否能正常开机、显示数据
C. 检查设备检定精度、偏差值是否满足检测要求
D. 检查设备与检定证书信息的一致性

二、判断题

1. 如果一台仪器的示值误差为满量程的0.5%,则可知该仪器的准确度为0.5%。
（ ）

2. 自校准是指在实验室或其所在组织内部实施的,使用自有的设施和测量标准,校准结果仅用于内部需要,为实现获认可的检测活动相关的测量设备的量值溯源而实施的校准。
（ ）

3. 样本均值方差不等于总体的方差。（ ）

4. 在一个教学班里按不同性别、不同省份分别选取一定数量的职工组成样本,该抽样方法属于系统抽样。（ ）

5. 比对是在规定的条件下,对相同类型的准确度等级或指定不确定度范围的同种测量仪器复现的量值之间比较的过程。（ ）

6. 将分辨力除以仪表的满度量程,就是仪表的分辨率。（ ）

三、多项选择题

1. 测量结果可信的程度可以用测量结果的精确度来表征,精确度是指(　　)。
A. 相对于被测量真值的偏离程度　　B. 测量结果的分散性
C. 测量的误差　　　　　　　　　　D. 测量的偏差

习题参考答案及解析

一、单项选择题

1. C

【解析】 标准差的定义。根据《通用计量术语及定义》(JJF 1001—2011)5.17,标准差 s 用于表征测量结果的分散性。

2. D

【解析】 准确度是指每一次独立的测量之间,其平均值与已知数据真值之间的差距(与理论值相符合的程度);精密则是指当实验数据很精准时,会要求实验有高度的再现性,表示实验数据是可信的,也就是实验数据需要具有高精密度(多次量度或计算的结果的一致程度)。

3. A

【解析】 复现性的定义。根据《通用计量术语及定义》(JJF 1001—2011)5.16,复现性是指在复现性条件下的测量精密度。

4. D

【解析】 计量溯源性的概念。根据《通用计量术语及定义》(JJF 1001—2011)4.14,计量溯源性是指通过文件规定的不间断的校准链,测量结果与参照对象联系起来的特性。

5. A

【解析】 《能力验证样品均匀性和稳定性评价指南》(CNAS-GL003:2018)5.3。若$|\bar{x}-\bar{y}|\leqslant 0.3\sigma$成立,则认为被检的样品是稳定的。

6. B

【解析】 偏差系数的概念。

7. C

【解析】 偏离程序的概念。

8. C

【解析】 注意校准的概念。ISO 10012-1《计量检测设备的质量保证要求》将"校准"定义为"在规定条件下,为确定计量仪器或测量系统的示值或实物量具或标准物质所代表的值与相对应的被测量的已知值之间关系的一组操作"。要重视设备使用前的校准工作,并且要知道这项工作该怎么做。选项A、B、D是现在检验检测机构常常出现的认识偏差和做法。

二、判断题

1. ×

【解析】 准确度与示值误差无关。

2. ×

【解析】 题干是内部校准的定义。《内部校准要求》(CNAS-CL31:2011)3.1。内部校准是指在实验室或其所在组织内部实施的,使用自有的设施和测量标准,校准结果仅用于内部需要,为实现获认可的检测活动相关的测量设备的量值溯源而实施的校准。

"内部校准"与"自校准"是不同的术语。"自校准"一般是利用测量设备自带的校准程序或功能(比如智能仪器的开机自校准程序)或设备厂商提供的没有溯源证书的标准样品进行的校准活动,通常情况下,其不是有效的量值溯源活动,但特殊领域另有规定除外。

3. √

【解析】 用一个系列样本和方差计算常规方法,计算得到的结果是指该个系列样本值的一个估计量,若干个系列估计值的期望,就是"样本均值的方差"的期望,也就是一个"样本均值的方差"的估计量。计算可得该估计量是个无偏估计量,其值恰好等于"总体方差除以n"。简单地说,意义上两者无关,只是计算值相等,属于计算的一个简便方法。样本均值的方差等于总体方差除以n。

4. ×

【解析】 分层抽样的概念。根据《统计学词汇及符号 第2部分:应用统计》(GB/T 3358.2—2009)1.3,分层抽样是将总体N分成不同的层,然后按照各层比例,从每一层随机抽取一定个体组成样本 n 的方法。

5. √

【解析】 比对是指在规定条件下,对相同准确度等级或指不确定度范围的同种测量仪器复现的量值之间比较的过程。实验室间比对是按照预先规定的条件,由两个或多个实验室对相同或类似的测试样品进行检测的组织、实施和评价,从而确定实验室能力、识别实验室存在的问题与实验室间的差异,是判断和监控实验室能力的有效手段之一。

6. √

【解析】 分辨力是指传感器能检出被测信号的最小变化量,是有量纲的数。当被测量的变化小于分辨力时,传感器对输入量的变化无任何反应。对数字仪表而言,如果没有其他附加说明,一般可以认为该表的最后一位所表示的数值就是它的分辨力。一般地说,分辨力的数值小于仪表的最大绝对误差。通常而言,光学镜头、光电成像器件(或称图像传感器)、摄像机,以及所有的成像系统对物像细节的分辨能力,可以用分辨力表示,也可用分辨率表示。将分辨力除以仪表的满度量程就是仪表的分辨率。

三、多项选择题

1. AB

【解析】 精确度的概念,注意区别精确度和准确度的概念。

第七章 法定计量单位

习题

一、单项选择题

1. 1平方米面积上均匀垂直作用于1牛顿力所形成的压强,称之为（　　）。
   A. 1千克力　　　B. 1兆帕　　　C. 1牛　　　D. 1帕

2. 下列选项中,（　　）的符号全部为国际单位的基本单位。
   A. mol,cd,N,K　　B. m,s,A,℃　　C. A,K,m,kg　　D. s,N,MPa,m

3. 我国的法定计量单位是以（　　）单位为基本。
   A. 米制
   C. 国际单位制
   B. 公制
   D. 其他单位制

4. （　　）是表示"质量"的正确的国际单位制。
   A. g　　　B. mg　　　C. kg　　　D. T

5. 下列容积计量单位符号中,属于我国法定计量单位的是（　　）。
   A. c·c　　　B. mL　　　C. ft^3　　　D. cm^3

6. 速度单位"米每秒"用计量单位符号表示,下列选项中错误的是（　　）。
   A. m·s^{-1}　　B. 秒米　　C. ms^{-1}　　D. m/s

7. 以法定计量单位来表述人的奔跑速度,下列表述正确的是（　　）。
   A. 10s65　　B. 10.65s　　C. 10″65　　D. 0.1065″

8. 加速度的法定计量单位是（　　）。
   A. 每秒每秒米
   C. 米每平方秒
   B. 米平方秒
   D. 米每二次方秒

9. 5cm^{2}的正确读法是（　　）。
   A. 5平方厘米
   C. 平方5厘米
   B. 5厘米平方
   D. 5平方公分

10. 力的法定计量单位名称是（　　）。
    A. kg力　　　B. 牛[顿]　　　C. 吨力　　　D. 公斤力

11. 国际单位制中,属于专门名称的导出单位的是（　　）。
    A. 安[培]　　　B. 摩[尔]　　　C. 开[尔文]　　　D. 焦[耳]

12. 组合单位"米每秒"符号书写正确的是（　　）。

A. ms^{-1}　　　　B. 秒米　　　　C. 米秒$^{-1}$　　　　D. m·s^{-1}

13. 组合单位"牛顿米"符号书写正确的是(　　)。

　　A. N·m　　　　B. 牛–米　　　　C. M·n　　　　D. N–m

14. 组合单位"每米"符号书写正确的是(　　)。

　　A. 1/m　　　　B. m^{-1}　　　　C. 1/米　　　　D. 1/每米

15. 组合单位"瓦每开尔文米"符号书写正确的是(　　)。

　　A. W/K/m　　　　B. W/K·m　　　　C. W/(K·m)　　　　D. W/(开·米)

16. 按照国际单位制要求的记录形式,用万分之一的分析天平准确称重0.8g试样,正确原始记录的表述是(　　)。

　　A. 0.8g　　　　B. 0.80g　　　　C. 0.800g　　　　D. 0.8000g

17. (　　)为国家选定的非国际单位制单位。

　　A. 海里　　　　B. 克当量　　　　C. 亩　　　　D. 公斤力

18. 导热系数的组合单位瓦/米·度[W/(m·K)],正确的读法是(　　)。

　　A. 每米度瓦　　　　B. 每米每度瓦　　　　C. 瓦每米度　　　　D. 瓦每米每度

二、判断题

1. 按照有效数字规则,1015^{2}的计算结果应该是1.030×10^6。　　(　　)
2. 通常认为,在一次试验中,"小概率事件"几乎是不会发生的。　　(　　)
3. 有一类极限数值为绝对极限,书写≥0.2和书写≥0.20或者≥0.200具有同样极限上的意义,对此类界限数值,用判定值或者计算值判定是否符合要求时,需要用修约比较法。
　　　　　　　　　　　　　　　　　　　　　　　　　　　　　　(　　)
4. 期间核查的目的是保证两次校准/检定的间隔期间测量装置或者标准物质的校准状态在有效期内是否得到保持。　　(　　)
5. 密度单位是由两个单位相除所构成的组合单位,其符号可用以下形式表示:kg/m^3、kg·m^{-3}、kg·m^{-3}。　　(　　)
6. 25℃可以读作"摄氏25度"。　　(　　)
7. 物理量务必用斜体符号,单位必须用规定的拉丁或希腊正体字符。　　(　　)

三、多项选择题

1. (　　)是具有专门名称的SI导出单位。

　　A. rad　　　　B. A　　　　C. Pa　　　　D. N·m

2. 下列属于国家选定的非国际单位制单位的是(　　)。

　　A. min　　　　B. n mile　　　　C. kn　　　　D. kg

3. 下列单位符号(　　)是正确的、具有专门名称的SI导出法定计量单位。

　　A. kg　　　　B. N　　　　C. Pa　　　　D. V

4. 下列由两个以上单位相除构成的组合单位,表示正确的是(　　)。

　　A. kg/m^3　　　　B. kg·m^3　　　　C. kg·m^{-3}　　　　D. kg·m^{-3}

习题参考答案及解析

一、单项选择题

1. D

    【解析】 压强单位的定义。

2. C

    【解析】 国际单位的基本单位。

3. C

    【解析】《中华人民共和国法定计量单位》(1984年2月27日国务院发布)。注意几个选项都是使用过的,准确的名称是选项C。

4. C

    【解析】 四个选项都是质量单位,但是法定计量单位只有选项C。

5. B

    【解析】 注意法定计量单位的准确性,容积计量单位符号只有选项B。

6. C

    【解析】 这是复合单位的表述。

7. B

    【解析】 这里涉及口头表述速度和书面表述速度两种方式,符合法定计量单位的是选项B。

8. D

    【解析】 这里主要是加速度的正确读法,也就是从左至右顺序读。

9. A

    【解析】 对于法定计量单位既要求能正确书写,也要求能正确读出来,除选项D以外,其余三项都是生活中的表述方式。所以要准确记忆这方面知识。

10. B

    【解析】 选项A、D都是原来在工程实践里使用过的单位,也是容易混淆的选项。另外要注意选项B的正确书写方式。

11. D

    【解析】 这里要注意的是16个导出单位。这里提到的是能、功、热量的导出单位名称,还要注意其他15个导出单位的名称和正确的表述符号。

12. D

    【解析】《中华人民共和国法定计量单位》的4个组合单位之一。

13. A

    【解析】《中华人民共和国法定计量单位》的4个组合单位之一。这是曾经考过的内容。

14. B

【解析】《中华人民共和国法定计量单位》的4个组合单位之一。要注意书写方式，也要注意读的顺序。

15. C

【解析】《中华人民共和国法定计量单位》的4个组合单位之一。在实际工程里面，使用频率较高的是"米每秒""牛顿米""每米"，但是作为考试来说，"瓦每开尔文米"也是需要知道的。考生应注意4个组合单位的名称、正确的书写方式、阅读的顺序。

16. D

【解析】 这是一个平时不太注意的一个问题，使用的是万分之一的天平，天平显示的数据应该是选项D，原始记录应该准确记录借出仪器上显示的数据，而后才能进行修约数据。

17. A

【解析】 这里主要提醒注意与SI单位制并用的其他允许使用的计量单位。详见《中华人民共和国法定计量单位》"表4 国家选定的非国际单位制单位"长度单位。

18. C

【解析】《国际单位制及其应用》(GB 3100—1993)5.2。组合单位的名称与其符合表示的顺序一致，乘号无名称，除号名称为"每"且只出现一次。

二、判断题

1. √

【解析】《数值修约规则与极限数值的表示和判定》(GB/T 8170—2008)。

2. √

【解析】 在概率论中，我们把概率很接近于0(即在大量重复试验中出现的频率非常低)的事件称为小概率事件。一般多采用0.01、0.05两个值，即事件发生的概率在0.01以下或0.05以下的事件称为小概率事件，这两个值称为小概率标准。小概率事件的意义重大，因为有这样一个推理，小概率事件通过上面的定义，它是很难发生的。但是，如果在一次抽样试验中它发生了，说明这件事违反常理；进一步，说明假设不成立。这就是小概率反证法。

3. ×

【解析】《数值修约规则与极限数值的表示和判定》(GB/T 8170—2008)4.3.2。应该采用全数值比较法。

4. √

【解析】 期间核查定义的释义。

5. ×

【解析】 这是检测过程中常用的单位符号。密度的单位为克/立方厘米(g/cm^3)；在国际单位制和中国法定计量单位中，密度的单位为千克/立方米(kg/m^3)。

6. ×

【解析】 可以读作25摄氏度。

7. √

【解析】 见SI单位及其倍数单位的应用中，关于单位词头和词头符号的书写规则内容。

三、多项选择题

1. CD

【解析】 《国际单位制及其应用》(GB 3100—1993)2.3。SI 单位包括 SI 基本单位、SI 导出单位(包括辅助单位在内的专门名称、组合形式)。选项 A 是 SI 辅助单位,选项 B 是 SI 基本单位。

2. ABC

【解析】 设计此题的目的,主要是希望大家记忆 15 个与 SI 并用的我国选定的非国际单位制的其他单位。

3. BCD

【解析】 这是需要记忆 16 个导出单位是哪些,它们的名称和相应表达的符号。选项 A 是 SI 制的基本单位。

4. AC

【解析】 对于每个法定计量单位,我们都必须知道其名称、用什么符号代表,符号的大小写以及左右顺序。

第八章　数值修约规则与极限数值的表示和判定、测量误差与测量不确定度

习题

一、单项选择题

1. 以下数值修约到小数点后一位,最恰当的是(　　)。
   A. 26.55→26.5　　　　　　　　B. 32.4501→32.4
   C. 15.450→15.5　　　　　　　D. 14.05001→14.1

2. 修约97.34,修约间隔为1,正确的是(　　)。
   A. 97　　　　B. 97.3　　　　C. 97.4　　　　D. 98

3. 0.04090的有效位数为(　　)。
   A. 1位　　　　B. 3位　　　　C. 4位　　　　D. 5位

4. 将12.1498修约到一位小数为(　　)。
   A. 12.1　　　　B. 12.2　　　　C. 12.0　　　　D. 12.5

5. 某沥青软化点试验测试值为:48.24℃、48.7℃、50.5℃,结果准确至0.5℃,则该沥青软化点试验结果为(　　)℃。
   A. 48.45　　　　B. 50.00　　　　C. 48.50　　　　D. 49.00

6. 修约下列数值至小数后一位:2.71828,57.65,修约后的正确答案是(　　)。
   A. 3.0,58.0　　　　B. 2.8,57.7　　　　C. 2.7,57.6　　　　D. 3.0,57.6

7. 0.23和23.0两个数的有效数字分别为(　　)个。
   A. 2,2　　　　B. 3,3　　　　C. 3,2　　　　D. 2,3

8. 根据数字修约规则,当23.5和24.5修约至"个"数位时,分别为(　　)。
   A. 24,24　　　　B. 23,24　　　　C. 23,25　　　　D. 24,25

9. 如果已知变异系数为10%,平均值为540.0,则标准偏差为(　　)。
   A. 54.0　　　　B. 5400.0　　　　C. 539.9　　　　D. 540.1

10. 将0.275修约成两位有效数字后,其修约值为(　　)。
    A. 0.28　　　　B. 0.280　　　　C. 0.29　　　　D. 0.290

11. 按照数字修约规则,5.68859修约到小数点后第三位正确的是(　　)。
    A. 5.689　　　　B. 5.688　　　　C. 5.6886　　　　D. 5.6888

12. 60.4 + 2.02 + 0.222 + 0.0467 = (　　)。
    A. 62.68　　　　B. 62.685　　　　C. 62.686　　　　D. 62.69

13. 将 6.3785 修约到小数后第三位是(　　)。
    A. 6.379　　　　B. 6.38　　　　C. 6.378　　　　D. 6.380

14. 以下数值修约到小数点后两位,最恰当的是(　　)。
    A. 2.30501→2.31　　　　B. 0.5450→0.55
    C. 2.64501→2.64　　　　D. 1.555→1.55

15. 5.29 × 0.9259 = (　　)。
    A. 4.89　　　　B. 4.90　　　　C. 4.898　　　　D. 4.8980

16. 将 2.255002 修约为三位有效数字的正确写法是(　　)。
    A. 2.255　　　　B. 2.25　　　　C. 2.26　　　　D. 2.20

17. 修约 −12.65,修约间隔为 1,正确的是(　　)。
    A. −13　　　　B. −14　　　　C. −12.6　　　　D. −12

18. 采用修约比较法判定中碳钢中硅的含量(极限标准数值≤0.5),当检测结果是 0.452,修约值是(　　)时,符合要求。
    A. 0.5　　　　B. 0.6　　　　C. 0.45　　　　D. 1.0

19. 用一只标称值为 10.000g 的标准砝码校准一台量程为 1000.00g 的天平,天平示值为 9.8%,则本次测量的绝对误差是(　　)。
    A. 2%　　　　B. −2%　　　　C. 0.20g　　　　D. −0.20g

20. 一组测量中的 9 次测量结果分别为 2.0、4.0、6.0、4.0、4.0、4.0、4.0、4.0、4.0(单位:mm),则单次测量的实验标准偏差为(　　)。
    A. 0.33mm　　　　B. 0.94mm　　　　C. 1.00mm　　　　D. 1.33mm

21. 凡用测量客观条件不能解释为合理的那些突出的误差就是(　　)。
    A. 系统误差　　　　B. 人员误差
    C. 粗大误差　　　　D. 随机误差

22. 对一个物理量测量以后,测量结果与该物理量真实值大小之间的差异,叫作(　　)。
    A. 实际相对误差　　　　B. 误差
    C. 标称相对误差　　　　D. 额定相对误差

23. (　　)是数据中最大值和最小值之差。
    A. 标准差　　　　B. 系统误差
    C. 极差　　　　D. 变异系数

24. 一仪表量程 0 ~ 10,于示值 5 处计量检得值是 4.995,那么,此时示值引用误差和示值相对误差分别是(　　)。
    A. 0.5%,0.1%　　B. 0.05%,0.1%　　C. 5%,0.1%　　D. 0.25%,0.1%

25. 精度为 0.5 级,量程为 0 ~ 10 和 0 ~ 50 的计量仪表,其允许最大示值误差分别是(　　)。
    A. 0.5,0.25　　B. 0.5,0.025　　C. 0.05,0.25　　D. 0.05,0.025

26. 当实验室某烘箱获得的校准证书 100℃点的修正值为 +1℃时,对实际样品进行加热过程要求温度在 100℃±1℃,那么显示为 98℃ 时烘箱的实际温度应该是( )。

A.100℃　　　B.99℃　　　C.98℃　　　D.无法确定

27.测量不确定度表述的是测量值之间的( )。

A.差异性　　　　　　　　B.分散性

C.波动性　　　　　　　　D.随机性

28.经测定某检测系统的测量装置的 A 类不确定度分别是 0.1、0.1、0.2 个单位,B 类不确定度分别是 0.1、0.3 个单位,且互不相关,那么计算的合成不确定度值是( )。

A.0.16 个单位　　　　　　B.0.8 个单位

C.0.4 个单位　　　　　　D.0.2 个单位

29.对 50mL 容量瓶的纯水进行 10 次测量,测量数据 x_i 为:49.8543、49.8542、49.8546、49.8539、49.8550、49.8556、49.8541、49.8530、49.8527、49.8546(单位:mL)。纯水温度为 22.5℃。进行不确定度的评定,其 A 类不确定度和自由度的值分别为( )。

A.0.00086;9　　B.0.00027;10　　C.0.00027;9　　D.0.00086;10

二、判断题

1.按照有效数字规则,6.1179-6.0079 正确的运算结果应该表述为 0.11。　　( )

2.0.25×10×0.3061 正确的运算结果应该表述为 $7.7×10^{-1}$。　　( )

3.按照有效数字规则,4.6687-4.9+7.34 的计算结果应该是 7.1。　　( )

4.按照有效数字规则 $(7.39)^{1/2}$ 的计算结果应该是 2.72。　　( )

5.对于同样的极限数值,若它本身符合要求,则修约值比较法比全数值比较法相对较严格。　　( )

6.对附有极限偏差的数值,涉及安全性能指标和计量仪器中有误差传递的指标或者其他重要指标,应该优先选用全数值比较法。　　( )

7.随机误差与系统误差是两类不同性质的误差,但它们都是误差,都有确定的界限,都存在于一切试验中,虽可削弱、减少,但无法彻底消除。　　( )

8.设备测试报告显示示值误差的测量不确定度不符合要求时,设备可以评定为符合性不合格。　　( )

9.检验检测结果的不确定度和检验检测过程产生的误差,都可以用来说明检测结果真值和测量结果的一致程度。　　( )

10.采用修正值就可以完全修正系统误差,使检测结果消除误差。　　( )

三、多项选择题

1."极限数值"是指标准中规定考核的以数量形式给出的符合该标准要求的指标数值范围的界限值,也称为( )。

A.限度数值　　　　　　　　B.极限值

C.临界值　　　　　　　　D.界限数值

2.当表征某测定值或计算值恰好为 A 时,符合要求。下列表述正确的是( )。

A. ≤A   B. ≥A   C. <A   D. >A

3. 表征盘条直径(mm)(极限数值为 10.0±0.1)时,其测定值或者计算值按照全数比较法和按照修约值比较法均不符合要求的是(　　)。

　　A.9.89,9.9　　B.10.16,10.2　　C.9.89,9.8　　D.10.10,10.1

4. 在表征硅含量(%)(极限数值≤0.05)其测定值或者计算值按照修约值比较法修约后符合要求的是(　　)。

　　A.0.054　　B.0.060　　C.0.055　　D.0.046

5. 试验室所用的烘箱在示值为 105℃处的实测值为 108℃,烘箱在此处的相对误差错误的是(　　)。

　　A.2.86%　　B. -3℃　　C. -2.86%　　D.3℃

6. 规范对某烘干试验要求的温度范围为 105～110℃,经计量机构校准,所用烘箱设置温度为 110℃时,实际温度为 108.5℃,温度波动度为 ±0.6℃。则开展试验时,对该烘箱的温度设置恰当的是(　　)。

　　A.106.5℃　　B.107.5℃　　C.110.8℃　　D.111.5℃

7. 服从正态分布的随机误差具有的特点是(　　)。

　　A. 单峰性　　B. 对称性　　C. 周期性　　D. 抵偿性

8. 测量不确定度分为(　　)。

　　A. A 类标准不确定度　　B. B 类标准不确定度

　　C. 标准不确定度　　D. 扩展不确定度

9. 对某试件质量 m 进行测量,得最佳估计值为 100.015g,其合成标准不确定度 $u_c(m)$ = 35mg,取包含因子 $k=2$ 时,以下测量结果表示中不正确的是(　　)。

　　A. $m = 100.015\text{g}; U = 70\text{mg}; k = 2$　　B. $m = (100.015 \pm 0.035)\text{g}$

　　C. $m = (100.015 \pm 0.070)\text{g}; k = 2$　　D. $m = 100.015\text{g}; u_c(m) = 35\text{mg}$

习题参考答案及解析

一、单项选择题

1. D

　　【解析】 选项 A 应为 26.6,选项 B 应为 32.5,选项 C 应为 15.4。只有选项 D 正确。

2. A

　　【解析】《数值修约规则与极限数值的表示和判定》(GB/T 8170—2008)2.2。修约间隔是指修约值的最小数值单位。

3. C

　　【解析】《数值修约规则与极限数值的表示和判定》(GB/T 8170—2008)有效位数的定义。

4. A

【解析】 《数值修约规则与极限数值的表示和判定》(GB/T 8170—2008)3.2。拟舍弃数字的最左一位数字小于5,则舍去,保留其余各位数字不变。

5. C

【解析】 《数值修约规则与极限数值的表示和判定》(GB/T 8170—2008)中0.5单位修约。这里应该需要先计算软化点试验的代表值,然后进行0.5单位的修约。

6. C

【解析】 《数值修约规则与极限数值的表示和判定》(GB/T 8170—2008)3 数值修约规则。(1)拟舍弃数字的最左一位数字小于5时则舍去,即保留的各位数字不变。(2)拟舍弃数字的最左一位数字大于5或等于5,而其后跟有并非全部为0的数字时则进一,即保留的末位数字加1(指定"修约间隔"明确时,以指定位数为准)。(3)拟舍弃数字的最左一位数字等于5,而右面无数字或皆为0时,若所保留的末位数字为奇数则进一,为偶数(包含0)则舍弃。

7. D

【解析】 有效数字的概念。

8. A

【解析】 《数值修约规则与极限数值的表示和判定》(GB/T 8170—2008)3.2.1。

9. A

【解析】 这里主要是按照10%的变异系数进行540的修约。

10. A

【解析】 《数值修约规则与极限数值的表示和判定》(GB/T 8170—2008)3.2.3 以及有效位数的概念。对没有小数位且以若干个零结尾的数值,从非零数字最左一位向右数得到的位数;对其他十进位的数,从非零数字最左一位向右数而得到的位数就是有效位数。

11. A

【解析】 《数值修约规则与极限数值的表示和判定》(GB/T 8170—2008)3.2。

12. D

【解析】 《数值修约规则与极限数值的表示和判定》(GB/T 8170—2008)。加减法计算的结果,其小数点以后有效数字的保留位数,应以参加运算各数中小数点后位数最少的数据为依据。

13. C

【解析】 《数值修约规则与极限数值的表示和判定》(GB/T 8170—2008)3.2.4。拟舍弃数字的最左一位数字为5,且后无数字或皆为0时,若所保留的末位数字为偶数,则舍去。

14. A

【解析】 《数值修约规则与极限数值的表示和判定》(GB/T 8170—2008)3.2 进舍规则。5后非零则进一。

15. B

【解析】 《数值修约规则与极限数值的表示和判定》(GB/T 8170—2008)。乘除法计算的结果,其有效数字保留的位数,应与参加运算各数中有效数字位数最少的为标准。

16. C

【解析】 《数值修约规则与极限数值的表示和判定》(GB/T 8170—2008)3.2.5。

17. A

【解析】 《数值修约规则与极限数值的表示和判定》(GB/T 8170—2008)3.2.3。负数修约时,先将它的绝对值按规定进行修约,然后在修约值前面加上负号;修约间隔为1,或指明将数值修约到"个"数位。

18. A

【解析】 《数值修约规则与极限数值的表示和判定》(GB/T 8170—2008)表3。

19. D

【解析】 绝对误差是指测量值与真值之差。选项中A、B显然不对。示值误差=电子天平显示的值-(标准砝码的标称值+标准砝码的修正值)=天平示值-砝码。

20. C

【解析】 按照公式 $s = \sqrt{\dfrac{1}{n-1}\sum_{i=1}^{n}(x_i - \bar{x})^2}$ 计算。

21. D

【解析】 随机误差的概念。

22. C

【解析】 相对误差=[测量值-标准值(的绝对值)]/标准值×100%。测量仪器的引用误差定义为:测量仪器的示值误差除以仪器的特定值。该特定值称为引用值,通常是测量仪器的量程或标称范围的上限,标称相对误差的分母是读数。

23. C

【解析】 极差的定义。

24. B

【解析】 误差计算。(5-4.995)/10=0.05%,(5-4.995)/5=0.1%。

25. C

【解析】 误差计算。10×0.5%=0.05,其允许最大示值误差是0.25。

26. B

【解析】 因为修正值是指"用代数方法与未修正测量结果相加,以补偿其系统误差的值"。实际值=示值(测量结果)+修正值,即98℃+1℃=99℃。

27. B

【解析】 不确定度的概念。

28. C

【解析】 有两个不相关的分量 $\bar{V}$ 计算合成标准不确定度,可按照下式计算:

$$u_C(\bar{V}) = \sqrt{-u_A^2(\bar{V}) + u_B^2(\bar{V})}$$

29. C

【解析】 A类不确定度的评定方法就是对被测量进行独立重复观测,通过所得到的一系列测定值,用统计分析获得实验标准偏差 $s(x)$,当用算数平均值 $\bar{x}$ 作为被测量估计值时,被测量估计值的A类标准不确定度按照下式计算:

$$u_A = u(\bar{x}) = s(\bar{x}) = \frac{s(\bar{x})}{\sqrt{n}}$$

A类标准不确定度u_A的自由度为实验标准偏差$s(\bar{x})$的自由度,即$df = n - 1$。计算如下:

单次试验标准偏差:$s(x) = \sqrt{\dfrac{\sum\limits_{i=1}^{n}(x-\bar{x})^2}{n-1}} = 0.00086 \text{mL}$

以算术平均值$\bar{x}$为测量结果,测量结果的A类标准不确定度为:

$\sqrt{10} = 3.1622$

$u_A(s) = \dfrac{s(x)}{\sqrt{n}} = 2.7 \times 10^{-4} \text{mL}$

自由度 $= n - 1 = 9$。

二、判断题

1. ×

【解析】 按照规则运算,结果应该表述为0.1100。

2. ×

【解析】 按照《数值修约规则与极限数值的表示和判定》(GB/T 8170—2008)有效数字的运算规则,应为7.8×10^{-1}。

3. √

【解析】 按照有效数字的运算规则,加减法计算的结果,其小数点以后有效数字的保留位数,应以参加运算各数中小数点后位数最少的数据为依据。

4. √

【解析】 有效数字的保留位数规则。

5. ×

【解析】 《数值修约规则与极限数值的表示和判定》(GB/T 8170—2008)4.3.4。应该是全数值比较法比修约值比较法严格。

6. √

【解析】 《数值修约规则与极限数值的表示和判定》(GB/T 8170—2008)4.3.2。

7. √

【解析】 误差分为随机误差和系统误差。误差的特性就是存在于一切试验中,虽可削弱、减少,但无法彻底消除。

8. ×

【解析】 设备测试报告显示示值误差的测量不确定度不符合要求时,设备应该使用示值误差的绝对值与MPEV值比较后再评定。

9. ×

【解析】 这里有意混淆了误差与不确定度的两个概念,题干后半句是误差的概念。

10. ×

【解析】 修正值是指"用代数方法与未修正测量结果相加,以补偿其系统误差的值"。修正值等于负的系统误差估计值。根据公式:真值＝测量结果＋修正值,也就是修正值＝正值－测量结果。含有误差的测量结果,加上修正值后,就可能补偿或减少误差的影响。由于系统误差不能完全获知,因此这种补偿并不完全。

三、多项选择题

1. ABCD

【解析】 《数值修约规则与极限数值的表示和判定》(GB/T 8170—2008)极限数值的表示和判定。

2. AB

【解析】 《数值修约规则与极限数值的表示和判定》(GB/T 8170—2008)极限数值的表示和判定第4.2条。

3. BC

【解析】 《数值修约规则与极限数值的表示和判定》(GB/T 8170—2008)4.3.3。选项A是按照全数比较法判定不符合,按照修约值比较法判定符合;选项B和选项C是按照两种方法都不符合。

4. AD

【解析】 《数值修约规则与极限数值的表示和判定》(GB/T 8170—2008)极限数值的表示和判定第4.3.3条。选项B显然不对;选项C修约值是0.06,不符合要求;选项A的修约值是0.05,满足要求;选项D修约值是0.05,也是满足要求的。

5. BCD

【解析】 相对误差指的是测量所造成的绝对误差与被测量(约定)真值之比乘以100%所得的数值,以百分数表示。相对误差 $\delta = \Delta / L \times 100\%$。选项B、D错在计算为差值,选项C错在负误差,应该是正误差。

6. BC

【解析】 温度偏差＝真实温度－设定温度＝108.5－110＝－1.5。选项A.106.5℃,真实温度＝106.5－1.5＝105,±0.6℃,不合格;选项B.107.5℃,真实温度＝107－1.5＝106.5,±0.6℃,合格;选项C.110.8℃,真实温度＝110.8－1.5＝109.3,±0.6℃,合格;选项D.111.5℃,真实温度＝111.5℃－1.5＝110,±0.6℃,不合格。

7. ABD

【解析】 充分理解正态分布的特征。

8. CD

【解析】 考生需要知道标准不确定度的分类。测量不确定度按照评定方法,分为标准不确定度和扩展不确定度。其中,标准不确定度又分为A类标准不确定度、B类标准不确定度及合成标准不确定度。

9. B

【解析】 本题需要理解不确定度及合成标准不确定度正确的表述方式,题中包含因子 $k=2$ 只是一个干扰项而已。

第九章 能力验证

复习提示

本章涉及的相关文件有:《合格评定 能力验证的通用要求》(GB/T 27043—2012)。

习题

一、单项选择题

1. 下列关于能力验证离群结果的说法,不正确的是( )。
   A. 离群结果也就是不满意结果
   B. 结果离群不能直接判定该机构此项能力不具备
   C. 结果离群证明误差超过了对应标准允许的范围
   D. 单次比对试验离群只能表明试验室偶尔偏离了正常的能力状态

2. 在能力验证中,常常将对于给定目的的具有适当不确定度赋予特定量的值叫作( )。
   A. 固定值   B. 近似值
   C. 标准值   D. 指定值

3. 对于水泥、沥青等材料作为实验室间能力验证的物品时,在设计能力验证类型时,比较合适的类型是( )。
   A. 定性比对   B. 已知值比对
   C. 部分过程比对   D. 实验室间检测比对

4. 在量值的测量比对计划中,常采用 E_n 值作为验证比对活动判定的统计量,其实是用 E_n 值的大小表述实验室的测量结果( )。
   A. 变动的大小
   B. 分散的程度
   C. 相对于参考值的偏离,是否集中的程度
   D. 相对于参考值的偏离,是否是在特定的允许范围内

5. 在量值的测量比对计划中,常采用 Z 值作为验证比对活动判定的统计量,其实是用 Z 值的大小表述实验室的测量结果( )。
   A. 正确的程度

B. 相对于公议值的偏离与满足验证计划要求的变动性的特定值的比值是否在允许的范围内

C. 相对于指定值的偏离

D. 相对于参考值的偏离,是否是在特定的允许范围内

6. 校准实验室能力验证可以采用 E_n 值作为验证判定的统计量,当( )时验证结果为可以接受。

A. $|E_n|>1$　　　　　　　　　　B. $|E_n|\geqslant 1$

C. $|E_n|\leqslant 1$　　　　　　　　　D. $0<|E_n|<1$

7. 校准实验室能力验证可以采用 Z 值作为验证判定的统计量,验证结果满意的是( )。

A. $|Z|\leqslant 2$　　　　　　　　　B. $2<|Z|<3$

C. $|Z|\geqslant 3$　　　　　　　　　D. $|Z|<2$

8. 能力验证就是利用实验室间比对,按照预先制定的( )评价参加者的能力。

A. 计划　　　　B. 方案　　　　C. 规则　　　　D. 准则

9. 能力验证提供者可以以分包方式运作的是( )。

A. 能力验证提供者固定设施以外的场所

B. 验证计划的策划

C. 能力评定

D. 最终报告的批准

二、判断题

1. 采用实验室之间的比对是验证检验检测机构能力的主要方式。　　　　( )
2. 检验检测机构能力验证就是采取机构间的比对。　　　　( )
3. 已经获证的实验室参加相关领域能力验证的频次是每两年一次。　　　　( )
4. 能力验证的样品均匀性检验应该在尽可能短的时间内,由同一实验室、同一人员、采用同一方法、同一设备,完成样品的检验。　　　　( )
5. 为保证能力验证计划结果的准确性,计划所提供测试样品的均匀、稳定是利用实验室间比对进行能力验证的关键。　　　　( )
6. 能力验证的样品制备不能采用外包形式。　　　　( )
7.《合格评定　能力验证的通用要求》(GB/T 27043—2012)规定了能力验证参与各方所需能力,以及建立和运作能力验证计划的通用要求。　　　　( )
8. 能力验证参加者不能使用他们自己选择的检测方法、校准或测量程序。　　　　( )

三、多项选择题

1. 参与能力验证进行实验室之间比对的样品,一般应具备的特征是( )。

A. 从材料源中指定　　　　　　　　B. 从材料源中随机得到

C. 检测样品的稳定性　　　　　　　D. 样品的均匀性

2. 判断能力验证样品均匀性的依据是( )。
   A. $S_s \leq 0.3\sigma$
   B. 若 $F <$ 自由度,为 (f_1, f_2) 及给定显著性水平 σ 的临界值 F_σ
   C. $S_s \leq 0.3$
   D. 若 $F >$ 自由度,为 (f_1, f_2) 及给定显著性水平 σ 的临界值 F_σ

3. 能力验证结果通常需要转化为能力统计量,以下选项中,代表定量结果能力统计量的是( )。
   A. 差值 D B. 标准四分位间距
   C. $D\%$ D. 中位值

4. 可以采用检验检测机构之间的比对方式对检验检测机构进行能力验证,其主要活动包括( )。
   A. 能力验证计划   B. 测量审核
   C. 实验室间比对   D. 能力评价

5. 可以采用实验室间比对方式的检验检测机构能力验证,计划一般包括( )等类型。
   A. 定性比对计划   B. 实验室间检测计划
   C. 分割样品检测计划   D. 部分过程计划

6. 通过实验室之间的能力验证,可以达到( )目的。
   A. 识别机构间的差异   B. 增强机构自信
   C. 增强用户信心   D. 确定新方法的有效性及可比性

7. 在检验检测机构能力验证活动的样品制备过程中,应该尽量保证样品的( )。
   A. 数量足够并有剩余   B. 制备者的能力
   C. 与日常检测样品的相识性 D. 样品的可靠性

8. 对能力验证数据的处理需要计算,必须包括( )、最小值、最大值和变化范围等稳健总计统计量。
   A. 中位值   B. 结果数量
   C. 稳健变异系数(C_v)   D. 标准四分位数间距(NIQR)

9. 在进行实验室能力验证结果评价时,( )对于所有的能力验证类型都是必需的。
   A. 指定值的确定   B. 能力统计量的计算
   C. 能力评价   D. 结果使用

10. 能力验证提供者应该( ),以此确保人员满足要求。
    A. 使用长期雇用人员   B. 授权专门人员
    C. 具备高级职称人员   D. 使用签约人员

11. 能力验证提供者应为运作能力验证计划的每个人员制定( )的目标。
    A. 工作   B. 教育   C. 技能   D. 培训

12. 能力验证提供者应该( )环境条件,当环境条件危及能力验证计划的质量或运作时,应停止相关能力验证活动。
    A. 识别   B. 控制   C. 监测   D. 记录

13. 下列关于均匀性的表述,正确的是( )。

A. 建立合适的均匀性和稳定性判定准则
B. 评定程序形成文件并执行
C. 应根据适用的统计设计进行评定
D. 均匀性评定通常应在能力验证物品被包装成最终形式之后、分发给参加者之前进行

习题参考答案及解析

一、单项选择题

1. B

【解析】《实验室能力验证实施办法》第二十条规定,离群(即结果离群)是指按照有关的技术统计方法确定的明显偏离标准值(或者中位值)的结果。第十条规定,能力验证结果离群的,应当采取相应的纠正措施。第十六条规定,对于能力验证的结果可疑或者离群的实验室,能力验证的组织者应当要求其在规定期限内进行整改并验证整改效果,也可视情况暂停或者撤销其相关项目的资质认定或者认可,暂停其承担政府授权、委托或者指定的检验检测任务的资格,直到完成纠正活动并经能力验证的组织者确认后,方可恢复或者重新获得认可以及承担政府授权、委托或者指定的检验检测任务的资格。

2. D

【解析】《合格评定 能力验证的通用要求》(GB/T 27043—2012)3.1。指定值是指对能力验证物品的特定性质赋予的值。

3. D

【解析】 本题主要需要理解能力验证的几个类型是什么。常见能力验证的类型有定性比对、分割样品检测比对、实验室间量值比对、实验室间检测比对、已知值比对、部分过程比对。而对于从待测物品中随机抽取若干散样,同时分发各参加实验室按约定方案进行检测,然后由协调者(主持者)求出公议值,并将各测得值分别与公议值进行比对,从而得出相应的结论,则只能采取选项 D 的方式。这是根据对象特性决定的。

4. C

【解析】 实验室间比对是按照预先规定的条件,由两个或多个实验室对相同或类似的测试样品进行检测的组织、实施和评价,从而确定实验室能力、识别实验室存在的问题与实验室间的差异,是判断和监控实验室能力的有效手段之一。

$$E_n = \frac{|X_L - X_R|}{\sqrt{U_L^2 + U_R^2}}$$

式中:X_L——本实验室测量值;

X_R——指定实验室测量值;

U_L——本实验室的测量结果不确定度(置信水平95%);

U_R——指定实验室的测量结果不确定度(置信水平95%)。

5. B

【解析】 这是 Z 值作为验证比对活动判定的统计量时的定义。详见《能力验证结果的统计处理和能力评价指南》(CNAS-GL02)。

6. C

【解析】 这是 Z 值作为验证比对活动判定的统计量时的定义。详见《能力验证结果的统计处理和能力评价指南》(CNAS-GL02)。

7. A

【解析】 这是 Z 值作为验证比对活动判定统计量时的判据:$|Z|\leqslant 2.0$,验证结果满意;$2.0<|Z|<3.0$,验证结果有问题;$|Z|\geqslant 3.0$,验证结果不满意或离群。

8. D

【解析】《合格评定 能力验证的通用要求》(GB/T 27043—2012)3.7。能力验证是指利用实验室间比对,按照预先制定的准则评价参加者的能力。

9. A

【解析】《合格评定 能力验证的通用要求》(GB/T 27043—2012)。

4.3.2 能力验证提供者应确保环境条件不会影响能力验证计划或所要求的运作质量。当能力验证计划是在能力验证提供者固定设施以外的场所或委托给分包方运作时,应予以特别注意。应将影响能力验证计划的设施和环境条件的技术要求制定成文件。

5.5.2 能力验证提供者不得分包能力验证计划的策划、能力评定或最终报告的批准。

二、判断题

1. √

【解析】 检验检测机构能力验证方式比较多,机构间的比对是方法之一,也是常用的方法。

2. ×

【解析】 题干的问题是把问题简单化、绝对化,比对是方法之一,但不是全部。

3. ×

【解析】 按照《CNAS 能力验证领域和频次表》(CNAS-AL07)要求,对不同行业/领域的不同子领域要求不一样。比如:力学性能 1 次/2 年;物理性能 1 次/1 年。

4. √

【解析】 这是对能力验证样品准备和均匀性检验的要求。

5. √

【解析】 这是对组织能力验证机构在样品方面提出的要求,样品的质量直接关系到比对结果的真实性。

6. ×

【解析】 能力验证的样品制备无论是机构自己完成还是外包,都必须能满足能力验证对样品的要求和能力验证计划的各项要求。

7. ×

【解析】《合格评定 能力验证的通用要求》(GB/T 27043—2012)1 范围。本标准规定了能力验证提供者所需能力,以及建立和运作能力验证计划的通用要求。

8. ×

【解析】 《合格评定 能力验证的通用要求》(GB/T 27043—2012)4.5.1。通常期望参加者使用他们自己选择的检测方法、校准或测量程序,这些方法或程序应与其日常所使用的一致。能力验证提供者也可依据能力验证计划的设计,要求参加者使用指定的方法。

三、多项选择题

1. CD

【解析】 《能力验证样品均匀性和稳定性评价指南》(CNAS-GL003:2018)1 前言。比对样品的一致性对利用实验室间比对进行能力验证至关重要。在实施能力验证计划时,组织方应确保能力验证中出现的不满意结果不归咎于样品之间或样品本身的变异性。因此,对于能力验证样品的检测特性量,必须进行均匀性检验和(或)稳定性检验。

对于制备批量样品的检测能力验证计划,通常必须进行样品均匀性检验。对于稳定性检验,则可根据样品的性质和计划的要求来决定。对于性质较不稳定的检测样品如生物制品,以及在校准能力验证计划中传递周期较长的测量物品,稳定性检验是必不可少的。

对于均匀性检验或稳定性检验的结果,可根据有关统计量表明的显著性或样品的变化能否满足能力验证计划要求的不确定度进行判断。

选项 A、B 是得到样品的方式不是样品的特征,选项 C、D 才是作为能力验证对样品特征的要求。

2. AB

【解析】 《能力验证样品均匀性和稳定性评价指南》(CNAS-GL003:2018)。如果 σ 是某个能力验证计划中能力评价标准偏差的目标值,S_s 为样品之间不均匀性的标准偏差。若 $S_s \leq 0.3\sigma$,则使用的样品可认为在本能力验证计划中是均匀的。单因子方差分析。若 $F <$ 自由度为 (f_1, f_2) 及给定显著性水平 σ(通常 $\sigma = 0.05$)的临界值 $F_\sigma(f_1, f_2)$,则表明样品内和样品间无显著性差异,样品是均匀的。

3. BD

【解析】 《能力验证结果的统计处理和能力评价指南(试用)》(CNAS-GL02)附件 A"A.4 总计统计量"。

4. ABCD

【解析】 考生需要了解整个机构间比对的过程,以及要经历几个大的步骤。

5. BC

【解析】 考生首先应该知道能力验证有哪些种类,其次应该知道哪些能力验证的方式需要和机构间进行比对采用。

6. ABCD

【解析】 无论采用什么形式对检验检测机构进行能力验证,最终目的就是提升自己的社会服务能力和服务水平。

7. ACD

【解析】 这是对组织进行能力验证单位在制备样品上的要求。

8. ABCD

【解析】 在实施完成能力验证后,要对能力验证的结果进行统计处理和分析,最后得出机构能力的评价,在处理和分析过程中涉及的统计量有许多,都需要考生理解。

9. ABCD

【解析】 能力验证的最终结果评价、必需的统计设计内容有很多,希望考生注意能力验证统计处理结果及设计内容的方方面面。

10. ABD

【解析】《合格评定 能力验证的通用要求》(GB/T 27043—2012)。

4.2.3 能力验证提供者应使用长期雇用人员或签约人员。

4.2.4 能力验证提供者应授权专门人员从事。

11. BCD

【解析】《合格评定 能力验证的通用要求》(GB/T 27043—2012)4.2.6。能力验证提供者应为运作能力验证计划的每个人员制定教育、培训和技能的目标。

12. ABCD

【解析】《合格评定 能力验证的通用要求》(GB/T 27043—2012)4.3.4。能力验证提供者应识别可能显著影响能力验证物品、检测和校准质量的环境条件,包括规范和测量程序所要求的条件。提供者应对这些条件加以控制和监测,并应记录所有相关监控活动。

13. ABCD

【解析】《合格评定 能力验证的通用要求》(GB/T 27043—2012)。

4.4.3.1 应基于不均匀性和不稳定性对参加者能力评定可能产生的影响,建立合适的均匀性和稳定性判定准则。

4.4.3.2 应将均匀性和稳定性的评定程序形成文件并执行,只要可行,应根据适用的统计设计进行评定。

4.4.3.3 均匀性评定通常应在能力验证物品被包装成最终形式之后、分发给参加者之前进行。

第十章　统计技术和抽样技术

习题

一、单项选择题

1. 标准不确定度的置信概率是(　　)。
   A. 95.45%　　　B. 99.73%　　　C. 68.27%　　　D. 85%

2. 两个不确定度分量相互独立,则相互关系是(　　)。
   A. 0　　　　　B. 1　　　　　C. -1　　　　D. 其他

3. A 和 B 为两个独立事件,A 单独发生的概率为 0.6,B 单独发生的概率为 0.3,则 A 和 B 同时发生的概率是(　　)。
   A. 0.18　　　　B. 0.30　　　　C. 0.90　　　　D. 0.45

4. 李明采用"布袋法"抽取随机数号牌,从分别标有 1,2,3,4,5,…,27,28 标号的小球中,任取一球,"取的 1 号球""取的 7 号球"则称"取的 1 号球"与"取的 7 号球"是(　　)事件。
   A. 相互　　　　B. 孤立　　　　C. 对立　　　　D. 互斥

5. 测量结果要求保留到小数点后 1 位,将实测或者算出的数据第二位按修约规则舍去,则测量结果都存在舍入误差 0.05。该测量值的概率分布属于(　　)。
   A. 正态分布　　B. 指数分布　　C. 均匀分布　　D. t 分布

6. 在相同的条件下,进行了 n 次试验,在这 n 次试验中,事件 A 发生的次数 m,比值 m/n 称为事件 A 发生的(　　)。
   A. 频率　　　　B. 概率　　　　C. 均方差　　　D. 频数

7. 分布函数 $F(x)$ 是指随机变量 X 取值落在(　　)的概率。
   A. $(-\infty, x]$　　B. $[x, \infty)$　　C. (x, ∞)　　D. $(-\infty, x)$

8. 一批 2000 件样本中,任意抽取 200 件,为(　　)。
   A. 单纯随机抽样　　　　　　　B. 系统抽样
   C. 分层抽样　　　　　　　　　D. 密集群抽样

9. 大量经验表明,许多连续型随机变量的分布服从(　　)。
   A. 正态分布　　　　　　　　　B. 均匀分布
   C. 二项分布　　　　　　　　　D. 泊松分布

10. 若两个事件 A、B 是独立事件,则(　　)。
    A. $P(A+B) = P(A) + P(B)$　　　　B. $P(AB) = P(A)P(B)$

C. $P(A-B) = P(A) - P(B)$ D. $P(A) + P(B) = 1$

11. 通常认为小概率事件在一次试验中( )。
   A. 经常发生   B. 基本会发生
   C. 几乎不会发生   D. 不可能发生

12. 设有10件同类产品,其中不合格品3件,从这10件产品中连抽两次,每次抽1件,抽后放回,两次中其中有一次合格的概率为( )。
   A. 0.42   B. 0.21   C. 0.58   D. 0.49

13. 随机事件的概率总是介于( )之间。
   A. 0~1   B. 0~10   C. 0~100   D. 0~1000

14. 一次随机投掷2枚均匀的硬币,其结果共有( )种。
   A. 1   B. 2   C. 3   D. 4

15. 正态分布曲线的特点是( )。
   A. 双峰性   B. 无水平渐近线   C. 对称性   D. 无拐点

16. 关于t分布,下面哪一种说法是正确的( )。
   A. t分布与梯形分布特征相似   B. t分布与标准正态分布图特征相同
   C. 标准正态分布是t分布的特殊形式   D. t分布与均匀分布图形相同

17. 正态分布概率曲线离对称轴等距处( )。
   A. 有一个拐点   B. 各有一个拐点
   C. 没有拐点   D. 有多个拐点

18. 正态分布函数的标准偏差越大,表示随机变量在( )附近出现的密度越小。
   A. 总体平均值   B. 样本平均值
   C. 总体中位数   D. 样本中位数

19. A组六位同学的考试成绩分别是95、85、75、65、55、45(分);B组的六位同学的考试成绩分别是73、72、71、69、68、67(分)。运用标准差知识可以得出的结构是( )。
   A. A组同学之间的成绩差距比B组同学之间的成绩小
   B. A组同学之间的成绩差距比B组同学之间的成绩大
   C. A组同学之间的成绩与B组同学之间的成绩一样
   D. 无法比较

20. 在采用直方图进行数据加工处理时,需要计算组数和组距。组距应该按照公式( )计算。注:组距就是把x_i、x_n的区间$[a,b]$分成m个小区间,每个区间的下限和上限的距离。

   A. $\dfrac{m}{b-a}$ B. $\dfrac{b-a}{m}$

   C. $t_i + \dfrac{m}{b-a}$ D. $t_i + \dfrac{b-a}{m}$

21. 一批产品,共100箱,每箱20件,从中选择200件产品,下列属于系统抽样方法的是( )。
   A. 从整批中,任意抽取200件

B. 从整批中,先分成10组,每组10箱,然后分别从各组中任意抽取20件

C. 从整批中,分别从每箱中任意抽取2件

D. 从整批中,任意抽取10箱,对这10箱进行全数检验

22. ( )是属于数据离散程度的统计特征量。
   A. 标准偏差   B. 变异系数   C. 中位数   D. 极差

23. 一批验收10组混凝土试块的抗压强度试验结果分别为26.0、25.4、25.1、23.9、25.7、23.9、24.7、25.1、24.5、26.3(单位:MPa),则样本均值、极差、标准差、变异系数分别为( )。
   A. 25.1、1.2、0.8222、3.3%   B. 25.1、2.4、0.8222、3.3%
   C. 25.1、1.2、0.8222、3.1%   D. 25.1、2.4、0.8222、3.1%

24. 若在同一条件下,对某物理量进行独立的多次测量,其结果为 $x_1, x_2, \cdots, x_n$,则 SQRT$[\sum(x_i - \bar{x})^2/(n-1)]$ 表示( )。
   A. 算术平均值   B. 均方根平均值
   C. 加权平均值   D. 标准差

25. 若相关系数$|r|$很小或接近于0,这说明( )。
   A. x 与 y 的关系不密切   B. x 与 y 的线性关系不密切
   C. x 与 y 的非线性关系密切   D. x 与 y 的非线性关系不密切

26. 若控制图中的点子呈现周期性变化,则表明生产( )。
   A. 正常   B. 异常
   C. 可能正常,也可能异常   D. 无法判定是否正常

27. 下列不属于表示数据离散程度的统计特征量是( )。
   A. 标准偏差   B. 变异系数   C. 中位数   D. 极差

28. 用 n 表示检测次数,s 表示标准偏差、$\bar{x}$ 表示平均值,则变异系数 C_v 为( )。
   A. $\dfrac{s}{n}$ B. $\dfrac{n}{s}$ C. $\dfrac{s}{\bar{x}}$ D. $\dfrac{\bar{x}}{s}$

29. 下列表述正确的是( )。
   A. 变异系数是标准偏差与算术平均值的差值
   B. 变异系数是标准偏差与算术平均值的比值
   C. 变异系数是算术平均值与标准偏差的差值
   D. 变异系数是算术平均值与标准偏差的比值

30. 一批道路厚度检查结果分别为29、32、31、30、31、28、29(单位:cm),这批厚度检查结果的极差为( )cm。
   A. 30   B. 4   C. 32   D. 3

31. 如果一台恒温水浴槽校准后的修正值/修正因子是+0.5℃,对实际样品进行恒温处置要求温度是37℃±2℃,那么( )。
   A. 表明恒温水浴槽温度应该是36.5℃
   B. 表明恒温水浴槽温度应该是35.5℃
   C. 不使用修正因子
   D. 表明恒温水浴槽温度应该是37.5℃

二、判断题

1. 均匀分布的概率密度函数为 $\frac{1}{b-a}$。（ ）
2. 已知 $P(A)=0.7$，$P(AB)=0.3$，则 $P(\overline{A}B)=0.4$。（ ）
3. 已知 $P(A\cup B)=0.8$，$P(A)=0.5$，$P(B)=0.6$，则 $P(AB)=0.3$。（ ）
4. 一枚硬币连抛 3 次，观察出现正面的次数，样本空间是 $S=\{0,1,2,3\}$。（ ）
5. 设 A、B、C 为 3 个事件，用 A、B、C 的运算关系表示下列各事件，A 与 B 都不发生，而 C 发生表示应该为：$\overline{AB}C$。（ ）
6. 因果图是一种逐步深入研究和讨论质量问题的图示方法。（ ）
7. 对一批产品（$P_0>0$）进行抽样检验，抽检合格后即提交该批，可以保证提交批中每件都合格。（ ）

三、多项选择题

1. 一盒中装有各色球 12 只，其中 5 红、4 黑、2 白、1 绿，从中取 1 球，利用互斥事件求概率。取出球的颜色是红或黑的概率是（   ），取出球的颜色是红或黑或白的概率是（   ）。

   A. $\frac{5}{12}$　　　　　　　　　　B. $\frac{3}{4}$

   C. $\frac{4}{12}$　　　　　　　　　　D. $\frac{11}{12}$

2. 上、下四分位数的分位数分别是（   ）。

   A. 0.25　　　B. 0.5　　　C. 0.1　　　D. 0.75

3. 离散型随机变量的分布律具备（   ）性质。

   A. $P_i \geq 1 (i=1,2,3,\cdots,n)$　　　B. $P_i \geq 0 (i=1,2,3,\cdots,n)$

   C. $\sum_{i=1}^{\infty} P_i = 1$　　　　　　　　　D. $\sum_{i=1}^{\infty} P_i = 0$

4. 服从正态分布的测量结果，其取值在（$\mu-\sigma \leq x \leq \mu+\sigma$）范围内的概率等于（   ），其取值在（$\mu-2\sigma \leq x \leq \mu+2\sigma$）范围内的概率等于（   ），其取值在（$\mu-3\sigma \leq x \leq \mu+3\sigma$）范围内的概率等于（   ）。其中 μ 是测量结果总体的平均值，σ 是其标准偏差。

   A. $0.9973 \approx 0.997$　　　　　　B. $1.4329 \approx 1.43$

   C. $0.6827 \approx 0.68$　　　　　　D. $0.9545 \approx 0.95$

5. 将反映两变量间线性相关关系的统计指标称为相关系数，这里 $\rho_{xy}=r(x,y)$，ρ_{xy} 是一个可以表征 x 和 y 之间线性关系紧密程度的量，它具有（   ）性质。

   A. $|\rho_{xy}| \leq 1$　　　　　　　　B. $|\rho_{xy}|=0$ 对应相关程度最低

   C. $|\rho_{xy}| \geq 1$　　　　　　　　D. $|\rho_{xy}|=0$ 对应相关程度最高

6. 下列选项中，属于系统抽样的有（   ）。

   A. 定位系统抽样　　　　　　B. 等距抽样

   C. 散料抽样　　　　　　　　D. 分层抽样

7. 抽样方案至少应当包括( )。
   A. 样本量　　　　　　　　　　B. 质量判定规则
   C. 抽样时间　　　　　　　　　D. 抽样方法
8. 计数抽样检查包括( )。
   A. 计件抽样　　　　　　　　　B. 计点抽样
   C. 计时抽样　　　　　　　　　D. 计量抽样

习题参考答案及解析

一、单项选择题

1. C

【解析】 标准不确定度的B类评定方法。正态分布时概率与置信因子的关系见下表。

概率$P(\%)$	50	68.27	90	95	95.45	99	99.73
置信因子	0.676	1	1.645	1.960	2	2.576	3

2. A

【解析】 这里集合了不确定度的概念和相关关系两点内容。

3. A

【解析】 题干明确是两个独立事件,独立事件A与B同时发生的概率$P(AB) = P(A) \cdot P(B) = 0.6 \times 0.3 = 0.18$。

4. D

【解析】 理解什么是概率的互斥事件。这是等可能的互斥事件。事件A和事件B不能同时发生,则事件A与B称为互斥事件。

5. C

【解析】 均匀分布的定义表明,均匀分布是连续随机变量的一种概率分布,该连续随机变量在区间$[a,b]$内任意等长度区间内事件出现的概率相同。

6. A

【解析】《统计学词汇及符号　第1部分:一般统计术语与用于概率的术语》(GB/T 3358.1—2009)1.64。频率是指用事件或观测值发生的总数目除频数。

7. A

【解析】《统计学词汇及符号　第1部分:一般统计术语与用于概率的术语》(GB/T 3358.1—2009)2.7。分布函数$F(x)$是指随机变量X取值落在$(-\infty,x]$的概率,即$F(x) = P(X \leq x)$。"小于或等于"采用的符号是"]",而不是用")"。

8. A

【解析】 从总体N个单位中任意抽取n个单位作为样本,使每个可能的样本被抽中的概率相等的一种抽样方式被称为单纯随机抽样。题干的抽取方式符合选项A的定义。

9. A

【解析】 正态分布一种概率分布,也称"常态分布"。正态分布具有两个参数 μ 和 σ^2 的连续型随机变量的分布,第一参数 μ 是服从正态分布的随机变量的均值,第二个参数 σ^2 是此随机变量的方差,所以正态分布记作 $N(\mu,\sigma^2)$。服从正态分布的随机变量的概率规律为取与 μ 邻近的值的概率大,而取离 μ 越远的值的概率越小;σ 越小,分布越集中在 μ 附近,σ 越大,分布越分散。

10. B

【解析】 概率知识。对于两个独立事件 A 和 B 之和的概率,等于 A、B 单独发生概率的乘积。

11. C

【解析】 概率的概念。

12. A

【解析】 概率的计算。

13. A

【解析】 这是对概率定义的把握。

14. C

【解析】 概率的计算。

15. C

【解析】 见考试用书"常见随机变量的概率分布"正态分布曲线的特征。正态分布图具有单峰性、对称性、有界性和抵偿性。

16. C

【解析】 t 分布的概念。

17. B

【解析】 正态分布曲线特性。分别在离均值一个标准差的位置。

18. A

【解析】 这是运用正态分布数据特征,在工程质量评价中进行判别的应用。σ 越大,曲线低而宽,随机变量在平均值附件出现的密度小。

19. B

【解析】 虽然两组同学的平均成绩都是70分,A组的标准差是17.08,B组的标准差是2.16。说明A组同学之间的成绩差距比B组同学之间的成绩大得多。

20. B

【解析】 直方图的组距计算公式。组距是指每组的最高数值与最低数值之间的距离。在分组整理统计量数时,组的大小可因系列内量数的全距及所要划分的组数的不同而有所不同。每一组的最小限度叫作下限,最大限度叫作上限。下限和上限之间的距离,即为组距。组距=(最大值-最小值)÷组数。选项D是组的上、下限的计算公式。

21. B

【解析】 需要知道系统抽样的几种类型。

22. D

【解析】 特征量的不同特性。

23. B

【解析】 分别计算均值、极差、标准差、变异系数。

平均值计算公式：$\bar{x} = \dfrac{1}{n}(x_1 + x_2 + \cdots + x_n) = \dfrac{1}{n}\sum\limits_{i=1}^{1} x_i$

极差计算公式：$R = X_{\max} - X_{\min}$

标准差计算公式：$s = \sqrt{\dfrac{\sum\limits_{i=1}^{n}(x_i - \bar{x})^2}{n-1}}$

变异系数计算公式：$C_v = \dfrac{s}{\bar{x}}$

24. D

【解析】 这就是标准差的数学表达式。我们掌握几个常用的统计量，既要知道有哪些，也应该知道其正确的数学表达式。

25. B

【解析】 样本相关系数用 r 表示，总体相关系数用 ρ 表示。相关系数不是等距度量值，而只是一个顺序数据。计算相关系数一般需要大样本。相关系数 r 值的取值范围在 -1 和 $+1$ 之间。$r>0$ 表示正相关，$r<0$ 表示负相关，$r=0$ 表示不相关；r 的绝对值越大，表示相关程度越高。

26. D

【解析】 利用控制图的方法可以考察生产过程是否稳定，当点子没有跳出控制界限，或者随机排列没有缺陷，则可判定生产处于正常状况。周期性变化不能说明什么问题。

27. C

【解析】 工程检测过程中会运用许多的统计特征量，有的表征数据的集中状态，有的表征数据的离散程度，选项 C 就是表征集中状态。选项 A、B、D 都是表征离散程度的。

28. C

【解析】 这是变异系数的数学公式描述。

29. B

【解析】 这是变异系数的数学公式描述。这些问题说起来简单，但需要我们准确记忆。

30. B

【解析】 $32-28=4$。

31. C

【解析】 因为使用温度是 37℃，校准结果是 $+0.5$℃，而对实际样品进行恒温处置要求温度是 37℃± 2℃，要求的 2℃大于 0.5℃，所以不用使用修正因子。

二、判断题

1. √

【解析】 《统计学词汇及符号　第 1 部分：一般统计术语与用于概率的术语》（GB/T

3358.1—2009）2.60。均匀分布的概率密度函数 $f(x)=\dfrac{1}{b-a}$，其中，$a\leqslant x\leqslant b$。

2. √

3. √

4. √

5. √

【第 2~5 题解析】根据概率的概念进行计算。

6. √

【解析】 运用因果图，可以帮助找到问题的症结所在，然后对症下药，解决质量问题。

7. ×

【解析】 题干里面主要问题出在"可以保证提交批中每件都合格"。这不符合抽样检验的规律。抽样检验又称抽样检查，是从一批产品中随机抽取少量产品（样本）进行检验，据以判断该批产品是否合格的统计方法和理论。

抽样检验是根据样本中的产品的检验结果来推断整批产品的质量。如果推断结果认为该批产品符合预先规定的合格标准，就予以接收；否则就拒收。所以，经过抽样检验认为合格的一批产品中，还可能含有一些不合格品。

三、多项选择题

1. BD

【解析】 利用互斥事件求概率。

（1）记事件 A_1：从 12 只球中任取 1 球得红球；A_2：从中任取 1 球得黑球；A_3：从中任取 1 球得白球；A_4：从中任取 1 球得绿球。则：

$P(A_1)=\dfrac{5}{12},P(A_2)=\dfrac{4}{12},P(A_3)=\dfrac{2}{12},P(A_4)=\dfrac{1}{12}$。

（2）根据题意，A_1、A_2、A_3、A_4 彼此互斥，由互斥事件概率得：

①取出红球或黑球的概率为：$P(A_1\cup A_2)=P(A_1)+P(A_2)=\dfrac{5}{12}+\dfrac{4}{12}=\dfrac{3}{4}$。

②取出红或黑或白球的概率为：$P(A_1\cup A_2\cup A_3)=P(A_1)+P(A_2)+P(A_3)=\dfrac{5}{12}+\dfrac{4}{12}+\dfrac{2}{12}=\dfrac{11}{12}$。

2. AD

【解析】《统计学词汇及符号 第 1 部分：一般统计术语与用于概率的术语》（GB/T 3358.1—2009/ISO 3534.1:2006）2.15。

3. BC

【解析】 离散型随机变量的定义。随机变量分为离散型随机变量与连续型随机变量两种，随机变量的函数仍为随机变量。有些随机变量，它全部可能取到的不相同的值是有限个或可列无限多个，也可以说概率 1 以一定的规律分布在各个可能值上。这种随机变量称为"离散型随机变量"。当随机变量的可取值全体为一离散集时，称其为离散型随机变量。选项

B、C 是概率分布的两条基本性质。

4. CDA

【解析】 需要注意题干设计了计算,尤其是每个选项的顺序不能错。

5. AB

【解析】 相关系数具有的性质。描述的是两个变量间线性相关强弱的程度。ρ_{xy} 的取值在 -1 与 $+1$ 之间,若 $\rho_{xy}>0$,表明两个变量是正相关,即一个变量的值越大,另一个变量的值也会越大;若 $\rho_{xy}<0$,表明两个变量是负相关,即一个变量的值越大另一个变量的值反而会越小。ρ_{xy} 的绝对值越大表明相关性越强,要注意的是这里并不存在因果关系。若 $\rho_{xy}=0$,表明两个变量间不是线性相关,但有可能是其他方式的相关。

6. AB

【解析】 将总体中的抽样单元按一定顺序排列,在规定的范围内随机抽取一个或一组初始单元,然后按照一定规则确定其他样本单元的抽样叫作系统抽样。系统抽样分为等距抽样和定位系统抽样。

7. ABD

【解析】 采用抽样检验检测方式首先就要制定抽样方案,方案的合理性涉及最终检验检测结果的真实性,所以方案要全面细致,这里包括了方案的部分必要内容。

8. ABC

【解析】 本题主要想介绍计数抽样的一些知识。与计数抽样相比,计量抽样检验所需的样本量少,获得的信息多。但是,对样本质量特性的计量和测定较检查产品是否合格所需的时间长、工作量大、费用高,并需要具备一定的设备条件,判断程序比较复杂。当检验指标多时,采用计量抽样检验是不合适的,因为每个特性值都需要单独考虑。对大多数检验指标采用计数抽样检验,仅对一两个重要指标采用计量抽样检验,两者配合,效果较好。在计量抽样检验时,一批产品质量的好坏是根据样本质量特性值的平均值、标准差或不合格品率作为标准来判定的。对于以平均值和不合格品率作为批质量指标的抽样,其计量抽检方案都是将样本平均值或不合格品率与一个判定界限比较来进行判断。在计量抽样检验中,通常假定质量特性服从正态分布。因此,只有确认质量特性服从正态分布,才能有效采用计量抽样检验。

第十一章　仪器设备计量溯源及期间核查

复习提示

本章涉及的相关文件有:《公路工程试验检测仪器设备服务手册》《水运工程试验检测仪器设备检定/校准指导手册》《公路专用试验检测仪器设备计量管理目录(2024 年)》《水运专用试验检测仪器设备计量管理目录(2024 年)》《分析仪器通用技术条件》(GB/T 12519—2021)。

习题

一、单项选择题

1. 下列关于选择试验检测仪器设备期间核查标准的说法,错误的是(　　)。
   A. 若存在合适的比较稳定的实物量具,就可以作为核查标准
   B. 若存在合适的比较稳定的被测物品,也可选用一个被测物品作为核查标准
   C. 机构应对所有在用仪器设备开展期间核查,尤其是那些性能稳定,使用频率不高,不易损坏的仪器设备更需要进行期间核查
   D. 若对于某个仪器设备,不存在可作为核查标准的实物量具或稳定的被测物品,则可不进行期间核查

2. 按照《公路工程试验检测仪器设备服务手册》规定,设备必须具有唯一标识,10 位编码里除 GL 外其余采用阿拉伯数字,从左向右第一个两位编码表示(　　)。
   A. 领域　　　　　B. 项目　　　　　C. 设备序号　　　　D. 专业

3. 根据《公路工程试验检测仪器设备服务手册》的规定,公路专用试验检测设备按照溯源方式进行分类。下列不属于溯源方式分类的是(　　)。
   A. 通用类　　　　　　　　　　B. 专用类
   C. 工具类　　　　　　　　　　D. 技术类

4. 我们在关注仪器设备的外观状态、功能特性的同时,还必须关注量值准确性。下列选项中,(　　)是与设备量值准确性相关的。
   A. 设备型号　　　　　　　　　B. 设备精度
   C. 检验参数　　　　　　　　　D. 最大量程

5. 《公路专用试验检测仪器设备计量管理目录(2024 年)》三个专业设备中工程实体检测

的试验检测仪器设备属于( )。
　　A. 公路材料　　　　　　　　　　B. 基础设施建设
　　C. 公路交通装备　　　　　　　　D. 公路交通运营管理
6. 超限治理、特种车辆等涉及的试验检测仪器设备在专业类别上属于( )。
　　A. 交通安全与机电设施　　　　　B. 工程材料和实体检测
　　C. 道路运输装备及其系统　　　　D. 公路载运工具
7. 水上水下地形地貌扫测以及配套使用的测量仪器设备在专业类别上属于( )。
　　A. 工程结构检测　　　　　　　　B. 载运工具
　　C. 工程结构检测　　　　　　　　D. 地形地貌
8. 按照《水运专用试验检测仪器设备计量管理目录(2024年)》要求,钢筋锈蚀仪的关键计量参量是( )。
　　A. 化学量　　　　　　　　　　　B. 几何量
　　C. 电学量　　　　　　　　　　　D. 力学量
9. 混凝土贯入阻力测定仪的关键计量参数是( )。
　　A. 试针的几何量　　　　　　　　B. 测定仪的几何量
　　C. 测定仪的时间频率　　　　　　D. 测定仪的力学量
10. 下列选项中,不属于分析仪器的技术参数主要特征的是( )。
　　A. 测量范围　　　　　　　　　　B. 分辨率
　　C. 测量对象　　　　　　　　　　D. 最小检测量
11. 对仪器技术状态的描述,一般由( )、功能、性能特性三部分组成。
　　A. 精密度　　　　　　　　　　　B. 准确度
　　C. 技术参数　　　　　　　　　　D. 灵敏度
12. 在仪器的命名上,通常被称作"仪"的是( )。
　　A. 测量对象为工程地基土原位测试的仪器
　　B. 测量单一物质量(不含气体)并赋值的专用分析仪器
　　C. 由样品处理、分析仪器、数据管理和辅助设施等(或部分)组成,实现从样品提取到输出分析结果全过程的分析仪器
　　D. 通过分析图像,研究物质表面的形态形貌的分析仪器
13. 《分析仪器通用技术条件》(GB/T 12519—2021)规定,仪器贮存的环境条件是( )。
　　A. 5~30℃;相对湿度30%~90%　　B. 16~26℃;相对湿度30%~95%
　　C. 0~40℃;相对湿度不大于85%　　D. 16~26℃;相对湿度不小于85%
14. 仪器的随机文件不包括( )。
　　A. 使用说明书　　　　　　　　　B. 检定校准证书
　　C. 产品合格证　　　　　　　　　D. 装箱单

二、判断题

1. 仪器设备的检验参数是指除外观质量等目测、手感项目外的,影响仪器设备量值准确性

的技术参数。（ ）

2.《公路工程试验检测仪器设备服务手册》只适用于公路工程等级试验检测机构的检定/校准工作。（ ）

3.沥青针入度试验仪校准/检定的关键计量参数是热工量的温度。（ ）

4.测量单一物质量（不含气体）并赋值的专用分析仪器,宜称作分析器。（ ）

5.试验时使用的测量设备、标准物质（或实物标样、工作标准样品）等的不确定度不大于仪器规定的示值误差的三分之一。（ ）

6.技术参数是指测量或分析仪器性能的客观指标,可以用于评估仪器在不同工作条件下的稳定性和精度。仪器主要技术参数的数值越好,则说明仪器表现越佳。（ ）

三、多项选择题

1.对于仪器设备期间检查,下列表述不正确的有(　　)。
　A.期间检查就是确认仪器设备的基本功能是否正常
　B.期间核查必须严格按照计量检定规程开展
　C.对于期间核查发现技术状态偏离的,应当重新确定仪器设备的使用状态,并甄别该偏离对以往所出具数据报告的影响
　D.一次严密的期间核查可以代替量值溯源

2.期间核查可以采用的方式是(　　)。
　A.仪器间的比对　　　　　　　　B.标准物质验证
　C.方法比对　　　　　　　　　　D.加标回收

3.设备确认是对设备检定/校准结果的符合性评定。评定结果就是确认(　　)。
　A.仪器设备的关键量和示值误差是否满足使用要求
　B.仪器设备的关键量和示值误差是否满足检测标准使用要求
　C.仪器设备的关键量和示值误差是否满足客户使用要求
　D.仪器设备的关键量和示值误差是否可以用于检测活动

4.《公路专用试验检测仪器设备计量管理目录（2024年）》将公路专用试验检测仪器设备划分为(　　)等专业。
　A.公路材料　　　　　　　　　　B.基础设施建设
　C.交通装备　　　　　　　　　　D.交通运营管理

5.《水运专用试验检测仪器设备计量管理目录（2024年）》将水运专用试验检测仪器设备划分为(　　)等专业。
　A.基础设施建设　　　　　　　　B.水运装备
　C.水运结构　　　　　　　　　　D.水运支撑保障

6.按照《公路专用试验检测仪器设备计量管理目录（2024年）》要求,水泥电动抗折试验机的关键计量参量包括(　　)。
　A.力学量　　　　　　　　　　　B.几何量
　C.时间频率　　　　　　　　　　D.热工量

7.按照《水运专用试验检测仪器设备计量管理目录（2024年）》要求动力触探仪的关键计

量参量包括( )。
 A. 电磁量　　　　　　　　　　B. 几何量
 C. 电学量　　　　　　　　　　D. 力学量

8. 仪器性能是指仪器在使用时能够发挥出的功能和特性,包括( )等。
 A. 准确度　　　　　　　　　　B. 稳定性
 C. 重复性　　　　　　　　　　D. 灵敏度

9. 仪器按照应用场合分为( )。
 A. 实验室用仪器　　　　　　　B. 便携或移动式仪器
 C. 热学式仪器　　　　　　　　D. 光学式仪器

10. 仪器的工作条件包括( )。
 A. 工作环境　　　　　　　　　B. 工作场地
 C. 参比工作条件　　　　　　　D. 正常工作条件

11. 仪器外观应该满足的要求是( )。
 A. 结构合理,形象美观
 B. 铭牌及标志应耐久和清晰,内容符合相关法规、标准的要求
 C. 外观整洁、色泽均匀、无毛刺
 D. 仪器可拆部分应能方便地拆装

习题参考答案及解析

一、单项选择题

1. C

【解析】 期间核查的概念。了解需要进行期间核查的几种情形。检验检测机构应根据设备的稳定性和使用情况来判断设备是否需要进行期间核查,判断依据包括但不限于:a)设备检定或校准周期;b)历次检定或校准结果;c)质量控制结果;d)设备使用频率;e)设备维护情况;f)设备操作人员及环境的变化;g)设备使用范围的变化。

2. D

【解析】《公路工程试验检测仪器设备服务手册》(一)编号,如下图。

```
GL  □□  □□  □□□□
    专业  项目  设备
```

3. D

【解析】《公路工程试验检测仪器设备服务手册》规定,根据溯源方式将其分为通用类、专用类和工具类三类,按照行业习惯,一般用Ⅰ类、Ⅱ类和Ⅲ类表示。

4. C

【解析】《公路工程试验检测仪器设备服务手册》(五)。检验参数是指除外观质量等

目测、手感项目外的,影响仪器设备量值准确性的技术参数。

5. B

【解析】《公路专用试验检测仪器设备计量管理目录(2024年)》一、总体情况。根据目录的内在特征和公路计量行业的具体特点,确定本目录结构如下:基础设施建设试验检测仪器设备用于公路基础设施建设质量检测,主要包括《公路水运工程质量检测机构资质等级条件》(交安监发〔2023〕140号)工程材料、实体检测、工程结构检测领域使用的试验检测仪器设备,以及物探领域使用的试验检测仪器设备,具体如下。

100　基础设施建设试验检测仪器设备

类别编号	专业类别	类别内容说明
101	工程材料和实体检测	工程材料、实体检测过程中涉及的试验检测仪器设备
102	工程结构检测	工程结构检测过程中涉及的试验检测仪器设备

6. C

【解析】《公路专用试验检测仪器设备计量管理目录(2024年)》二、管理目录结构图"200 交通装备试验检测仪器设备",具体如下。

200　交通装备试验检测仪器设备

类别编号	专业类别	类别内容说明
201	公路载运工具	汽车、电动车检测、汽车维修、车载装置等涉及的试验检测仪器设备
202	道路运输装备及其系统	超限治理、特种车辆等涉及的试验检测仪器设备

7. D

【解析】《水运专用试验检测仪器设备计量管理目录(2024年)》二、管理目录结构图"300 水运支撑保障测量仪器设备",具体如下。

300　水运支撑保障测量仪器设备

类别编号	专业类别	类别内容说明
301	水文环境	港口与航道水文环境观测所涉及的测量仪器设备
302	地形地貌	水上水下地形地貌扫测以及配套使用的测量仪器设备
303	节能环保	水运领域噪声、排放和节能监测所涉及的测量仪器设备

8. C

【解析】《水运专用试验检测仪器设备计量管理目录(2024年)》三、管理目录明细表"101 工程材料检测",具体如下。

101　工程材料检测

序号	目录编号	技术规范编号	仪器设备名称	宜定级别	实施日期	关键计量参数
1	101.1	JJG(交通)146—2020	钢筋锈蚀仪	JJG(交通)	2020.07.01	电学量

9. D

【解析】《公路专用试验检测仪器设备计量管理目录(2024年)》三、管理目录明细表"101 工程材料检测",具体如下。

序号	目录编号	技术规范编号	仪器设备名称	宜定级别	实施日期	关键计量参数
35	101.35	JJG(交通)095—2009	混凝土贯入阻力测定仪	JJG(交通)	2009.11.01	力学量

10. B

【解析】《分析仪器通用技术条件》(GB/T 12519—2021)3.2 技术参数。对仪器主要特征(测量对象、测量范围、最小检测量、输入量、输出量等)的描述。

11. C

【解析】《分析仪器通用技术条件》(GB/T 12519—2021)3.1 质量特性。对仪器技术状态的描述,一般由技术参数、功能、性能特性三部分组成。

12. A

【解析】选项 A 的仪器如静力触探仪是符合《分析仪器通用技术条件》"仪"的定义的。《分析仪器通用技术条件》(GB/T 12519—2021)4.2.2 仪器的命名。仪器确定"计""分析器""镜""系统"和"仪"的含义和命名方法如下:

a)测量单一物质量(不含气体)并赋值的专用分析仪器,宜作"计",如 pH 计、盐量计、黏度计等;

b)测量对象为气体的仪器,可叫作"分析器",如一氧化碳分析器、二氧化碳分析器等;

c)通过分析图像,研究物质表面的形态形貌的分析仪器,可叫作"镜",如透射电子显微镜、扫描电子显微镜等;

d)由样品处理、分析仪器、数据管理和辅助设施等(或部分)组成,实现从样品提取到输出分析结果全过程的分析仪器,一般叫作"系统",如空气质量监测系统、水质监测系统等;

e)除 a)、b)、c)和 d)情况以外的分析仪器通常(或一般)都叫作"仪"。

13. C

【解析】《分析仪器通用技术条件》(GB/T 12519—2021)8.4 贮存。仪器贮存的温度为 0~40℃,相对湿度不大于 85%,室内无酸、碱及腐蚀性气体,必要时可在产品标准中特殊规定。

14. B

【解析】《分析仪器通用技术条件》(GB/T 12519—2021)8.2.3。随机文件,包括:a)装箱单;b)产品合格证;c)使用说明书,按 GB/T 9969 规定,关于安全警示内容见 GB 4793.1—2007 第 5 章有关规定;d)备件清单等。

二、判断题

1. √

【解析】《公路工程试验检测仪器设备服务手册》(五)。检验参数是指除外观质量等目测、手感项目外的,影响仪器设备量值准确性的技术参数。

2. ×

【解析】《公路工程试验检测仪器设备服务手册》二、适用范围。不仅适用于等级试验检测机构,也适用于监督检查、信用评价等活动。

3. ×

【解析】 按照《水运专用试验检测仪器设备计量管理目录(2024年)》三、管理目录明细表"101 工程材料检测"。关键计量参数是热工量和几何量(试针的角度、直径、长度等几何量),具体如下。

序号	目录编号	技术规范编号	仪器设备名称	宜定级别	实施日期	关键计量参量
18	101.18	JJG(交通)067—2020	沥青针入度试验仪	JJG(交通)	2021.01.01	几何量、热工量

4. ×

【解析】 应该是"计"。《分析仪器通用技术条件》(GB/T 12519—2021)4.2.2 仪器的命名。仪器确定"计""分析器""镜""系统"和"仪"的含义和命名方法如下:a) 测量单一物质量(不含气体)并赋值的专用分析仪器,宜作"计",如 pH 计、盐量计、黏度计等;b) 测量对象为气体的仪器,可叫作"分析器",如一氧化碳分析器、二氧化碳分析器等。

5. √

【解析】《分析仪器通用技术条件》(GB/T 12519—2021)6.1.2.2。试验时使用的测量设备、标准物质(或实物标样、工作标准样品)等的不确定度不大于仪器规定的示值误差的三分之一。这时,测量试验产生的误差可以忽略。

6. ×

【解析】《分析仪器通用技术条件》(GB/T 12519—2021)3.2 技术参数。对仪器主要特征(测量对象、测量范围、最小检测量、输入量、输出量等)的描述。题干定义表述不对。

三、多项选择题

1. AD

【解析】 考生需要正确理解期间核查的概念。期间核查是为保持对设备校准状态的可信度,在两次检定之间进行的核查,包括设备的期间核查和参考标准器的期间核查。为了解仪器状态,维护仪器设备在两次校准期间校准状态的可信度,减少由于仪器稳定性变化造成的结果偏差,有必要对其进行检查,除了在开机前和关机后检查仪器外,对重要的检测设备在两次周期检定(校准)之间需进行期间核查。最终使其满足监测工作要求,保证监测结果的质量。

2. ABCD

【解析】 这里把对仪器设备进行期间核查可以采用的方法都罗列在四个选项中,目的是帮助考生全面记忆期间核查的方法。

3. ABCD

【解析】 检验检测仪器设备在进行完设备的检定/校准后,如何使用检定/校准结果,是现在大多数检验检测机构的薄弱环节。本题设计的目的,主要是让我们知道应该利用检定/校准结果对本机构的仪器设备进行"确认",确认的目的是什么,以及确认什么。

4. BCD

【解析】 《公路专用试验检测仪器设备计量管理目录(2024年)》一、总体情况。公路专用试验检测仪器设备划分为基础设施建设、交通装备、交通运营管理三个专业。

5. ABD

【解析】 《水运专用试验检测仪器设备计量管理目录(2024年)》一、总体情况。水运专用试验检测仪器设备划分为基础设施建设、水运装备、水运支撑保障三个专业。

6. AB

【解析】 《公路专用试验检测仪器设备计量管理目录(2024年)》三、管理目录明细表"101工程材料检测",具体如下。

101 工程材料和实体检测

序号	目录编号	技术规范编号	仪器设备名称	宜定级别	实施日期	关键计量参量
1	101.1	JJG(交通)023—2020	沥青延度试验仪	JJG(交通)	2021.01.01	几何量、热工量
2	101.2	JJG(交通)024—2020	八轮连续式平整度仪	JJG(交通)	2021.01.01	几何量
3	101.3	JJG(交通)025—2020	贝克曼梁路面弯沉仪	JJG(交通)	2003.03.01	几何量
4	101.4	JJG(交通)048—2020	水泥电动抗折试验机	JJG(交通)	2024.02.09	力学量、几何量

7. BD

【解析】 《水运专用试验检测仪器设备计量管理目录(2024年)》三、管理目录明细表"102工程结构检测",具体如下。

序号	目录编号	技术规范编号	仪器设备名称	宜定级别	实施日期	关键计量参量
35	102.10	JJG(交通)169—2020	动力触探仪	JJG(交通)	2021.01.01	几何量、力学量

8. ABCD

【解析】 《分析仪器通用技术条件》(GB/T 12519—2021)3.3。性能特性是指对仪器使用性能(灵敏度、准确度、重复性、稳定性等)的定量描述,是仪器检验、交(付)收时的定量考核依据。

9. AB

【解析】 《分析仪器通用技术条件》(GB/T 12519—2021)4.1分类。

4.1.1 按检测原理分为电化学式仪器、光学式仪器、色谱仪器、质谱仪器、波谱仪器、能谱和射线仪器、热学式仪器等。

4.1.2 按应用场合分为实验室用仪器、便携或移动式仪器、在线或过程仪器等。

10. CD

【解析】《分析仪器通用技术条件》(GB/T 12519—2021)5.1 仪器的工作条件。仪器的工作条件包括:正常工作条件、参比工作条件、极限工作条件。

11. BCD

【解析】《分析仪器通用技术条件》(GB/T 12519—2021)5.2 外观和结构。仪器的外观和结构应满足如下要求:a) 外观整洁、色泽均匀、无毛刺;b) 铭牌及标志应耐久和清晰,内容符合相关法规、标准的要求;c) 紧固件不应松动、各种调节件灵活,功能正常;d) 仪器可拆部分应能方便地拆装。

第十二章　公路水运工程质量检验评定相关标准基础知识

复习提示

本章涉及的相关文件有:《公路工程质量检验评定标准　第一册　土建工程》(JTG F80/1—2017)及《公路养护工程质量检验评定标准　第一册　土建工程》(JTG 5220—2020)。

习题

一、单项选择题

1. 依据《公路工程质量检验评定标准　第一册　土建工程》(JTG F80/1—2017)定义,评定是对分项工程、分部工程、单位工程和合同段的质量进行(　　),并确定其质量等级的活动。
   A. 检查　　　　B. 量测　　　　C. 核查　　　　D. 检验

2. 依据《公路工程质量检验评定标准　第一册　土建工程》(JTG F80/1—2017)定义,关键项目是(　　)对结构安全、耐久性和主要使用功能起决定性作用的检查项目。
   A. 分部工程　　B. 单位工程　　C. 分项工程　　D. 建设项目

3. 关键项目的合格率应不低于(　　),否则该检查项目为不合格。
   A. 90%　　　　B. 95%　　　　C. 100%　　　　D. 80%

4. 实测项目检验是对检测项目按规定的检测方法和频率进行(　　)并计算合格率。
   A. 现场抽样检查　　　　　　B. 系统抽样
   C. 随机抽样检验　　　　　　D. 现场随机抽样

5. 工程质量评定的等级分为(　　)。
   ①优秀;②良好;③合格;④不合格。
   A. ①④　　　　B. ①②　　　　C. ②③　　　　D. ③④

6. 对评定为不合格的分项工程的处置方法,下列描述正确的是(　　)。
   A. 评定为不合格的分项、分部工程,经返工、加固满足设计要求后,可以重新进行质量检验和评定
   B. 评定为不合格的分项、分部工程,经补强或调测满足设计要求后,可以重新进行质量

检验和评定

C. 评定为不合格的分项、分部工程，经返工、加固、补强或调测满足设计要求后，可以重新进行质量检验和评定

D. 评定为不合格的分项、分部工程，经返工、加固、补强或调测满足设计要求后，可以重新进行质量检验和评定；但计算分部工程评分值时按其复评分值的90%计算

7. 按照《公路工程质量检验评定标准　第一册　土建工程》（JTG F80/1—2017）要求，水泥砂浆强度的评定每组试件是（　　）个。

A. 12　　　　　　B. 9　　　　　　C. 3　　　　　　D. 2

8. 作为路基、排水及支挡养护工程的养护单元，路基养护工程长度不超过（　　）km的每一处路基构造物，应按下列维修、加固的工艺或方法，分别作为一个养护单元。

A. 1　　　　　　B. 3　　　　　　C. 5　　　　　　D. 10

9. 公路养护工程实测项目中，检查项目合格判定标准是关键项目的合格率不得低于（　　）。

A. 70%　　　　　B. 80%　　　　　C. 95%　　　　　D. 100%

二、判断题

1.《公路工程质量检验评定标准　第一册　土建工程》（JTG F80/1—2017）是公路工程施工质量的最低限值标准，公路工程施工质量检验评定应以本标准为准。（　　）

2. 按照评定标准规定，分项工程应对所列基本要求逐项检查，经检查不符合规定时，不得进行工程质量的检验评定。（　　）

3. 评定过程中进行实测项目检验时，可采用本检验检测机构通过资质认定的检测方法进行检测。（　　）

4. 公路养护工程质量检验评定单元是根据养护工程性质和设施特点，结合养护施工方法、工序及规模等划分成的养护工程基本评定单位。（　　）

5. 公路养护工程质量检验评定，应按养护单元、养护工程逐级进行。（　　）

6. 公路养护工程质量检验评定应该先进行养护单元检验，然后汇总该工程各个单元质量资料，检查外观质量，进行养护工程评定。（　　）

7. 公路养护工程质量评定，外观质量只在养护单元评定时检查。（　　）

三、多项选择题

1. 分项工程应按（　　）等检验项目分别检查。

A. 基本要求　　　　　　　　　　B. 实测项目
C. 外观质量　　　　　　　　　　D. 质量保证资料

2.《公路养护工程质量检验评定标准　第一册　土建工程》（JTG 5220—2020）适用于（　　）。

A. 应急养护　　　B. 专项养护　　　C. 修复养护　　　D. 预防养护

3. 公路工程养护单元是按照（　　）等检验项目分别进行检查的。

A. 质量保证资料 B. 实测项目
C. 外观质量 D. 基本要求

4. 对于评定不合格的公路工程养护单元,应该采取(　　)措施,满足设计要求后,可重新进行检验评定。
A. 调测 B. 补强
C. 加固 D. 返工

5. 公路养护工程质量评定等级包括(　　)。
A. 优秀 B. 良好
C. 合格 D. 不合格

习题参考答案及解析

一、单项选择题

1. D

【解析】《公路工程质量检验评定标准　第一册　土建工程》(JTG F80/1—2017)2.0.2。评定是指对分项工程、分部工程、单位工程和合同段的质量进行检验,并确定其质量等级的活动。

2. C

【解析】《公路工程质量检验评定标准　第一册　土建工程》(JTG F80/1—2017)2.0.3。关键项目是指分项工程中对结构安全、耐久性和主要使用功能起决定性作用的检查项目。

3. B

【解析】注意新规范将关键项目合格率提高了5%。详见《公路工程质量检验评定标准　第一册　土建工程》(JTG F80/1—2017)3.2.5。(1)关键项目的合格率应不低于95%(机电工程为100%),否则该检查项目为不合格;(2)一般项目的合格率应不低于80%,否则该检查项目为不合格;(3)有规定极值的检查项目,任一单个检测值不应突破规定极值,否则该检查项目为不合格。

4. C

【解析】注意选项A是2004版的提法,选项B系统抽样是随机抽样方法之一。详见《公路工程质量检验评定标准　第一册　土建工程》(JTG F80/1—2017)3.2.4。对检查项目按规定的应按照规定的检查方法和频率进行随机抽样检验并计算合格率。

5. D

【解析】《公路工程质量检验评定标准　第一册　土建工程》(JTG F80/1—2017)3.3.1。工程质量等级应分为合格与不合格。

6. C

【解析】注意选项D是2004版评定标准的处置方法。详见《公路工程质量检验评定

标准　第一册　土建工程》(JTG F80/1—2017)3.3.6。评定为不合格的分项、分部工程,经返工、加固、补强或调测满足设计要求后,可以重新进行质量检验和评定。

7. C

【解析】《公路工程质量检验评定标准　第一册　土建工程》(JTG F80/1—2017)附录F.0.1。以标准养护28d是试件为准,试件为边长70.7mm的立方体,每组3个试件。

8. A

【解析】《公路养护工程质量检验评定标准　第一册　土建工程》(JTG 5220—2020)A.0.1。路基养护工程:长度不超过1km的每一处路基构造物应按下列维修、加固的工艺或方法,分别作为一个养护单元,包括:填方土边坡修复,土方路基修复,填石路基修复。每一处的长度较短时,可将3～5处相同维修、加固的工艺或方法合并作为一个养护单元。

9. C

【解析】《公路养护工程质量检验评定标准　第一册　土建工程》(JTG 5220—2020)3.2.5。实测项目中检查项目合格判定应符合下列规定:(1)关键项目(在检查项目项次后以"△"标识)的合格率不得低于95%,属于工厂加工制造的桥梁金属构件的合格率应为100%,不符合要求时该检查项目应为不合格。(2)一般项目的合格率应不低于80%,不符合要求时该检查项目应为不合格。(3)有规定极值的检查项目,任一单个检测值都不得突破规定极值,不符合要求时该检查项目应为不合格。

二、判断题

1. √

【解析】《公路工程质量检验评定标准　第一册　土建工程》(JTG F80/1—2017)1.0.3。本标准是公路工程施工质量的最低限值标准,公路工程施工质量检验评定应以本标准为准。注意要强调的是最低限值标准,明确了本标准在施工质量检验中具备的必须执行而且唯一性特性,其刚性要求得到加强。

2. √

【解析】《公路工程质量检验评定标准　第一册　土建工程》(JTG F80/1—2017)3.2.3第1款。分项工程应对所列基本要求逐项检查,经检查不符合规定时,不得进行工程质量的检验评定。注意新的评定标准把验收和判定分开进行,在取消评分制的情况下,新的评价层次需要梳理,可表述为:建设项目→合同段→单位工程→分部工程→分项工程→检验项目(基本要求、实测项目、外观质量和质量保证资料)→实测项目(实测项目表)→检查项目(表中所列)→检测指标(有些检查项目如平整度等包括多个指标)。

3. ×

【解析】《公路工程质量检验评定标准　第一册　土建工程》(JTG F80/1—2017)3.2.4第2款。本标准规定的检测方法为标准方法,采用其他高效检测方法时,应经比对试验确认其可靠性。注意这里指的标准方法,就是本标准中实测项目表中规定的"检查方法和频率"表述的方法。比如,表4.2.2土方路基实测项目中,压实度项目标准方法是"密度法";表7.2.2水泥混凝土面层实测项目中,平整度标准方法是"平整度仪法"和"3m直尺法"。

4.√

【解析】《公路养护工程质量检验评定标准 第一册 土建工程》(JTG 5220—2020) 2.0.1。养护工程质量检验评定单元是指根据养护工程性质和设施特点,结合养护施工方法、工序及规模等划分成的养护工程基本评定单位,简称"养护单元"。

5.√

【解析】《公路养护工程质量检验评定标准 第一册 土建工程》(JTG 5220—2020) 3.1.2。养护工程质量检验评定应按养护单元、养护工程逐级进行。

6.√

【解析】《公路养护工程质量检验评定标准 第一册 土建工程》(JTG 5220—2020) 3.1.3。养护工程质量检验评定应符合下列要求:(1)养护单元完工后,应根据本标准进行检验,对工程质量进行评定。隐蔽工程在隐蔽前应检查合格。(2)养护工程完工后,应汇总评定所属养护单元质量资料,检查外观质量,对工程质量进行评定。

7.×

【解析】《公路养护工程质量检验评定标准 第一册 土建工程》(JTG 5220—2020)。

3.3.2 养护单元工程质量评定为合格应同时符合下列规定:(1)检验记录应完整;(2)质量保证资料应符合规定;(3)所含实测项目的质量均应合格;(4)外观质量应满足要求。

3.3.3 养护工程质量评定为合格应同时符合下列规定:(1)评定资料应完整;(2)所含各养护单元的质量均应合格;(3)外观质量应满足要求。

三、多项选择题

1. ABCD

【解析】《公路工程质量检验评定标准 第一册 土建工程》(JTG F80/1—2017) 3.2.1。检验项目应按基本要求、实测项目、外观质量和质量保证资料分别检查。

2. BCD

【解析】《公路养护工程质量检验评定标准 第一册 土建工程》(JTG 5220—2020) 1.0.2。本标准适用于各等级公路养护工程的质量检验评定,不适用于公路应急养护工程。应急养护是指在突发情况下路基严重损坏或损毁,并危及或已造成交通中断,以快速恢复安全通行能力为目标,进行的应急性抢通、保通和抢修养护工程。

【条文说明】交通运输部《公路养护工程管理办法》(交公路发〔2018〕33号)将养护工程按养护目的和养护对象分为预防养护、修复养护、专项养护和应急养护。本标准适用于其中的预防养护、修复养护、专项养护,但是不适用于临时性应急养护,原因是临时性应急性抢通、保通、抢修难以按正常工程进行质量控制。

3. ABCD

【解析】《公路养护工程质量检验评定标准 第一册 土建工程》(JTG 5220—2020)3.2.1。养护单元应按基本要求、实测项目、外观质量和质量保证资料等检验项目分别检查。

4. ABCD

【解析】《公路养护工程质量检验评定标准 第一册 土建工程》(JTG 5220—2020)3.3.4。评定为不合格的养护单元,必须进行返工、加固、补强或调测,满足设计要求后,可重新进行检验评定。

5. CD

【解析】《公路养护工程质量检验评定标准 第一册 土建工程》(JTG 5220—2020)3.3.1。养护工程质量等级应分为合格与不合格。

第二部分 典型易错题剖析

考生在做练习题或者考试中,会经常出现各种所谓的"易错题"。这些易错题要么是题目通常设置一些"陷阱"或强干扰项,要么是主观认知上的偏差。如:有的是考生没能准确记忆一些常规数据;有的是题目的非主流选项干扰了考生对正确选项的把握,考生一旦分析不到位,便容易选择非准确选项;有的是题目按逆向思维设置,而考生却按正向思维作答;有的是考生对概念的理解不够清晰明确,容易被相近概念的干扰选项所迷惑;有的是题目设置了日常工作中机构和人员一些错误的习惯做法,造成考生作答不正确。此外,还有的是计算错误。因此本书通过对易错题归类、汇总以及分析总结,希望考生在做题时从错误答案中吸取经验教训;同时为考生找出带有一定规律性的一些错误,避免重复犯错。

下面摘选了一些典型易错题目并进行分类剖析。

一、常规数据记忆出错

1.(判断题)建设单位违反《建设工程质量管理条例》规定,明示或者暗示设计单位或者施工单位使用不合格的建筑材料、建筑构配件和设备的,责令整改处 50 万以上 100 万以下罚款。

【错误答案】√

【答案解析】正确答案是:处 20 万以上 50 万以下的罚款。此题就属于记不住金额数据。法律法规关于法律责任或者处罚中,必然涉及一些处罚金额数据,需要我们去记忆。比如,《中华人民共和国计量法实施细则》第四十六条规定,使用不合格计量器具或者破坏计量器具准确度和伪造数据,给国家和消费者造成损失的,责令其赔偿损失,没收计量器具和全部违法所得,可并处 2000 元以下的罚款。第五十条规定,未取得计量认证合格证书的产品质量检验机构,为社会提供公证数据的,责令其停止检验,可并处 1000 元以下的罚款。《中华人民共和国认证认可条例》第五十六条规定,未经批准擅自从事认证活动的,予以取缔,处 10 万元以上 50 万元以下的罚款,有违法所得的,没收违法所得。类似知识点涉及的数据较多且相近,考生最容易出现记忆混淆。

2.(单项选择题)评审组长在收到检验检测机构的整改材料后,应当在(　　)个工作日内组织评审组成员完成跟踪验证。

A. 5　　　　　　B. 15　　　　　　C. 30　　　　　　D. 60

【错误答案】C

【答案解析】正确答案是:5 个工作日。《检验检测机构资质认定评审准则》附件1《检验检测机构资质认定　现场评审工作程序》4.5.2。评审组长在收到检验检测机构的整改材料后,应当在 5 个工作日内组织评审组成员完成跟踪验证。本科目考试中涉及时限的内容很多,同时还有"天""日""工作日"的区别,考生应准确记忆。

二、条文记忆不够准确

1.（单项选择题）资质认定是指市场监督管理部门依照法律、行政法规规定,对向社会出具具有证明作用的数据、结果的检验检测机构的基本条件和技术能力是否符合法定要求实施的(　　)。

　　A.资格许可　　　B.行政许可　　　C.行为许可　　　D.评价许可

【错误答案】A

【答案解析】《检验检测机构资质认定管理办法》第二条规定,本办法所称资质认定,是指市场监督管理部门依照法律、行政法规规定,对向社会出具具有证明作用的数据、结果的检验检测机构的基本条件和技术能力是否符合法定要求实施的评价许可。

　　平时我们比较熟悉的是选项A、B,但资质认定应该是评价许可(即正确答案为D),按照《中华人民共和国行政许可法》定义,其是指行政机关按照一定的程序对其设定或者实施的行政许可进行综合性评判的活动。

2.（多项选择题）公民、法人或者其他组织依法取得的行政许可受法律保护,但当行政许可所依据的法律、法规、规章修改或者废止,或者准予行政许可所依据的客观情况发生重大变化的,为了公共利益的需要,行政机关可以依法(　　)或者(　　)已经生效的行政许可。

　　A.改变　　　B.变更　　　C.撤销　　　D.撤回

【错误答案】AB

【答案解析】正确答案是CD,见《中华人民共和国行政许可法》第八条。公民、法人或者其他组织依法取得的行政许可受法律保护,行政机关不得擅自改变已经生效的行政许可。行政许可所依据的法律、法规、规章修改或者废止,或者准予行政许可所依据的客观情况发生重大变化的,为了公共利益的需要,行政机关可以依法变更或者撤回已经生效的行政许可。

　　这里需注意"撤销"与"撤回"的区别。撤销:已经生效的行政许可基于实施过程中行政主体或被许可人的违法因素而被行政主体取消其效力;适用情形是违法获得许可而合法从事被许可行为。撤回:因行政许可所依据的客观情形发生重大变化、法律依据修改或废止而由行政主体取消其效力。

三、概念掌握不牢靠

1.（多项选择题）以下术语中,可以定量表示的是(　　)。

　　A.测量准确度　　　　　　B.测量正确度
　　C.测量精密度　　　　　　D.测量不确定度

【错误答案】AB

【答案解析】准确度是指在一定实验条件下多次测定的平均值与真值相符合的程度,它用来表示误差的大小。正确度是指大量测定的均值与真值的接近程度,它用来表示测量结果中系统误差大小的程度。精密度表示测量的再现性,是保证准确度的先决条件,通常以算术平均差、极差、标准差或方差来量度。测量不确定度是与测量结果相关联的一个参数,用于表征合理赋予被测量的值的分散性。所得测量结果的分散性可按贝塞尔公式算出,并用重复性标准

(偏)差 s_r 或复现性标准(偏)差 s_R 表示。故正确答案为 CD。

《公共基础》科目中的知识点包含许多概念,而这些概念之间存在相近或相似。比如:准确度与正确度,绝对误差与相对误差,设备技术状态与设备管理状态等,只有分清楚各个概念,才能作出正确的选择。

2.(多项选择题)以下选项中,属于实物量具的有(　　)。
　　A. 电子天平　　　　　　　　　　B. 量块
　　C. 水银温度计　　　　　　　　　D. 标准电阻器
【错误答案】BCD
【答案解析】"度、量、衡"是我们生活中随时在使用的概念,题干要求考生能够区分量具和衡器这两个相近的概念。量具是实物量具的简称,它是一种在使用时具有固定形态、用以复现或提供给定量的一个或多个已知量值的器具。《通用计量术语及定义》(JJF 1001—2011)6.5 给出了实物量具的实例:砝码、标准电阻器、量块、标准信号发生器等。体温计、测压仪能指示出温度、气压值,但本身并不能提供实际温度和气压,而只是指示出人体温度、所测气压的一种等效信息,是非实物量具。衡是指测量物体轻重的工具,在中国古代,铢、两、斤、钧、石五者都为用作重量的单位。计量长短的器具称为度,测定计算容积的器皿称为量,测量物体轻重的工具称为衡。选项 A 为衡器,选项 C 为非实物量具,故正确答案为 BD。

3.(多项选择题)用游标卡尺对一个标称值为 x 的量块进行测量,测得值为 x_Q,则对测量误差的表示正确的有(　　)。
　　A. $x-x_Q$　　　　B. $|x-x_Q|$　　　　C. $(x-x_Q)/x_Q$　　　　D. $|x-x_Q|/x$
【错误答案】BD
【答案解析】本题需要考生知道误差的表示方法。具体可分为绝对误差、相对误差、引用误差(用百分数表示)、标称误差[标称误差=(最大的绝对误差)/量程×100%]、基值误差、零值误差、固有误差等。而四个选项涉及的是绝对误差、相对误差的概念,只是用绝对值符号(选项 B、D)混淆了视线而已。故正确答案为 AC。

四、审题粗心大意

1.(单项选择题)根据《公路工程试验检测仪器设备服务手册》的规定,公路专用试验检测设备根据溯源方式分类,下列不属于溯源方式分类的是(　　)。
　　A. 通用类　　　　B. 专用类　　　　C. 工具类　　　　D. 技术类
【错误答案】C
【答案解析】《公路工程试验检测仪器设备服务手册》根据溯源方式的不同,将试验检测仪器设备分为通用类、专用类和工具类三类,按照行业习惯,一般用Ⅰ类、Ⅱ类和Ⅲ类表示。考生如果知道仪器设备的分类,用排除法就能得出判断。故正确答案为 D。

2.(单项选择题)检验检测工作的最终产品是(　　)。
　　A. 检验检测数据　　B. 检验检测记录　　C. 意见和解释　　D. 检验检测报告
【错误答案】A
【答案解析】我们经常说,检验检测机构的产品不是公路桥梁这样的实体,而是生产出科学、真实的数据。而数据的实物载体则是记录报告。粗心一看,答案好像是选项 A,但报告才是试验检测产生的最终产品。故正确答案为 D。

五、条文理解不到位（包括词义理解错误、界限不清）

1. (单项选择题)《检测和校准实验室能力的通用要求》(ISO/IEC 17025:2017)关于实验方法的选择和验证,以下说法不正确的是(　　)。

　　A. 实验室引入的方法可直接使用,不需要验证
　　B. 为方便操作人员使用,可以对国家标准进行细化或进一步说明
　　C. 对所有实验室活动方法的偏离,应获得授权并被客户接受
　　D. 当客户未指定所用的方法时,实验室制定或修改的方法可作为备选方法

【错误答案】B

【答案解析】题干中"不正确的是"属于反向思维的提法。如何理解试验方法的选择和验证?《检测和校准实验室能力的通用要求》7.2.1.5 规定,实验室在引入方法前,应验证能够正确地运用该方法,以确保实现所需的方法性能。应保存验证记录。如果发布机构修订了方法,应依据方法变化的内容重新进行验证。

非标准方法应进行确认,标准方法应进行验证。选项 B 并不是方法的选择和验证,而是以作业指导书形式方便实际操作者使用。选项 D 属于非标方法中的自制方法,也需要进行验证。选项 A 说"不需要验证"显然不符合《检测和校准实验室能力的通用要求》对实验方法的验证和确认的规定。故正确答案为 A。

2. (单项选择题)检验检测机构应该在资质认定证书规定的(　　)范围内,依据相关标准或者技术规范规定的程序和要求,出具检验检测数据、结果。

　　A. 检测条件　　　B. 检测能力　　　C. 检测参数　　　D. 技术能力

【错误答案】C

【答案解析】《检验检测机构资质认定管理办法》第十九条规定,检验检测机构应当在资质认定证书规定的检验检测能力范围内,依据相关标准或者技术规范规定的程序和要求,出具检验检测数据、结果。

本题需要仔细分析一下,该办法的第十五条规定,资质认定证书内容包括:发证机关、获证机构名称和地址、检验检测能力范围、有效期限、证书编号、资质认定标志。选项 A、D 并不是证书内容。证书中,是采用检测参数(选项 C)来表述一个机构的检测能力的。此外,资质认定和交通行业等级管理都是用参数进行管理的。故正确答案为 B。

六、分析不到位

1. (单项选择题)根据《工地试验室标准化建设要点》(厅质监字〔2012〕200 号)的规定,超出母体检测机构授权范围的试验检测项目和参数应进行外委,外委试验应向(　　)报备。

　　A. 母体试验室
　　B. 所在地交通质监机构
　　C. 项目建设单位
　　D. 所在地省级交通质监机构

【错误答案】A

【答案解析】《工地试验室标准化建设要点》4.6.1规定,工地试验室应加强外委试验管理,超出母体检测机构授权范围的试验检测项目和参数应进行外委,外委试验应向项目建设单位报备。选项B、C、D都是母体之外的机构,且都是母体的管理者,都可能是本题的答案。但是注意题干的关键词是"报备",选项B、D的职能包括对在建项目的管理,而项目建设单位不是,它只需要知道有此事而已。故正确答案为C。

2.(多项选择题)关于实验室化学危害防护,下列说法正确的是(　　)。
A. 化学品存储间应密封以防止化学药品挥发
B. 腐蚀性材料与其他样品一起存放时,应设置标识
C. 有爆炸、有毒有害品的实验室应有防爆排气措施
D. 有化学品烧伤危险的实验室,应就近设置应急喷淋器及眼睛冲洗器

【错误答案】AB

【答案解析】《检验检测实验室技术要求验收规范》(GB/T 37140—2018)7.2.1.5规定,凡进行强酸、强碱、有毒液体操作并有飞溅爆炸可能的实验室,应就近设置应急喷淋及应急眼睛冲洗器。应急眼睛冲洗器的供水压力应按产品要求确定。喷淋处应设置排水口,并在局部做适当的防水措施。

本题属于通过题干不能直接找到作答思路,或者不能得到正确提示而作出正确选择的一类题。解答时,考生需要根据题干要求,结合自己掌握的知识作出正确判断。化学检测室涉及的是易燃、易爆、剧毒、强腐蚀品,应针对不同种类采取不同措施。选项A,采取封闭显然不合理。选项B,腐蚀性材料与其他样品不能一起存放。选项C、D为针对不同危险品所采取的不同预防措施。故正确答案为CD。

3.(多项选择题)关于实验室功能区域划分中的垂直布局原则,下列说法正确的是(　　)。
A. 较大振动或噪声的设备宜布置在建筑物的底层
B. 对振动敏感的设备宜布置在建筑物顶层
C. 产生粉尘物质的实验室宜布置在建筑物的底层
D. 产生有毒有害气体的实验室宜布置在建筑物顶层

【错误答案】BC

【答案解析】《检验检测实验室技术要求验收规范》(GB/T 37140—2018)5.2.3.3规定,实验室功能区域划分中在垂直布局中应遵循如下原则:大型或重型设备宜布置在建筑物的底层;大型或重型测试样品对应的测试区域宜布置在建筑物的底层;较大振动或噪声较大的设备宜布置在建筑物的底层;对振动极其敏感的设备宜布置在建筑物的底层;需要做设备强化地基的实验室宜布置在建筑物的底层;产生有毒有害气体的实验室宜布置在建筑物的顶层;产生粉尘物质的实验室宜布置在建筑物的顶层。

分析一下四个选项:选项B,振动设备如果布置在顶层,对整个房屋结构的抗震要求就很高,而放在底层则只涉及地基处理,因此,对振动敏感的设备宜布置在建筑物的底层。选项C,粉尘如果放在底层,势必需要布设很长的抽排管道和强力的抽排设备,才能将粉尘排放到室外,因此,产生粉尘物质的实验室宜布置在建筑物的顶层。故选项B、C说法错误,正确答案

为 AD。

4.（单项选择题）当需要利用期间核查以保持设备校准状态的（　　）时，应建立和保持相关的程序。

　　A.可信度　　　　　B.可使用　　　　　C.正确　　　　　D.可持续

【错误答案】D

【答案解析】本题涉及"设备状态"，考生一看，认为可以是选项 B 或 D。进一步分析，认为比较接近正确答案的是选项 D，因为期间核查就是要保持设备的使用状态可持续。但是，题干的核心词是"校准状态"。而校准是指在规定条件下，为确定计量器具示值误差的一组操作。它是在规定条件下，为确定计量仪器或测量系统的示值，或实物量具或标准物质所代表的值，与相对应的被测量的已知值之间关系的一组操作。校准结果可用以评定计量仪器、测量系统或实物量具的示值误差，或给任何标尺上的标记赋值。因此，从校准的定义可以知道是利用期间核查保持设备的可信度。《检测和校准实验室能力的通用要求》（GB/T 27025—2019）5.5.10 规定，当需要利用期间核查以保持设备校准状态的可信度时，应建立和保持相关的程序。故正确答案为 A。

5.（多项选择题）《中华人民共和国计量法》中规定的"不合格的计量器具"是指（　　）。

　　A.未经检定的设备

　　B.超过检定合格有效期的设备

　　C.经检定不合格的计量器具

　　D.未按规定进行期间核查的设备

【错误答案】ABCD

【答案解析】《中华人民共和国计量法》第二十六条规定，使用不合格的计量器具或者破坏计量器具准确度，给国家和消费者造成损失的，责令赔偿损失，没收计量器具和违法所得，可以并处罚款。《中华人民共和国计量法实施细则》第四十六条规定，属于强制检定范围的计量器具，未按照规定申请检定和属于非强制检定范围的计量器具未自行定期检定或者送其他计量检定机构定期检定的，以及经检定不合格继续使用的，责令其停止使用，可并处一千元以下的罚款。

上述条款明确了计量器具需要定期检定，而且使用的计量器具需检定合格后方可使用。就四个选项来看，选项 D 属于设备管理上存在的疏漏。故正确答案为 ABC。

七、未按逆向思维答题

1.（单项选择题）按照《检验检测实验室技术要求验收规范》（GB/T 37140—2018）的规定，下列不属于实验室核心区域的是（　　）。

　　A.样品接受区　　　　　　　　　B.样品制备区

　　C.客户接待室　　　　　　　　　D.危化品区

【错误答案】A

【答案解析】《检验检测实验室技术要求验收规范》（GB/T 37140—2018）规定，核心区域应包括样品接收区、样品储存区、样品制备区、实验检测区、样品处理区、危化品区等。考生在复习时，按照规范要求正向记忆了这六个区域属于检验检测机构的实验室核心区域。而题目需要我们判断"不属于"的选项,容易出错的地方就是选项A。

选项C客户接待室是我们检验检测机构都有的一个区域,而且在资质认定评审和等级评定时,一般还对该区域作出相对独立、告知内容展示等要求。因此,该选项是一个较强的干扰项。考生只要准确记忆了上述六个区域,就能正确作答。故正确答案为C。

2.(单项选择题)现场评审完成后,专家评审组应当向质监机构提交现场评审材料,下列选项中不属于必须提交的是( )。

　　A.有关工作用表
　　B.现场考核评审报告
　　C.所申报试验检测项目的典型报告
　　D.公路水运工程试验检测机构等级评分表

【错误答案】D

【答案解析】《公路水运工程试验检测机构评定及换证复核工作程序》第二十一条规定,提交的现场评审材料包括评审报告、有关工作用表(包括选项D在内的材料)和两份典型试验检测报告。两份典型报告是指现场技术能力评审过程的试验检测报告,而非申报过程中提交的试验检测项目典型报告。本题设计的是一个"不属于"的反向问题,因此正确答案为C。

八、概念混淆

1.(多项选择题)制定交通运输行业标准,应当保证行业标准的( )。

　　A.先进性　　　B.可行性　　　C.科学性　　　D.规范性

【错误答案】ACD

【答案解析】这类题目需要考生抓住根本的选项,舍去次要的选项,不要本末倒置。《交通运输行业标准管理办法》第五条规定:制定行业标准应当在科学技术研究成果和社会实践经验的基础上,保证行业标准的科学性、规范性、时效性,做到技术上先进、应用上可靠、经济上合理。

仔细分析一下四个选项。选项A"先进性",按照《中华人民共和国标准化法》要求,标准是指农业、工业、服务业以及社会事业等领域需要统一的技术要求。《交通运输行业标准管理办法》第十四条说明构成标准内容的技术应该是先进的。选项B"可行性",《交通运输行业标准管理办法》第十四条规定,鼓励将实施效果良好,符合行业标准制定需求和范围的交通运输地方标准和团体标准转化制定为行业标准。选项CD实质上才是对由先进性技术要求构成的规范标准的本身要求。

2.(判断题)抽取样品是工程质量检测的第一步,也是极其重要的一关,因此抽取方法必须是现场随机抽样。

【错误答案】√

【答案解析】这里明显是一个混淆随机抽样和抽样方法概念的问题。一般地,设一个总体含有N个个体,从中逐个不放回地抽取n个个体作为样本($n \leq N$),如果每次抽取使总体内的各个个体被抽到的机会都相等,就把这种抽样方法叫作简单随机抽样。抽样方法主要包括:随机抽样、分层抽样、整体抽样、系统抽样。而"现场抽样"是相对于室内抽样而言的。现场抽样采取什么方法,随机也好,系统也罢,都是抽取方法之一,而不是室外就一定要采取随机抽样。

此问题也是大部分检测人员应该明确的一个概念。故正确答案为"×"。

3.(判断题)检验检测设备应由经过授权的人员操作,还应保存对检验检测具有重要影响的设备的记录,软件不属于设备范畴。

【错误答案】√

【答案解析】此类题型在判断题中出现得比较多,其特点是在描述某一事件时,题干往往大部分内容都是正确的,而在误导考生判断的地方,将概念进行放大、另解,进而引导考生作出错误判断。

软件在《检测和校准实验室能力的通用要求》(GB/T 27025—2019)中,被纳入了设备管理范畴。6.4.1 实验室应获得正确开展实验室活动所需的并影响结果的设备,包括但不限于:测量仪器、软件、测量标准、标准物质、参考数据、试剂、消耗品或辅助装置。6.4.13 实验室应保存对实验室活动有影响的设备记录。此条对设备记录也做了要求。

注意,题干还让我们知道设备的使用必须要经过授权,未经过授权的人员不能使用相关设备。题干前半部分的表述是正确的,而结尾的"软件不属于设备范畴"则属于错误的干扰表述,故题干表述错误。这类由正确表述突然"变道"、紧接着出现一句错误表述的题目,很容易误导考生。

4.(判断题)如果检测方法对仪器设备的准确度没有明确规定的,检测实验室就无须判定该设备是否满足计量要求。

【错误答案】√

【答案解析】《检测实验室仪器设备计量溯源结果确认指南》(RB/T 039—2020)5.2.2。b)如检测方法对仪器设备的准确度没有明确规定的,检测实验室应根据行业要求、仪器设备校准规范或检定规程规定应能达到的要求作为计量要求。正确答案应该是错误。

此题干包含校准/检定、校准/检定参数、校准/检定的计量确认、校准/检定的计量确认依据等几个易混淆的概念。仪器设备校准/检定的目的是实现量值溯源性、确定示值误差及调整设备、验证设备性能变化,仪器设备在完成校准/检定后,仪器设备使用者应该参照仪器设备的计量确认依据进行计量确认,确认是否满足该仪器设备的使用要求。计量确认的依据一般为检测规范标准中对仪器设备的计量要求,另外,还需依据行业中仪器设备记录管理文件[如JJG(交通)×××,JTG ×××]、仪器设备检定规程(如JJF ×××)对仪器设备的计量要求。

九、错误的习惯做法

1.(单项选择题)当环境条件对检测结果可能造成影响时,应采取的措施最恰当的是(   )。

 A. 对环境条件进行监控
 B. 对环境条件进行监测
 C. 实时记录,保证检测环境条件可追溯
 D. 监测、控制和记录环境条件

【错误答案】C

【答案解析】《检测和校准实验室能力的通用要求》(GB/T 27025—2019)。

6.3.2 实验室应将从事实验室活动所必需的设施及环境条件的要求形成文件。

6.3.3 当相关规范、方法或程序对环境条件有要求时,或环境条件影响结果的有效性时,实验室应监测、控制和记录环境条件。

检验检测标准或者技术规范对环境条件有要求时或环境条件影响检验检测结果时,应监测、控制和记录环境条件。当环境条件不利于检验检测的开展时,应停止检验测活动。

目前,多数试验检测机构在标准养护室、力学室、合成材料检测室等场所建立了温湿度记录,但是却并不知道其目的是监测环境达到控制环境条件满足实时变化的温湿度。选项 A、B、C 都是试验检测活动中针对影响检测结果的环境必须做的行为,同时选项 C 也是试验检测机构的习惯做法。但只有选项 D 是正确完整的行为要求,故正确答案为 D。

2.(单项选择题)根据《公路专用试验检测仪器设备计量管理目录(2024 年)》要求,集料和沥青混合料使用的摇筛机的关键计量参数是(   )。

  A.套筛的几何量   B.摇筛机的振幅

  C.摇筛机的时间频率   D.摇筛机的力学量

【错误答案】B

【答案解析】集料颗粒级配参数检测所需要的主要设备是摇筛机,多数人认为摇筛机是人工筛析辅助设备,无须校准/检定;如果需要校准/检定,振动类设备的关键计量参数应该是设备的振幅。所以选项 B 是个强干扰项。而根据《公路专用试验检测仪器设备计量管理目录(2024 年)》三、管理目录明细表"101 工程材料和实体检测"(具体如下),摇筛机的关键计量参数是"时间频率",故正确选项是 C。

序号	目录编号	技术规范编号	仪器设备名称	宜定级别	实施日期	关键计量参数
90	101.90	/	摇筛机	JJG(交通)	/	时间频率

十、计算错误

1.(单项选择题)用钢尺测量某结构层厚度为 50mm,已知该钢尺的最大允许误差为 0.5mm,则该结构层的厚度及相对误差表述正确的是(   )。

  A.50mm ±0.5mm,1%   B.50mm,0.5%

  C.50mm ±0.5mm,0.5%   D.50mm,1%

【错误答案】B

【答案解析】计算结果选择在历年考题中比例也不少,如有关数理统计中常用统计量的标准差、中位数、样本均值、概率的计算,数字修约,误差计算等。这类需要经过简单计算作出结论的题,考生应该做到概念清楚、计算正确。此题考生如果不知道相对误差概念或者相对误差的计算,就不能正确作答。

相对误差指的是测量所造成的绝对误差与被测量(约定)真值之比乘以100%所得的数值,以百分数表示。一般来说,相对误差更能反映测量的可信程度。计算公式为:相对误差=绝对误差÷真值。故正确答案为 A。

2.(判断题)某测值为1000,真值为998,则测量误差为 −2,修正值为2。

【错误答案】√

【答案解析】本题必须知道误差和修正值是怎么计算的。在测量时,测量结果与实际值之间的差值叫作误差。绝对误差就是被测量的测得值与其真值之差。即:绝对误差 = 测得值 − 真值。修正值是指用代数方法与未修正测量结果相加,以补偿其系统误差的值,其等于负的系统误差估计值。计算公式是:真值 = 测量结果 + 修正值。正确的计算结果应该是:测量误差为2,修正值为 −2。故正确答案为"×"。

3.(单项选择题) 一批验收 10 组混凝土试块的抗压强度试验结果分别为 27.6、33.4、37.9、38.8、37.8、27.8、38.3、38.9、35.0、40.4(单位:MPa),则其极差为(   )。

  A. 4.2MPa   B. 12.6MPa   C. 12.8MPa   D. 35.6MPa

【错误答案】 B

【答案解析】 考生在读题干时,如果认为是平均值,则将错误选择 D。再如果将最小值误读为 27.8,则将错误选择 B。这就要求考生先对试验数据进行升序或者降序排列,然后根据题干要求计算极差值。本题的计算结果为 40.4 − 27.6 = 12.8,故正确答案为 C。

第三部分 模拟试卷及参考答案

一、试验检测师模拟试卷

说明：

1. 本模拟试卷设置单选题40道、判断题30道、多选题25道，总计120分；模拟自测时间为120分钟。

2. 本模拟试卷仅供考生进行考前自测使用。

一、单项选择题（共40题，每题1分，共40分）

1. 一台准确度等级为2.5级的电流表，其满量程值为100A。某次测量中对其输入50A的标准电流，其示值为52A，则此次测量中电流表的相对误差为（　　）。

   A.－0.025　　　　B.2%　　　　C.2.5%　　　　D.4%

2. 按照《公路水运试验检测数据报告编制导则》（JT/T 828—2019）规定，编制记录表时，若出现重复含义的字段，可以简化或省略的情况是（　　）。

   A.不产生歧义　　B.能够理解　　C.方便记录　　D.合理合规

3. 资质认定评审组出具技术评审结论的时限是（　　）个工作日。

   A.45　　　　B.20　　　　C.10　　　　D.30

4. 按照《检测和校准实验室能力的通用要求》（ISO/IEC 17025:2017）要求，关于实验方法的选择和验证，下列说法不正确的是（　　）。

   A.实验室引入的方法可直接使用，不需要验证

   B.为方便操作人员使用，可以对国家标准进行细化或进一步说明

   C.对所有实验室活动方法的偏离，应获得授权并被客户接受

   D.当客户未指定所用的方法时，实验室制定或修改的方法可作为备选方法

5. 下列数值修约到小数点后两位，最恰当的是（　　）。

   A.2.3050001→2.31　　　　　　B.0.5450→0.55

   C.2.64501→2.64　　　　　　　D.1.555→1.55

6. 根据《公路水运工程试验检测信用评价办法》的规定，检验检测人员如果同时受聘于两个或两个以上试验检测机构的，对于检验检测人员扣（　　）。

   A.5分　　　　B.10分　　　　C.20分　　　　D.40分

7. 检验检测机构如有下列( )情形,三年内不得再次申请资质认定。
   A. 申请资质认定时提供虚假材料或者隐瞒有关情况的
   B. 未依法取得资质认定,擅自向社会出具具有证明作用的数据、结果的
   C. 需要变更事项未按照资质认定部门申请办理变更手续的
   D. 以欺骗、贿赂等不正当手段取得资质认定的

8. 根据《检测和校准实验室能力的通用要求》(GB/T 27025—2019),关于实验方法的选择和验证,不正确的是( )。
   A. 对所有实验室活动方法的偏离,应被客户接受
   B. 为方便操作人员使用,可以对国家标准补充方便使用的细则
   C. 实验室不应采用设备制造商要求的方法对仪器设备进行校准
   D. 当客户未指定所用的方法时,实验室制定或修改的方法也可使用

9. 全国标准化工作由( )统一管理。
   A. 国务院   B. 行政主管部门
   C. 国务院标准化行政主管部门   D. 国家认监委

10. 下列是 SI 单位的十进倍数与分数单位中正应力帕(斯卡)Pa,其中书写错误的是( )。
    A. GPa   B. MPa   C. KPa   D. kPa

11. 下列仅适用于评价试验检测机构失信行为的是( )。
    A. 存在虚假数据和报告及其他虚假资料的
    B. 工地试验室未履行合同擅自撤离工地
    C. 未按规定或合同配备相应条件的试验检测人员或擅自变更试验检测人员
    D. 未对设立的工地试验室及现场检测项目有效监管的

12. 实验室危险源的设备应该按照与任务相关和与任务不直接相关的可预见危险来识别,下列属于与任务不直接相关的可预见危险的是( )。
    A. 噪声   B. 辐射   C. 突然停电   D. 火灾爆炸

13. 施工单位未对涉及安全的试块、试件以及有关材料进行取样检测的,应该被责令改正,并处( )。
    A. 20 万 ~ 50 万元罚款   B. 10 万元以上 20 万元以下罚款
    C. 行政处分   D. 10% ~ 15% 单位罚款数额

14. 按照《公路工程试验检测仪器设备服务手册》规定,其溯源类别道路工程专业、桥隧工程专业、交通工程专业内容与《公路工程试验检测机构等级标准》的( )对应。
    A. 试验检验标准   B. 试验检测项目
    C. 试验检测内容   D. 试验检测类别

15. 5.29 × 0.9259 = ( )。
    A. 4.89   B. 4.90   C. 4.898   D. 4.8980

16. 根据《市场监督总局关于印发检验检测机构资质认定评审准则释义》(市场检测(司)函〔2023〕37 号),检验检测机构如租用、借用场地,期限不少于( )年。
    A. 1   B. 3   C. 5   D. 6

17. 工地试验室的试验检测台账分为管理和技术台账。下列不属于管理台账的是（　　）。
    A. 人员台账　　　　　　　　　　B. 设备台账
    C. 检测报告台账　　　　　　　　D. 标准规范台账

18. 对 50mL 容量瓶的纯水进行 10 次测量，测量数据 x_i 为：49.8543、49.8542、49.8546、49.8539、49.8550、49.8556、49.8541、49.8530、49.8527、49.8546（单位：mL）。纯水温度为 22.5℃。进行不确定度的评定，其 A 类不确定度和自由度的值为（　　）。
    A. 0.00086；9　　　　　　　　　B. 0.00027；10
    C. 0.00027；9　　　　　　　　　D. 0.00086；10

19. 如果未向作业人员提供安全防护用具和安全防护服装的或者使用国家明令淘汰、禁止使用的危及施工安全的工艺、设备、材料的，依照《中华人民共和国安全生产法》的有关规定处以罚款；造成重大安全事故，构成犯罪的，对（　　）依照刑法有关规定追究刑事责任。
    A. 项目负责人　　　　　　　　　B. 项目经理
    C. 专职安全生产管理人员　　　　D. 直接责任人员

20. 交通运输主管部门或者其委托的建设工程质量监督机构应当自（　　）依法开展公路水运工程建设的质量监督管理工作。
    A. 工程开工之日起，至工程竣工验收完成之日止
    B. 工程开工之日起
    C. 工程开工前
    D. 建设单位办理完成施工许可或者开工备案手续之日起，至工程竣工验收完成之日止

21. 被许可人需要延续依法取得的行政许可的有效期的，应当在该行政许可有效期届满（　　）前向作出行政许可决定的行政机关提出申请。
    A. 3 个月　　　B. 90 日　　　C. 30 个工作日　　　D. 30 日

22. 公民、法人或者其他组织对行政机关实施行政许可，享有陈述权、（　　）。
    A. 诉讼权　　　B. 监督权　　　C. 申辩权　　　D. 平等权

23. 概率是赋予事件闭区间中的一个实数，下列描述闭区间正确的是（　　）。
    A. (0，1]　　　B. [0，1]　　　C. [0，1)　　　D. (0，1)

24. 检测机构申请资质时，许可机关应当自受理申请之日起（　　）个工作日内作出是否准予行政许可的决定。
    A. 5　　　B. 7　　　C. 10　　　D. 20

25. 根据《检测和校准结果及与规范符合性的报告指南》（RB/T 197—2015），当测量不确定度影响到测量结果有效性或其使用时，需计算（　　）的扩展不确定度。
    A. 包含概率约为 90%　　　　　　B. 包含概率约为 95%
    C. 包含因子 $k=2$　　　　　　　D. 包含因子 $k>2$

26. 进行书面审查时，申请人需要提交所有的质量检测项目且不少于质量检测项目必选参数的（　　）。
    A. 5%　　　B. 10%　　　C. 15%　　　D. 30%

27. 工地试验室仪器设备须实施标识管理,下列属于使用状态信息标识的是( )。
   A. 设备名称　　　　　　　　　B. 设备编号
   C. "合格"的绿色标签　　　　　D. 操作人员

28. 水上水下地形地貌扫测以及配套使用的测量仪器设备在专业类别上属于( )。
   A. 工程结构检测　　　　　　　B. 载运工具
   C. 工程结构检测　　　　　　　D. 地形地貌

29. 公路养护工程实测项目中,检查项目合格判定标准是关键项目的合格率不得低于( )。
   A. 70%　　　　B. 80%　　　　C. 95%　　　　D. 100%

30. 标准差是总体各单位标准值与其平均数离差平方的算术平均数。标准差是方差的算术平方根,能反映一个数据集的( )。
   A. 集中程度　　　　　　　　　B. 离散程度
   C. 平均程度　　　　　　　　　D. 均匀程度

31. 《公路水运工程试验检测信用评价办法》规定,出现下列( )失信行为的,对行政负责人信用评价进行扣分处理。
   A. 试验检测机构的变更未在规定期限内办理变更手续
   B. 对各级交通运输主管部门及质监机构提出的意见整改未闭合
   C. 试验记录、报告存在代签事实
   D. 在《等级证书》注明的项目范围外出具试验检测报告且使用专用标识章

32. 对仪器技术状态的描述,一般由( )、功能、性能特性三部分组成。
   A. 精密度　　　　　　　　　　B. 准确度
   C. 技术参数　　　　　　　　　D. 灵敏度

33. 按照《交通运输部关于〈公路水运工程质量检测机构资质等级条件〉及〈公路水运工程质量检测机构资质审批专家技术评审工作程序〉的通知》(交安监发〔2023〕140 号)要求,对于可选参数和可选设备,检测机构可根据地域差异,结合实际需要选择性配置。但可选参数申请数量应不低于本等级可选参数总数量的( )。
   A. 100%　　　　B. 80%　　　　C. 60%　　　　D. 40%

34. 《质量强国建设纲要》提出,深入实施质量强国战略,要以( )为主题,以( )为主攻方向,以( )为根本动力,以( )为根本目的。
   ①推动高质量发展;②提高供给质量;③满足人民日益增长的美好生活需要;④改革创新。
   A. ①②③④　　B. ②①③④　　C. ①②④③　　D. ②①④③

35. 依据《检测和校准实验室能力的通用要求》(GB/T 27025—2019),下列关于实验方法的选择和验证,说法不正确的是( )。
   A. 对应标准包含了实施实验室活动充分且简明的信息,并便于实验室操作人员使用时,不需再进行补充或改为内部程序
   B. 对所有实验室活动方法的偏离,应获得授权并被客户接受
   C. 对标准方法中的可选步骤,宜指定补充文件或细则
   D. 实验室不应采用设备制造商规定的方法

36. 检验检测机构应该优先使用标准方法。使用标准方法应当( )。
   A. 先验证,后确认   B. 先确认,后验证
   C. 验证   D. 确认

37. 按照任何事件 A 概率的计算公式为 $P(A)=\dfrac{k}{n}$,一批产品有 n 件,其中有 m 件次品,表述若一次抽 2 件,则 $B=$ 抽到 2 件正品的概率的公式应该表示为( )。

   A. $P(B)=\dfrac{n-m}{n}$

   B. $P(B)=\dfrac{c_{n-m}^{2}}{c_{n}^{2}}$

   C. $P(B)=\dfrac{c_{n}^{2}}{c_{n-m}^{2}}$

   D. $P(B)=\dfrac{c_{n-m}^{2}}{n}$

38. 进行某路段水泥混凝土路面面板厚度的检测,检测得到数据是 25.6、23.2、24.4、24.6、25.0、25.8、24.0、26.0(单位:mm)。当测定值为( )时,按照拉依达法应该评定为可疑数据。
   A. +27.4   B. -28.7   C. +28.7   D. -29

39. 许可机关自收到申请人通过公路水运工程质量检测管理信息系统提交的技术评审证明材料后,( )个工作日内向申请人发出技术评审通知,明确技术评审的工作安排。
   A. 5   B. 10   C. 20   D. 60

40. 进行书面审查时,典型报告中桥梁、隧道和基坑及基桩等涉及结构安全的检测项目应不少于必选参数的( )。
   A. 5%   B. 10%   C. 15%   D. 30%

二、判断题(共 30 题,每题 1 分,共 30 分)

1. 《检验检测机构资质认定评审准则》是为依法实施《检验检测机构资质认定管理办法》相关资质认定评审要求而制定的。( )

2. 如果一台仪器的示值误差为满量程的 0.5%,则可知该仪器的准确度为 0.5%。( )

3. 《合格评定 能力验证的通用要求》(GB/T 27043—2012)规定了能力验证参与各方所需能力,以及建立和运作能力验证计划的通用要求。( )

4. 《交通运输部关于加强公路水运工程建设质量安全监督管理工作的意见》提出,要落实质量检测单位工程质量首要责任。( )

5. 工作时间内,实验室宜提供适宜的制热或制冷系统。存在易燃物品或易燃蒸汽的地方,应以间接方式加热。当实验室内的高温能导致可识别的潜在危险时,应提供制冷。( )

6. 《国家标准化发展纲要》提出,通过推进产业优化升级、引领新产品新业态新模式快速健康发展等方式提升产业标准化水平。( )

7. 施工人员对涉及结构安全的试块、试件以及有关材料,应当在建设单位或者工程监理单位监督下现场取样,并送具有相应资质等级的质量检测单位进行检测。( )

8. 作业人员应当遵守安全施工的强制性标准、规章制度和操作规程,正确使用安全防护用具、机械设备等。( )

9. 交通运输行业标准是强制性标准。( )
10. 检验检测机构使用未经检定或校准的设备进行检测属于不诚信行为。( )
11. 检验检测机构的授权签字人应具有中级及以上相关专业技术职称或同等能力,并经资质认定部门批准。( )
12. 一枚硬币连续投掷3次,观测出现正面的次数,则观测值的样本空间为 $S=\{0,1,2,3\}$。( )
13. 检验检测机构应严格依据检验检测制度、标准等从事检验检测工作,检验检测方法不得与标准方法存在偏离。( )
14. 检测机构申请资质时,许可机关不得向社会发布专家技术评审情况。( )
15. 实验室应将抽样数据作为检测或校准工作记录的一部分予以保存。( )
16. 提高供给质量是供给侧结构性改革的主攻方向,全面提高产品和服务质量是提升供给体系的中心任务。( )
17. 《公路水运工程质量检测机构资质审批专家技术评审工作程序》是进行公路水运工程质量检测机构等级评定及换证复核应该遵循的程序。( )
18. 《公路工程试验检测仪器设备服务手册》规定,对仪器设备进行检定时,若设备未首次检定,检定参数为全部项目;若设备为后续检定,检定参数为非下划线项目。( )
19. 检测实验室的危险源辨识、风险评价和确定的控制措施应形成文件,并及时更新。( )
20. 如果检测方法对仪器设备的准确度没有明确规定的,检测实验室就无须判定该设备是否满足计量要求。( )
21. 按照《公路水运工程工地试验室及现场检测项目信用评价标准》,试验检测档案管理不规范的将被扣10分。( )
22. 两个独立事件 M、N 发生的概率分别为 $P(M)$、$P(N)$,则 $P(M+N)=P(M)P(N)$。( )
23. 公路水运工程质量检测机构等级评定实行组长负责制。( )
24 某工件直径的要求为 $(10.0\pm0.1)\,\mathrm{mm}$,实测结果为 $9.86\,\mathrm{mm}$,按全数值比较法可判断该工件符合要求。( )
25. 报出值 11.5^+ 表明在修约过程中实测值已经舍去过。( )
26. 《公路水运工程安全生产监督管理办法》规定,未经安全生产教育、培训的从业人员不得上岗。( )
27. "$\geqslant A$"的用语表达包括大于或等于 A、不少于 A、不低于 A、至少 A。( )
28. 检验检测过程中,若检测条件发生了变化,应该以附加声明方式在检测类报告的附加声明中注明。( )
29. 根据《检测和校准实验室能力的通用要求》(GB/T 27025—2019)要求,实验室应持续识别影响公正性的风险,因为这些风险一定会对实验室的公正性产生风险。( )
30. 检验检测机构对检验检测方法的确认是指提供客观证据,证明给定项目满足规定要求。( )

三、多项选择题(共 25 题,每题 2 分,共 50 分。下列各题的备选项中,至少有两个符合题意,选项全部正确得满分,选项部分正确按比例得分,出现错误选项该题不得分)

1. 公路水运试验检测类报告包括(　　)。
   A. 检测对象属性　　　　　　　　B. 基本信息
   C. 检测数据　　　　　　　　　　D. 附加声明

2. 规范对某烘干试验要求的温度范围为 105～110℃,经计量机构校准,所用烘箱设置温度为 110℃时,实际温度为 108.5℃,温度波动度为 ±0.6℃。则开展试验时,对该烘箱的温度设置恰当的是(　　)。
   A. 106.5℃　　　　B. 107.5℃　　　　C. 110.8℃　　　　D. 111.5℃

3. 《检测和校准实验室能力的通用要求》(GB/T 27025—2019)规定,检测和校准工作开始后修改合同应(　　)。
   A. 报资质认定部门备案　　　　　B. 立即纠正对合同的偏离
   C. 重新进行合同评审　　　　　　D. 通知所有受到影响的人员

4. 试验检测机构、工地试验室及现场检测项目信用评价的依据包括(　　)。
   A. 等级评定、换证复核中发现的失信行为
   B. 上一年度信用评价时发现的严重失信行为
   C. 交通运输主管部门通报批评或行政处罚的失信行为
   D. 投诉举报查实的违规行为

5. 方法确认的步骤包括(　　)。
   A. 确定分析要求　　　　　　　　B. 设计一组实验
   C. 进行实验,使用数据评估适用性　D. 作出确认说明

6. 交通运输主管部门工作人员在质量检测管理工作中对符合法定条件的申请人未在法定期限内颁发资质证书的,则(　　)。
   A. 给予警告　　　　　　　　　　B. 通报批评
   C. 构成犯罪的,依法追究刑事责任　D. 依法给予处分

7. 检测机构和人员出具虚假检测报告,篡改、伪造检测报告将被(　　)。
   A. 处 1 万元以上 3 万元以下罚款　B. 由交通运输主管部门责令改正
   C. 处 3 万元以上 10 万元以下罚款　D. 给予警告或者通报批评

8. 根据《中华人民共和国计量法》,下列器具须实行强制检定的有(　　)。
   A. 市场上用的公平秤
   B. 社会公用计量标准器具
   C. 企事业单位使用的最高计量标准器具
   D. 公路水运工程试验检测专用设备

9. 关于工地试验室的人员,下列说法正确的是(　　)。
   A. 应全员持证上岗　　　　　　　B. 检测人员应持证上岗
   C. 应在母体检测机构注册登记　　D. 专业配置应合理

10.下列有关系统测量误差的描述,正确的是( )。
   A.测得量值与参考量值之差称系统测量误差
   B.在重复测量中保持不变或按可预见方式变化的测量误差的分量称系统测量误差
   C.测量误差包括样品制备不当产生的误差
   D.系统测量误差及来源已知时,可采用修正值进行补偿

11.无论是试验检测机构还是工地试验室,如果出现检测设备未按规定检定校准,则被扣除( )。
   A.2分/台   B.3分/台
   C.单次扣分不超过10分/次   D.单次扣分不超过20分/次

12.符合性报告的方式需避免其与检查和产品认证相混淆。为此,可以在报告中添加说明,对于检测,可以表述为( )。
   A.本报告仅对被测样品负责
   B.仅与被测样品有关,与被测样品取样的来源无关
   C.本报告中的检测结果和符合性与送样有关
   D.本报告中的检测结果和符合性报告仅与被测样品有关,与被测样品取样的来源无关

13.按照《检验检测实验室技术要求验收规范》(GB/T 37140—2018)要求,检验检测机构实验室给排水系统包括( )系统。
   A.生活给排水   B.实验给排水
   C.污、废水处理   D.消防水

14.公路专用试验检测设备近600种,根据溯源方式将其分为( )。
   A.通用类   B.专用类   C.工具类   D.管理类

15.检测机构确定仪器设备计量要求的参数依据是( )。
   A.检验规程   B.技术标准   C.合同书   D.顾客要求

16.由两个以上单位相除构成的组合单位,其符号可用下列形式表示,( )是正确的表示。
   A. kg/m³   B. kg·m³   C. kg·m⁻³   D. kg m⁻³

17.在表征盘条直径(mm)(极限数值为10.0±0.1)其测定值或者计算值按照全数比较法和按照修约值比较法均不符合要求的是( )。
   A. 9.89,9.9   B. 10.16,10.2   C. 9.89,9.8   D. 10.10,10.1

18.仪器性能是指仪器在使用时能够发挥出的功能和特性,包括( )等。
   A.准确度   B.稳定性   C.重复性   D.灵敏度

19.下列属于虚假检验检测报告情形的是( )。
   A.伪造、变造原始数据、记录,或者未按照标准等规定采用原始数据、记录的
   B.违反国家有关强制性规定的检验检测规程或者方法的
   C.改变关键检验检测条件的
   D.改变其原有状态进行检验检测的

20.公路水运试验检测的记录表是将被测对象按照标准规范要求进行试验检测过程中产

生的数据和信息,所形成的数字和文字的记载,因此应该( )。

  A. 信息齐全   B. 数据真实可靠

  C. 报告结论准确   D. 报告内容完整

21. 下列关于均匀性描述正确的是( )。

  A. 建立合适的均匀性和稳定性判定准则

  B. 评定程序形成文件并执行

  C. 应根据适用的统计设计进行评定

  D. 均匀性评定通常应在能力验证物品被包装成最终形式之后、分发给参加者之前进行

22. 以下关于量值范围的表示方式,恰当的是( )。

  A. 100±1g   B. 19℃~21℃

  C. (50.0±10.5)N   D. 0~20mm

23. 方差是一个确定的数值,它反映了随机变量取值的分散程度,方差具有( )性质。

  A. $D(X) = E(X^2) - E^2(X)$

  B. 若 X 和 Y 独立,则 $D(X+Y) = D(X) + D(Y)$

  C. $D(C) = 0$

  D. 若 X 和 Y 独立,则 $D(X-Y) = D(X) - D(Y)$

24.《交通强国建设纲要》指出,要建设城市群一体化交通网,推进( )融合发展,完善城市群快速公路网络,加强公路与城市道路衔接。

  A. 干线铁路   B. 城际铁路

  C. 市域(郊)铁路   D. 城市轨道交通

25. 按照《交通运输部办公厅关于做好公路水运工程质量检测机构资质评审有关工作的通知》(交办安监函〔2024〕1432号)要求,可以实际确认为检测机构人员的包括( )等人员。

  A. 与检测机构签订劳动(聘用)合同的人员

  B. 与检测机构签订劳动(聘用)合同并按要求缴纳社会保险的人员

  C. 集团公司、高校、科研院所等上级单位委派且年龄不超过60周岁的人员

  D. 劳务派遣、外包人员

模拟试卷参考答案及解析

一、单项选择题

1. D

【解析】 (52-50)/50=4%。考生需要知道相对误差的概念,并会计算相对误差。

2. A

【解析】《公路水运试验检测数据报告编制导则》(JT/T 828—2019)规定,当按照上述

原则编制记录表名称时,若出现重复含义的字段,在不产生歧义的情况下可简化或省略。因此答案只能是选项A,其他三项不符合规定。

3. D

【解析】《检验检测机构资质认定管理办法》第十一条。资质认定部门自受理申请之日起,应当在30个工作日内,依据检验检测机构资质认定基本规范、评审准则的要求,完成对申请人的技术评审。

4. A

【解析】《检测和校准实验室能力的通用要求》7.2.1.5。实验室在引入方法前,应验证能够正确地运用该方法,以确保实现所需的方法性能。应保存验证记录。如果发布机构修订了方法,应依据方法变化的内容重新进行验证。非标准方法应进行确认,标准方法应进行验证。

5. A

【解析】 按照"四舍六入五留双"规则,尾数5后非零则进一。

以修约到四位有效数字为例,"四舍六入五留双"规则的具体方法如下:

(1)当尾数小于或等于4时,直接将尾数舍去。例如,0.536647→0.5366,10.2731→10.27,18.5049→18.50。

(2)当尾数大于或等于6时,将尾数舍去并向前一位进位。例如,0.53666→0.5367,8.3176→8.318,16.7777→16.78。

(3)当尾数为5,而尾数后面的数字均为0时,应看尾数"5"的前一位。若前一位数字此时为奇数,就应向前进一位;若前一位数字此时为偶数,则应将尾数舍去。数字"0"在此时应被视为偶数。例如,0.153050→0.1530,12.6450→12.64,18.2750→18.28。

(4)当尾数为5,而尾数"5"的后面还有任何不是0的数字时,无论前一位在此时为奇数还是偶数,也无论"5"后面不为0的数字在哪一位上,都应向前进一位。例如,12.73507→12.74,21.84502→21.85,12.6450001→12.65,38.305000001→38.31。

6. C

【解析】《公路水运工程试验检测信用评价办法》规定,检验检测人员如果同时受聘于两个或两个以上试验检测机构的,将被扣20分。

7. D

【解析】《检验检测机构资质认定管理办法》。该办法区分风险、危害程度,采取了不同的行政管理方式。选项A涉及第三十三条(即一年内不得再次申请资质认定);选项B涉及第三十四条(即由县级以上市场监督管理部门责令限期改正,处3万元罚款)。选项C涉及第三十五条(即由县级以上市场监督管理部门责令限期改正;逾期未改正或者改正后仍不符合要求的,处1万元以下罚款)。

8. C

【解析】《检测和校准实验室能力的通用要求》(GB/T 27025—2019)。

7.2.1.3 实验室应确保使用最新有效版本的方法,除非不合适或不可能做到。必要时,应补充方法使用的细则以确保应用的一致性。

7.2.1.4 当客户未指定所用的方法时,实验室应选择适当的方法并通知客户。推荐使用国际标准、区域标准或国家标准中发布的方法,或由知名技术组织或有关科技文献或期刊中公布的方法,或设备制造商规定的方法。

实验室制定或修改的方法也可使用。选项 C 表述的是与方法选择和验证不相关的问题。

9. C

【解析】《中华人民共和国标准化法》第五条。国务院标准化行政主管部门统一管理全国标准化工作。

10. C

【解析】《力学的量和单位》(GB 3102.3—1993)。选项 C 是因为"K"没有小写。

11. D

【解析】《公路水运工程试验检测信用评价办法》附件 1 和附件 2。如果出现行为代码 JJC201007"未对设立的工地试验室及现场检测项目有效监管的",扣 10 分/个。附件 2 中并无此类行为。选项 A、B、C 均是附件 2 里面的失信行为。行为代码分别是 JJC202002、JJC202016、JJC202007。

12. C

【解析】《检测实验室安全 第 1 部分:总则》(GB/T 27476.1—2014)5.1.2。应系统识别实验室活动所有可预见的危险源,应识别所有与各类任务相关的可预见的危险,如机械、电气、高低温、火灾爆炸、噪声、振动、呼吸危害、毒物、辐射、化学等危险;或与任务不直接相关的可预见的危险,如实验室突然停电、停水、地震、水灾、台风等特殊状态下的安全。

13. B

【解析】《建设工程质量管理条例》第六十五条。违反本条例规定,施工单位未对建筑材料、建筑构配件、设备和商品混凝土进行检验,或者未对涉及结构安全的试块、试件以及有关材料取样检测的,责令改正,处 10 万元以上 20 万元以下的罚款;情节严重的,责令停业整顿,降低资质等级或者吊销资质证书;造成损失的,依法承担赔偿责任。选项 D 是该条例第七十三条的规定;选项 A 是该条例第五十六条的规定。

14. B

【解析】《公路工程试验检测仪器设备服务手册》规定,其溯源类别道路工程专业、桥隧工程专业、交通工程专业内容与《公路工程试验检测机构等级标准》的试验检测项目对应。

15. B

【解析】《数值修约规则与极限数值的表示和判定》(GB/T 8170—2008)"修约的积"。

16. A

【解析】《〈检验检测机构资质认定评审准则〉条文释义》第十条(一)5。检验检测活动场所性质包括:自有、上级配置、出资方调配或租赁等。工作场所不管何种性质,检验检测机构对工作场所应具有完全的使用权,并能提供证明文件。如租用、借用场地,租用、借用场地的期限不少于 1 年。

17. C

【解析】《工地试验室标准化建设要点》3.4.4。试验检测台账分为管理和技术台账。管理台账一般包括人员、设备、标准规范等台账;技术台账一般包括原材料进场台账、样品台账、试验/检测台账、不合格材料台账、外委试验台账等。台账应格式统一、简洁适用、信息齐全,台账的填写和统计应及时、规范。注意区分台账中的管理台账和技术台账,二者不能混为一谈。

18. C

【解析】 A类不确定度的评定方法就是对被测量进行独立重复观测,通过所得到的一系列测定值,用统计分析获得实验标准偏差 $s(x)$,当用算数平均值 $\bar{x}$ 作为被测量估计值时,被测量估计值的A类标准不确定度按照下式计算:

$$u_A = u(\bar{x}) = s(\bar{x}) = \frac{s(x)}{\sqrt{n}}$$

A类标准不确定度 u_A 的自由度为实验标准偏差 $s(x)$ 的自由度,即 $df = n-1$。计算如下:

单次试验标准偏差: $s(x) = \sqrt{\dfrac{\sum_{i=1}^{n}(x-\bar{x})^2}{n-1}} = 0.00086\text{mL}$

以算术平均值 $\bar{x}$ 为测量结果,测量结果的A类标准不确定度为:

$\sqrt{10} = 3.1622$

$u_A(s) = \dfrac{s(x)}{\sqrt{n}} = 2.7 \times 10^{-4}\text{mL}$

自由度 $= n - 1 = 9$。

19. D

【解析】 《建设工程安全生产管理条例》第六十二条。准确的表述是"直接责任人员"。

20. D

【解析】 《公路水运工程质量监督管理规定》第二十四条。交通运输主管部门或者其委托的建设工程质量监督机构应当自建设单位办理完成施工许可或者开工备案手续之日起,至工程竣工验收完成之日止,依法开展公路水运工程建设的质量监督管理工作。

21. D

【解析】 《中华人民共和国行政许可法》第五十条。被许可人需要延续依法取得的行政许可的有效期的,应当在该行政许可有效期届满三十日前向作出行政许可决定的行政机关提出申请。

22. C

【解析】 《中华人民共和国行政许可法》第七条。公民、法人或者其他组织对行政机关实施行政许可,享有陈述权、申辩权。

23. B

【解析】 概率的范围。根据《统计学词汇及符号 第1部分:一般统计术语与用于概率的术语》(GB/T 3358.1—2009)2.5,概率是赋予事件闭区间[0,1]中的一个实数。"[ ]"表示闭区间,"( )"表示开区间。

24. D

【解析】 《公路水运工程质量检测管理办法》第十六条。许可机关应当自受理申请之日起20个工作日内作出是否准予行政许可的决定。

25. B

【解析】 《检测和校准结果及与规范符合性的报告指南》(RB/T 197—2015)4.1.3.1。当测量不确定度影响到测量结果的有效性或其使用时,或客户提出要求时,或当不确定度影响到与规范限值的符合性判定时,需计算包含概率约为95%的扩展不确定度。

26. B

【解析】 《公路水运工程质量检测机构资质审批专家技术评审工作程序》第六条。书面审查具体内容如下:(二)证明质量检测水平的典型报告(典型报告应覆盖所有的质量检测项目且不少于质量检测项目必选参数的10%,其中桥梁、隧道和基坑及基桩等涉及结构安全的检测项目以及水泥混凝土、沥青混合料等检测项目不少于必选参数的15%,新增参数典型报告不低于30%。典型报告应包括委托单、报告及相关记录等)。

27. C

【解析】 《工地试验室标准化建设要点》4.2.4。仪器设备应实施标识管理,分为管理状态标识和使用状态标识:管理状态标识包括设备名称、编号、生产厂商、型号、操作人员和保管人员等信息;使用状态标识分为"合格""准用""停用"三种,分别用"绿""黄""红"三色标签进行标识。

28. D

【解析】 《水运专用试验检测仪器设备计量管理目录(2024年)》三、管理目录明细表"300 水运支撑保障测量仪器设备",具体如下。

300 水运支撑保障测量仪器设备

类别编号	专业类别	类别内容说明
301	水文环境	港口与航道水文环境观测所涉及的测量仪器设备
302	地形地貌	水上水下地形地貌扫测以及配套使用的测量仪器设备
303	节能环保	水运领域噪声、排放和节能监测所涉及的测量仪器设备

29. C

【解析】 《公路养护工程质量检验评定标准 第一册 土建工程》(JTG 5220—2020)3.2.5。实测项目中检查项目合格判定应符合下列规定:(1)关键项目(在检查项目项次后以"△"标识)的合格率不得低于95%,属于工厂加工制造的桥梁金属构件的合格率应为100%,不符合要求时该检查项目应为不合格。(2)一般项目的合格率不应低于80%,不符合要求时该检查项目应为不合格。(3)有规定极值的检查项目,任一单个检测值都不得突破规定极值,不符合要求时该检查项目应为不合格。

30. B

【解析】 《通用计量术语及定义》(JJF 1001—2011)5.17。标准差用于表征测量结果的分散性。

31. A

【解析】《公路水运工程试验检测信用评价办法》附件3中,行为代码JJC203009表述的失信行为:出现JJC201008、JJC201010~JJC201013、JJC201017、JJC201023及JJC202005项行为的对行政负责人的处理。附件1中,JJC201010失信行为"试验检测机构的变更未在规定期限内办理变更手续"。

32. C

【解析】《分析仪器通用技术条件》(GB/T 12519—2021)3.1质量特性。对仪器技术状态的描述,一般由技术参数、功能、性能特性三部分组成。

33. C

【解析】《交通运输部关于〈公路水运工程质量检测机构资质等级条件〉及〈公路水运工程质量检测机构资质审批专家技术评审工作程序〉的通知》附件1公路水运工程质量检测机构资质等级条件"表2-5质量检测能力基本要求及主要仪器设备(桥梁隧道工程专项)"的注释——注:3.可选参数申请数量应不低于本等级可选参数总数量的60%。

34. C

【解析】《质量强国建设纲要》(一)指导思想。以习近平新时代中国特色社会主义思想为指导,立足新发展阶段,完整、准确、全面贯彻新发展理念,构建新发展格局,统筹发展和安全,以推动高质量发展为主题,以提高供给质量为主攻方向,以改革创新为根本动力,以满足人民日益增长的美好生活需要为根本目的。

35. A

【解析】《检测和校准实验室能力的通用要求》(GB/T 27025—2019)。

7.2.1.2 所有的方法、程序和支持文件,例如与实验室活动相关的指导书、标准、手册和参考数据,应保持现行有效并易于人员获取。

7.2.1.3 实验室应确保使用最新有效版本的方法,除非不合适或不可能做到。必要时,应补充方法使用的细则以确保应用的一致性。注:如果国际、区域或国家标准,或其他公认的规范文本包含了实施实验室活动充分且简明的信息,并便于实验室操作人员使用时,则不需要再进行补充或改写为内部程序。可能有必要制定实施细则,或对方法中的可选择步骤提供补充文件。

7.2.1.4 当客户未指定所用的方法时,实验室应选择适当的方法并通知客户。推荐使用国际标准、区域标准或国家标准中发布的方法,或由知名技术组织或有关科技文献或期刊中公布的方法,或设备制造商规定的方法。实验室制定或修改的方法也可使用。

7.2.1.5 实验室在引入方法前,应验证能够正确地运用该方法,以确保实现所需的方法性能。应保存验证记录。如果发布机构修订了方法,应依据方法变化的内容重新进行验证。

7.2.1.6 当需要开发方法时,应予以策划,并指定具备能力的人员,为其配备足够的资源。在方法开发的过程中,应进行定期评审,以确定持续满足客户需求。开发计划的任何变更都应得到批准和授权。

7.2.1.7 对所有实验室活动方法的偏离,应事先将该偏离形成文件,经技术判断,获得授权并被客户接受。注:客户接受偏离可以事先在合同中约定。

36. C

【解析】《检验检测机构资质认定评审准则》第十二条。(四)检验检测机构能正确使用有效的方法开展检验检测活动。检验检测方法包括标准方法和非标准方法,应当优先使用标准方法。使用标准方法前应当进行验证;使用非标准方法前,应当先对方法进行确认,再验证。

37. B

【解析】 概率的基本计算公式。这里只要求知道如何列出正确的计算公式。选项A表示的是一次任意抽1件,抽到正品的概率计算公式。

38. D

【解析】 当某一测量数据与其测量结果的算术平均值之差大于3倍标准偏差时,用公式表示为$|x_i - \bar{x}| > 3s$。

39. A

【解析】《公路水运工程质量检测机构资质审批专家技术评审工作程序》第五条。许可机关自收到申请人通过公路水运工程质量检测管理信息系统提交的技术评审证明材料后,5个工作日内向申请人发出技术评审通知,明确技术评审的工作安排。

40. C

【解析】《公路水运工程质量检测机构资质审批专家技术评审工作程序》第六条。书面审查具体内容如下:(二)证明质量检测水平的典型报告(典型报告应覆盖所有的质量检测项目且不少于质量检测项目必选参数的10%,其中桥梁、隧道和基坑及基桩等涉及结构安全的检测项目以及水泥混凝土、沥青混合料等检测项目不少于必选参数的15%,新增参数典型报告不低于30%。典型报告应包括委托单、报告及相关记录等)。

二、判断题

1. ×

【解析】《检验检测机构资质认定评审准则》第一条。依照《中华人民共和国计量法》及其实施细则、《中华人民共和国认证认可条例》等法律、行政法规的规定,为依法实施《检验检测机构资质认定管理办法》相关资质认定技术评审要求,制定本准则。注意,新的评审准则已经将"资质认定评审"修改为"资质认定技术评审"。

2. ×

【解析】 准确度与示值误差无关。

3. ×

【解析】《合格评定 能力验证的通用要求》(GB/T 27043—2012)1 范围。本标准规定了能力验证提供者所需能力,以及建立和运作能力验证计划的通用要求。

4. ×

【解析】《交通运输部关于加强公路水运工程建设质量安全监督管理工作的意见》四、全面落实企业质量责任。(十三)落实建设单位工程质量首要责任。(十四)落实勘察设计单位勘察设计质量主体责任。(十五)落实施工单位施工质量主体责任。(十七)落实质量检测单位检测质量责任。

5. √

【解析】《检测实验室安全 第1部分:总则》(GB/T 27476.1—2014)5.3.5.3。工作时间内,实验室宜提供适配的制热或制冷系统。存在易燃物品或易燃蒸汽的地方,应以间接方式加热。当实验室内的高温能导致可识别的潜在危险时,应提供制冷。

6. √

【解析】《国家标准化发展纲要》三、提升产业标准化水平。(七)推进产业优化升级;(八)引领新产品新业态新模式快速健康发展。

7. √

【解析】《建设工程质量管理条例》第三十一条。施工人员对涉及结构安全的试块、试件以及有关材料,应当在建设单位或者工程监理单位监督下现场取样,并送具有相应资质等级的质量检测单位进行检测。

8. √

【解析】《建设工程安全生产管理条例》第三十三条。作业人员应当遵守安全施工的强制性标准、规章制度和操作规程,正确使用安全防护用具、机械设备等。

9. ×

【解析】《交通运输行业标准管理办法》第四条。行业标准是推荐性标准。法律、行政法规和国务院决定另有规定的,从其规定。

10. √

【解析】《公路水运工程试验检测信用评价办法》规定,评价期间,试验检测设备配备不满足等级标准要求的或者试验检测设备,未按规定检定校准的都属于不诚信行为,将会对该设备进行相应的扣分处罚。

11. ×

【解析】《检验检测机构资质认定管理办法》第九条。(三)检验检测报告授权签字人应当具有中级及以上相关专业技术职称或者同等能力,并符合相关技术能力要求。

12. √

【解析】 例如,骰子在密封容器中的显示值(真值)是不知道的,它的样本空间是{1,2,3,4,5,6},而1、2、3、4、5、6就是所有可能试验条件下的样本值(观测值)。

13. ×

【解析】 应该是允许产生偏离。《检验检测机构资质认定能力评价 检验检测机构通用要求》(RB/T 214—2017)4.5.14提出:"如确需方法偏离,应有文件规定;经技术判断和批准,并征得客户同意。当客户建议的方法不适合或已过期时,应通知客户。"当偏离发生时,应按此规定进行偏离处置。

14. ×

【解析】《公路水运工程质量检测管理办法》第十五条。许可机关可以将专家技术评审情况向社会公示。

15. √

【解析】《检测和校准实验室能力认可准则》(ISO/IEC 17025:2017)7.3.3。实验室应将抽样数据作为检测或校准工作记录的一部分予以保存。相关时,这些记录应包括以下信息:a)所用的抽样方法;b)抽样日期和时间;c)识别和描述样品的数据(如编号、数量和名称);

d)抽样人的识别;e)所用设备的识别;f)环境或运输条件;g)适当时,标识抽样位置的图示或其他等效方式;h)与抽样方法和抽样计划的偏离或增减。

16. √

【解析】《中共中央 国务院关于开展质量提升行动的指导意见》。提高供给质量是供给侧结构性改革的主攻方向,全面提高产品和服务质量是提升供给体系的中心任务。

17. ×

【解析】《公路水运工程质量检测机构资质审批专家技术评审工作程序》第二条。公路水运工程质量检测机构资质审批(包括延续审批)专家技术评审工作应遵循本程序。注意新旧办法中定义的变化,"等级评定""换证复核"已变为"资质审批""延续审批"。

18. √

【解析】《公路工程试验检测仪器设备服务手册》规定,对仪器设备进行检定时,若设备未首次检定,检定参数为全部项目;若设备为后续检定,检定参数为非下划线项目。

19. √

【解析】《检测实验室安全 第1部分:总则》(GB/T 27476.1—2014)5.1.1。实验室应建立、实施和保持程序,以持续进行危险源辨识、风险评价和确定必要的控制措施。应对实验室的所有工作进行危险源辨识和风险评价。在确定控制措施时,应考虑评价的结果。危险源辨识、风险评价和确定的控制措施应形成文件,并及时更新。

20. ×

【解析】《检测实验室仪器设备计量溯源结果确认指南》(RB/T 039—2020)5.2.2。如检测方法对仪器设备的准确度没有明确规定的,检测实验室应根据行业要求、仪器设备校准规范或检定规程规定应能达到的要求作为计量要求。

21. ×

【解析】 按照《公路水运工程工地试验室及现场检测项目信用评价标准》,试验检测档案管理不规范的行为将被扣5分/项。

22. √

【解析】 "统计技术的基础"概率的定义。

23. ×

【解析】《公路水运工程质量检测机构资质审批专家技术评审工作程序》第四条。技术评审专家组应根据申请人所申请的专业、资质类别等级,按照专业覆盖的原则,从许可机关建立的质量检测专家库中随机抽取组成,并符合回避要求。专家组一般由3人及以上组成,设组长1名,实行组长负责制。注意新旧办法中定义的变化,应该是"资质审批专家技术评审",而不是"等级评定"。

24. ×

【解析】 用全数值比较,9.86已经超出10.1~9.9的范围。

25. √

【解析】《数值修约规则与极限数值的表示和判定》(GB/T 8170—2008)3.3。报出值最右的非零数字为5时,应在数值右上角加"+"或"-"或不加符号,分别表明已经进行过舍、进或未舍未进。这样表述是为了避免连续修约。

26. √

【解析】 《公路水运工程安全生产监督管理办法》第十五条。从业单位应当依法对从业人员进行安全生产教育和培训。未经安全生产教育和培训合格的从业人员,不得上岗作业。

27. √

【解析】 《通用计量术语及定义》(JJF 1001—2011)4.2。"≥A"的基本用语包括大于或等于A、不小于A、不少于A、不低于A,允许用语为A及以上或至少A。

28. √

【解析】 《公路水运试验检测数据报告编制导则》(JT/T 828—2019)6.5.2。附加声明部分可用于:a)对试验检测的依据、方法、条件等偏离情况的声明;b)对报告使用方式和责任的声明;c)报告出具方联系信息;d)其他需要补充说明的事项。

29. ×

【解析】 《检测和校准实验室能力的通用要求》(GB/T 27025—2019)4.1.4。实验室应持续识别影响公正性的风险。这些风险应包括实验室活动、实验室的各种关系,或者实验室人员的关系而引发的风险。然而,这些关系并非一定会对实验室的公正性产生风险。

30. ×

【解析】 《检验检测机构资质认定评审准则》第十二条。(四)检验检测机构能正确使用有效的方法开展检验检测活动。检验检测方法包括标准方法和非标准方法,应当优先使用标准方法。使用标准方法前应当进行验证;使用非标准方法前,应当先对方法进行确认,再验证。

【条文释义】验证是指提供客观证据,证明给定项目满足规定要求;确认是对规定要求满足预期用途的验证。

三、多项选择题

1. ABCD

【解析】 《公路水运试验检测数据报告编制导则》(JT/T 828—2019)4.5。检测类报告应由标题、基本信息、检测对象属性、检测数据、附加声明、落款六部分组成。

2. BC

【解析】 温度偏差 = 真实温度 − 设定温度 = 108.5 − 110 = −1.5。选项 A.106.5℃,真实温度 = 106.5 − 1.5 = 105,±0.6℃,不合格;选项 B.107.5℃,真实温度 = 107 − 1.5 = 106.5,±0.6℃,合格;选项 C.110.8℃,真实温度 = 110.8 − 1.5 = 109.3,±0.6℃,合格;选项 D.111.5℃,真实温度 = 111.5℃ − 1.5 = 110,±0.6℃,不合格。

3. CD

【解析】 《检测和校准实验室能力的通用要求》(GB/T 27025—2019)7.1.6。如果在工作开始后修改合同,应重新进行合同评审,并将修改内容通知所有受到影响的人员。

4. ACD

【解析】 《公路水运工程试验检测信用评价办法》第十条。

5. ABCD

【解析】 方法确认的定义是通过检验和提供客观证据,证实满足指定最终用途的特定要求。方法确认包含三个重要组成部分:(1)"特定的最终用途",是从分析所要解决问题中产生的对于分析的要求;(2)"客观证据"常表现为从有计划的实验过程中获得的数据,从中可计算出适当的方法性能参数;(3)"证实"是通过将性能数据与诸如方法适用性方面的要求进行充分的比较来进行的。

6. CD

【解析】《公路水运工程质量检测管理办法》第五十六条。交通运输主管部门工作人员在质量检测管理工作中,有下列情形之一的,依法给予处分;构成犯罪的,依法追究刑事责任:(三)对符合法定条件的申请人未在法定期限内颁发资质证书的。

7. AB

【解析】《公路水运工程质量检测管理办法》第五十二条。检测机构违反本办法规定,有下列行为之一的,由交通运输主管部门责令改正,处1万元以上3万元以下罚款;造成危害后果的,处3万元以上10万元以下罚款;构成犯罪的,依法追究刑事责任:(一)出具虚假检测报告,篡改、伪造检测报告的。注意"造成危害后果的"才是选项C。

8. BC

【解析】《中华人民共和国计量法》第九条。县级以上人民政府计量行政部门对社会公用计量标准器具,部门和企业、事业单位使用的最高计量标准器具,以及用于贸易结算、安全保护、医疗卫生、环境监测方面的列入强制检定目录的工作计量器具,实行强制检定。未按照规定申请检定或者检定不合格的,不得使用。实行强制检定的工作计量器具的目录和管理办法,由国务院制定。对前款规定以外的其他计量标准器具和工作计量器具,使用单位应当自行定期检定或者送其他计量检定机构检定。

9. BCD

【解析】《工地试验室标准化建设要点》3.2.2。试验检测人员应持证上岗、专业配置合理,能涵盖工程涉及专业范围和内容。试验检测人员应注册登记在母体检测机构。注意这里不需要工地试验室的每个员工都持证,但检测人员必须持证。

10. BD

【解析】 误差的定义。

11. AD

【解析】《公路水运工程试验检测信用评价办法》第六条和附件1。试验检测设备未按规定检定校准的,扣2分/台、单次扣分不超过20分。

12. AD

【解析】《检测和校准结果及与规范符合性的报告指南》(RB/T 197—2015)5.2.4。符合性报告的方式需避免其与检查和产品认证相混淆。为此,可以在报告中添加说明,对于检测,可以使用以下表述:"本报告中的检测结果和符合性报告仅与被测样品有关,与被测样品取样的来源无关"或"本报告仅对被测样品负责"。

13. ABCD

【解析】《检验检测实验室技术要求验收规范》(GB/T 37140—2018)7.1.1。给排水系统应包括生活给排水系统,实验给排水系统,污、废水处理系统及消防水系统等。

14. ABC

【解析】 《公路工程试验检测仪器设备服务手册》规定,公路专用试验检测设备近600种,根据溯源方式将其分为通用类、专用类、工具类三类,因此选项D错误。

15. ABCD

【解析】 《检测实验室仪器设备计量溯源结果确认指南》(RB/T 039—2020)4.4。检测实验室应依据顾客要求、法律法规、产品技术规范、合同书、技术标准、检验规程等要求确定计量要求,可明确需要校准的关键量或值。计量要求的参数可包括但不限于:a)最大允许误差或扩展不确定度;b)测量范围;c)量程;d)分辨力;e)稳定性;f)环境条件。

16. AC

【解析】 对于每个法定计量单位,我们都必须知道其名称、用什么符号代表,符号的大小写以及左右顺序。

17. BC

【解析】 《数值修约规则与极限数值的表示和判定》(GB/T 8170—2008)4.3.3。选项A是按照全数比较法判定不符合,按照修约值比较法判定符合;选项B和选项C是按照两种方法都不符合。

18. ABCD

【解析】 《分析仪器通用技术条件》(GB/T 12519—2021)3.3。性能特性是指对仪器使用性能(灵敏度、准确度、重复性、稳定性等)的定量描述,是仪器检验、交(付)收时的定量考核依据。

19. ACD

【解析】 选项B属于不实报告情形。详见《检验检测机构监督管理办法》第十四条。检验检测机构出具的检验检测报告存在下列情形之一的,属于虚假检验检测报告:(一)未经检验检测的;(二)伪造、变造原始数据、记录,或者未按照标准等规定采用原始数据、记录的;(三)减少、遗漏或者变更标准等规定的应当检验检测的项目,或者改变关键检验检测条件的;(四)调换检验检测样品或者改变其原有状态进行检验检测的;(五)伪造检验检测机构公章或者检验检测专用章,或者伪造授权签字人签名或者签发时间的。

20. ABCD

【解析】 《公路水运试验检测数据报告编制导则》(JT/T 828—2019)4.3。记录表应信息齐全、数据真实可靠,具有可追溯性;报告应结论准确、内容完整。

21. ABCD

【解析】 《合格评定 能力验证的通用要求》(GB/T 27043—2012)。

4.4.3.1 应基于不均匀性和不稳定性对参加者能力评定可能产生的影响,建立合适的均匀性和稳定性判定准则。

4.4.3.2 应将均匀性和稳定性的评定程序形成文件并执行,只要可行,应根据适用的统计设计进行评定。

4.4.3.3 均匀性评定通常应在能力验证物品被包装成最终形式之后、分发给参加者之前进行。

22. BCD

【解析】 数值(量值)范围的表示：

(1)数值范围号采用浪纹号"～"。GB 3102.11—93 明确规定：数值范围号为"～"。尽管 GB/T 15834—1995 规定一字线"—"也是数值范围号，但由于它容易与减号"－"和化学键号"—"混淆，所以在科技书刊中，数值范围号应按强制性国家标准规定统一使用"～"。有的采用半字线"－"和二字线"——"作数值范围号，则是完全错误的。

(2)书写百分数范围，每个百分数后面的"%"都要重复写出。例如："18%～25%"不得写作"18～25%"。后者的数值范围实际上已变为"18～0.25"了。

(3)书写用万或亿表示的数值范围，每个数值中的万或亿不得省略。例如："2 万～5 万"不应该写作"2～5 万"。后者可能被误解为"2～50000"。

(4)小书写具有相同幂次的数值范围，每个数值中的幂次都要重复写出。例如：" 3×10^3 ～ 6×10^3 "不得写作" $3\sim6\times10^3$ "。后者的数值范围实际上已变为"3～6000"了。也可以采用简化的形式，写成"$(3\sim6)\times10^3$"。

(5)单位相同的量值范围，前一个量值的单位可以省略，只需在后一个量值上写出单位。例如："10mol/L～15mol/L"可以写作"10～15mol/L"。需要说明的是，这两种表示方法都是正确的，符合国家标准的。由于后一种表示方法比较简明，也不会引起误解，所以为绝大多数情况采用。

23. ABC

【解析】 方差的定义。

24. ABCD

【解析】《交通强国建设纲要》二(二)构建便捷顺畅的城市(群)交通网。建设城市群一体化交通网，推进干线铁路、城际铁路、市域(郊)铁路、城市轨道交通融合发展，完善城市群快速公路网络，加强公路与城市道路衔接。

25. ABC

【解析】《交通运输部办公厅关于做好公路水运工程质量检测机构资质评审有关工作的通知》附件3公路水运工程质量检测机构资质审批技术评审报告(修订版)"二、质量检测机构条件核查汇总表"的注释——注:2."实际确认人员"，是指与检测机构签订劳动(聘用)合同并按要求缴纳社会保险的人员，以及集团公司、高校、科研院所等上级单位委派的人员，年龄应不超过60周岁。对劳务派遣、外包人员，以及独立法人的下属公司或其他公司人员，不纳入实际确认人员。持有多个专业检测证书的人员，至多在两个资质申请中作为申报人员。

二、助理试验检测师模拟试卷

说明:

1. 本模拟试卷设置单选题40道、判断题30道、多选题25道,总计120分;模拟自测时间为120分钟。
2. 本模拟试卷仅供考生进行考前自测使用。

一、单项选择题(共40题,每题1分,共40分)

1. 综合评价报告多数情况属于( )的类别。
   A. 见证取样检测　　　　　　　　B. 委托取样检测
   C. 委托抽样检测　　　　　　　　D. 质量监督检测
2. 团体标准应当按照由国务院标准化行政主管部门制定并公布的编号规则进行编号。未进行编号且逾期不改正的,由( )标准化行政主管部门撤销相关标准编号,并在标准信息公共服务平台上公示。
   A. 团体　　　B. 国务院　　　C. 行业　　　D. 省级以上人民政府
3. 生产、储存危险化学品的企业,应当对本企业的安全生产条件每( )进行一次安全评价。
   A. 半年　　　B. 一年　　　C. 两年　　　D. 三年
4. 除( )为强制性标准和推荐性标准外,国家鼓励采用推荐性标准。
   A. 行业标准　　B. 企业标准　　C. 国家标准　　D. 团体标准
5. 公路水运工程试验检测继续教育周期为两年,试验检测人员在每个周期内接受继续教育的时间累计不应少于( )学时。
   A. 16　　　B. 20　　　C. 24　　　D. 36
6. 检测机构对于数据信息管理,要建立和保持数据的完整性、正确性和( )的保护程序。
   A. 权威性　　B. 保密性　　C. 可靠性　　D. 客观性
7. 一组测量值分别为502N、506N、510N、510N、512N,则本次试验的极差是( )。
   A. 508N　　B. (508±2)N　　C. (507±3)N　　D. 10N
8. 数字0.01010的有效数字位数是( )。
   A. 3位　　　B. 4位　　　C. 5位　　　D. 6位
9. 施工单位从事建设工程的新建工程、扩建工程、改建工程和( )等活动,应当具备国家规定的注册资本、专业技术人员、技术装备和安全生产等条件,依法取得相应等级的资质证书,并在其资质等级许可的范围内承揽工程。
   A. 再建工程　　　　　　　　B. 基础工程

C. 拆除工程　　　　　　　　　　　D. 结构工程

10. 以下单位换算不正确的是( )。
    A. $1MPa=10^6Pa$　　　　　　　B. $1'=60''$
    C. $1kJ=10^3N·m$　　　　　　　D. $1rad=180°$

11. 下列不属于资质认定证书内容的是( )。
    A. 资质认定标志　　　　　　　　B. 检验检测能力范围
    C. 技术评审时间　　　　　　　　D. 获证机构名称和地址

12. 交通运输主管部门或者其委托的建设工程质量监督机构应当自( )依法开展公路水运工程建设的质量监督管理工作。
    A. 工程开工之日起,至工程竣工验收完成之日止
    B. 工程开工之日起
    C. 工程开工前
    D. 建设单位办理完成施工许可或者开工备案手续之日起,至工程竣工验收完成之日止

13. 依法需要取得行政许可的申请人申请行政许可时,应当如实向行政机关提交有关材料和反映真实情况,并对其申请材料实质内容的( )负责。
    A. 符合性　　B. 真实性　　C. 齐全性　　D. 准确性

14. 已知某仪器对某测量对象的测量结果和该测量对象的标准值,则示值误差可以用( )来估计。
    A. 标准值与测量结果之差　　　　B. 标准值与测量结果之差的绝对值
    C. 约定真值与测量结果之差　　　D. 测量结果与标准值之差

15. 检验检测机构违反规定,转让、出租、出借资质认定证书或者标志,伪造、变造、冒用资质认定证书或者标志,使用已经过期或者被撤销、注销的资质认定证书或者标志的,则( )。
    A. 由县级以上市场监督管理部门责令限期改正;逾期未改正或者改正后仍不符合要求的,处1万元以下罚款
    B. 由县级以上市场监督管理部门责令限期改正,逾期未改正或者改正后仍不符合要求的,处3万元罚款
    C. 由县级以上市场监督管理部门责令改正,处3万元以下罚款
    D. 由县级以上市场监督管理部门责令限期改正

16. 根据《公路水运工程试验检测信用评价办法》(交安监发〔2018〕78号)的规定,质监机构用于复核评价的不良信用信息采集每年至少( )次。
    A. 1　　　　B. 2　　　　C. 3　　　　D. 4

17. 为保证检验检测结果的( ),检验检测机构应当确保其相关测量和校准结果,能够溯源至国家标准。
    A. 可靠性　　B. 正确性　　C. 精确性　　D. 准确性

18. 李明从分别标有1、2、3、4、5、6、7、8、9、10 标号的小球中,任取一球,"取的1号球","取的7号球"则称"取的1号球"与"取的7号球"是( )事件。

A. 相互　　　　B. 孤立　　　　C. 对立　　　　D. 互斥

19. 有效期满拟继续从事质量检测业务的,检测机构应当在( )前向许可机关提出资质延续申请。

A. 3 个月　　B. 90 个工作日　　C. 60 个工作日　　D. 20 个工作日

20. 关于期间核查的作用,下列说法正确的是( )。

A. 用于判定仪器设备是否合格　　B. 用于检查仪器设备性能是否稳定
C. 用于检查仪器设备是否准确　　D. 用于判断仪器设备是否超负荷运行

21. 许可机关自收到申请人通过公路水运工程质量检测管理信息系统提交的技术评审证明材料后,( )个工作日内向申请人发出技术评审通知,明确技术评审的工作安排。

A. 5　　　　B. 10　　　　C. 20　　　　D. 60

22. 根据《中华人民共和国计量法实施细则》,计量器具新产品定型鉴定,由( )行政部门授权的技术机构进行;样机试验由所在地方的( )人民政府计量行政部门授权的技术机构进行。

A. 国务院;省级　　　　　　B. 国务院;市级
C. 省级;省级　　　　　　　D. 省级;县级

23. ( )是超过合理使用年限的建设工程鉴定的委托人。

A. 建设单位　　　　　　　B. 施工单位
C. 产权使用人　　　　　　D. 产权所有人

24. 须经国务院有关部门或( )考核合格,方可从事工程质量监督。

A. 县级人民政府其他有关部门　　B. 国务院建设行政主管部门
C. 省级人民政府其他有关部门　　D. 行政区域内的地方政府

25.《检验检测机构诚信基本要求》(GB/T 31880—2015)规定,诚信是指个人或组织诚实守信的行为规范,包括在从业活动中承诺与( )的一致性。

A. 法律要求　　　　　　　B. 管理体系规定
C. 行为　　　　　　　　　D. 客户要求

26. 按照《公路水运工程安全生产条件通用要求》(JT/T 1404—2022)规定,( )属于特种作业人员,应取得作业资格证书后方可上岗作业,进场前宜接受技能测试。

A. 混凝土工　　　　　　　B. 架子工
C. 钢筋工　　　　　　　　D. 测量工

27. 若事件 A 与 B 互斥,互斥事件 A 与 B 之和的概率 $P(A+B)$ 等于( )。

A. $P(A)+P(B)$　　　　　B. $P(A)-P(B)$
C. $P(A)\times P(B)$　　　　D. $P(A)/P(B)$

28. 按照《公路水运工程试验检测机构信用评价标准》,作为责任单位被直接确定为 D 级的失信行为是( )。

A. 对各级交通运输主管部门及质监机构提出的意见整改未闭合的
B. 试验检测记录报告使用标准不正确的
C. 使用已过期的《等级证书》和专用标识章出具报告的
D. 存在严重失信行为,被部、省级交通运输及以上有关部门行政处罚的

29.《质量强国建设纲要》提出,面对新形势新要求,必须把推动发展的立足点转到提高( )上来,培育以( )等为核心的经济发展新优势,推动中国制造向中国创造转变、中国速度向中国质量转变、中国产品向中国品牌转变,坚定不移推进质量强国建设。

  A. 质量;服务

  B. 质量和效益;质量、服务

  C. 质量、技术、标准、品牌、质量;服务

  D. 质量和效益;技术、标准、品牌、质量、服务

30. 按照0.2单位修约规则,将830修约到"百"位数,表述正确的是( )。
  A. 850   B. 800   C. 830   D. 840

31. 组合单位力矩单位名称的正确书写方式为( )。
  A. kN-m   B. kN·m   C. 千牛米   D. 千牛-米

32.《中华人民共和国安全生产法》规定,安全生产工作应当把保护人民( )摆在首位。
  A. 生命安全   B. 财产安全
  C. 健康安全   D. 权利安全

33. 资质认定是指依照( )的相关规定,由市场监督管理部门依照法律、行政法规规定,对向社会出具具有证明作用的数据、结果的检验检测机构的基本条件和技术能力是否符合法定要求实施的评价许可。
  A.《中华人民共和国认证认可条例》   B.《中华人民共和国计量法》
  C.《中华人民共和国计量法实施细则》   D.《检验检测机构资质认定管理办法》

34. 为确保实验室文件现行有效,应该采取的措施是( )。
  A. 指定专人保管文件   B. 实验室的所有文件都加盖受控章
  C. 文件必须存放在指定的地方   D. 建立文件控制程序

35.《公路水路行业产品质量监督抽查实施规范管理办法》的复审周期原则上不超过( )年。
  A. 3   B. 5   C. 10   D. 15

36. 分布函数$F(x)$是指随机变量X取值落在( )的概率。
  A. $(-\infty, x]$ B. $[x, \infty)$ C. (x, ∞) D. $(-\infty, x)$

37.《检验检测实验室技术要求验收规范》(GB/T 37140—2018)不适用的是( )。
  A. 医学实验室   B. 检定/校准实验室
  C. 公路行业实验室   D. 机动车检验

38.《危险化学品安全管理条例》规定,运输始发地或者目的地县级人民政府( )负责危险化学品的公共安全管理,核发剧毒化学品购买许可证、剧毒化学品道路运输通行证。
  A. 安全生产监督管理部门   B. 公安机关
  C. 质量监督检验检疫部门   D. 交通运输主管部门

39. 按照任何事件A概率的计算公式为$P(A) = \dfrac{k}{n^2}$,一批产品有n件,其中有m件次品,表述若一次抽2件,则B=抽到2件正品的概率的公式应该表示为( )。

A. $P(B)=\dfrac{n-m}{n}$ B. $P(B)=\dfrac{c_{n-m}^{2}}{c_{n}^{2}}$

C. $P(B)=\dfrac{c_{n}^{2}}{c_{n-m}^{2}}$ D. $P(B)=\dfrac{c_{n-m}^{2}}{n}$

40. 进行某路段水泥混凝土路面面板厚度检测,得到数据是 25.6、23.2、24.4、24.6、25.0、25.8、24.0、26.0(单位:mm)。当测定值为( )时,按照拉依达法应该评定为可疑数据。

　　A. +27.4　　B. -28.7　　C. +28.7　　D. -29

二、判断题(共30题,每题1分,共30分)

1. 检验检测机构对委托人送检样品的代表性和真实性负责。(　　)

2. 公路水运工程试验检测服务方式主要分为工地试验室和母体机构两种,在试验检测工作的信息管理功能方面不存在差异。(　　)

3. 检验检测机构是依法成立,依据相关标准或者技术标准,利用仪器设备、环境设施等技术条件和专业技能,对产品或者法律法规规定的特定对象进行检验检测的专业技术组织。(　　)

4. 根据《公路水运试验检测数据报告编制导则》(JT/T 828—2019)有关检测类报告的编制要求,实验室应准确、清晰、明确、客观和科学地出具结果。(　　)

5. 对于公路水路产品质量监督抽查的工作规范,起草单位一般为从事相关领域检验检测的独立机构,应对所制定的规范质量及其技术内容全面负责。(　　)

6. 安全生产条件是从业单位为保障公路水运工程施工作业安全所需要的管理组织、制度、技术、人员、设备与环境等要素及其组合。(　　)

7. 检验检测机构要不断识别诚信要素,以满足法律、技术、管理和责任方面的基本要求。(　　)

8. 检测机构信用评价采用的是加权平均评分制。(　　)

9. 检验检测报告存在数据错误,确需更正的,检验检测机构应当按照标准等规定进行更正,并予以标注或者说明。(　　)

10. 一份合格的报告应编写规范,内容完整,数据、图片、术语准确无误,判定科学、公正、明确。(　　)

11. 交通运输行业标准指需要在交通运输行业范围内统一的,以科学技术和实践经验为基础,对工程建设、重要产品和设施设备、行业服务和管理提出的技术要求。(　　)

12. 对于特定的一组测量数据样本,样本均值的实验标准差大于单个样本的实验标准差。(　　)

13. 检测机构和人员信用评价公示期为10天。(　　)

14. 母体检测机构不仅要求确保授权工作规范有效,还应该对授权工地试验室检查结果有落实和反馈。(　　)

15. 申请人申请资质延续审批的条件与新申请资质的条件不一样。(　　)

16. 试验检测报告的落款部分,对于检测复核由检测人员手签或数字签名即可。(　　)

17. 生产经营单位应当在有较大危险因素的生产经营场所和有关设施、设备上,设置明显

的安全警示标志。 (　　)
18. 进行书面审查时,申请人需要提交不低于所申请资质等级所有仪器设备总量的40%的检定/校准证书。 (　　)
19.《检验检测实验室技术要求验收规范》(GB/T 37140—2018)规定,在进行实验室平面功能区域划分时,有毒性物质产生的实验室直接组合在一起。 (　　)
20. 参加现场质量检测考核的人员如果上岗不持证,则1人扣1分。 (　　)
21. 质量检测报告均应报告测量不确定度。 (　　)
22. 两个独立随机变量之和的方差等于它们各自方差之和。 (　　)
23. 检验检测能力中的非标准方法,应当在"限制范围"栏内予以注明:仅限特定合同约定的委托检验检测。 (　　)
24. 校准周期或者校准间隔是指对设备进行连续校准的时间间隔。 (　　)
25. 测量设备即为实现测量过程所必需的测量仪器、软件、测量标准、标准物质、辅助设备或组合。 (　　)
26. 报出值11.5^+表明在修约过程中实测值已经舍去过。 (　　)
27.《中共中央　国务院关于开展质量提升行动的指导意见》提出,要坚持促发展和保底线并重,加强质量促进的立法研究,强化对质量创新的鼓励、引导、保护。 (　　)
28. 检验检测机构应当采取自查自改措施,依法从事检验检测活动,并积极配合市场监督管理部门开展的监督检查工作。 (　　)
29. 交通运输部职业资格中心按照职责分工负责指导、监督和检查公路水运工程助理试验检测师、试验检测师职业资格考试的实施工作。 (　　)
30. 养护工程质量检验评定单元是根据养护工程性质和设施特点,结合养护施工方法、工序及规模等划分成的养护工程基本评定单位。 (　　)

三、多项选择题(共25题,每题2分,共50分。下列各题的备选项中,至少有两个符合题意,选项全部正确得满分,选项部分正确按比例得分,出现错误选项该题不得分)

1. 按照《交通运输部办公厅关于做好公路水运工程质量检测机构资质评审有关工作的通知》(交办安监函〔2024〕1432号)要求,人员与机构的劳动关系应该以(　　)加以确认。
   A. 连续有效社保缴纳记录　　　　B. 劳动合同
   C. 聘用合同　　　　　　　　　　D. 有效劳动关系证明
2.《检验检测机构监督管理办法》规定,检验检测机构应当按照国家有关强制性规定的(　　)等要求进行检验检测。
   A. 样品管理　　　　　　　　　　B. 仪器设备管理与使用
   C. 检验检测规程或者方法　　　　D. 数据传输与保存
3.《公路水运试验检测数据报告编制导则》(JT/T 828—2019)规定,记录表中的检测数据部分包括(　　)。
   A. 抽样数据　　　　　　　　　　B. 原始观测数据

C. 数据处理过程与方法　　　　　　D. 试验结果
4. 检测机构出具的质量检测报告至少包括(　　)。
   A. 检测场所地址　　　　　　　　B. 检测项目
   C. 检测依据　　　　　　　　　　D. 判定依据
5. 根据《检验检测实验室技术要求验收规范》(GB/T 37140—2018),实验室功能区域划分中,对于在垂直布局中应遵循的原则,描述正确的有(　　)。
   A. 大型设备宜布置在建筑物的底层
   B. 重型测试样品对应的测试区域宜布置在建筑物的底层
   C. 产生粉尘物质的实验室宜布置在建筑物的底层
   D. 产生有毒有害气体的实验室宜布置在建筑物的底层
6. 《公路水运工程安全生产条件通用要求》(JT/T 1404—2022)规定,事故隐患排查治理时,重大事故隐患治理应明确(　　)等相关要求。
   A. 责任　　　B. 措施　　　C. 标准　　　D. 时限
7. 从诚信的管理要求而言,检验检测机构应该真实记录检测全过程,保证原始记录的完整、真实和可追溯性,因此检验检测机构不应该随意(　　)原始记录。
   A. 销毁　　　B. 伪造　　　C. 编造　　　D. 更改
8. 下列不确定度的表示形式中正确的有(　　)。
   A. $U_{95}=1\%$　　　　　　　　B. $U=+0.5\%(k=1)$
   C. $U=0.5\%,k=2$　　　　　　　D. $U=1\mu m(k=2)$
9. 《检验检测机构资质认定　检验检测专用章使用要求》规定,检验检测专用章加盖在检验检测报告的(　　)。
   A. 封面的机构名称位置　　　　　B. 检验检测结论位置
   C. 骑缝位置　　　　　　　　　　D. 报告检测日期位置
10. 公路水运工程建设质量安全监督管理工作应遵循(　　)原则。
    A. 源头防范、系统治理　　　　　B. 示范引领、推动创新
    C. 依法监管、严守底线　　　　　D. 质量为本、安全为先
11. 下列信用评价应当扣分的行为有(　　)。
    A. 同时受聘于两个及以上试验检测机构
    B. 出借本人试验检测人员资格证书
    C. 助理检测师进行报告审核并签字
    D. 试验检测人员所在工地试验室信用评价得分小于70分
12. 《公路养护工程质量检验评定标准　第一册　土建工程》(JTG 5220—2020)适用于(　　)。
    A. 应急养护　　　　　　　　　　B. 专项养护
    C. 修复养护　　　　　　　　　　D. 预防养护
13. 交通运输主管部门应该在(　　)等方面开展监督检查工作。
    A. 工地试验室设立和施工现场检测情况
    B. 检测机构和检测人员质量检测活动的规范性、真实性

C.原始记录、质量检测报告的真实性、规范性和完整性
D.仪器设备的运行、检定和校准情况

14.《检验检测实验室技术要求验收规范》(GB/T 37140—2018)规定,新建检验检测实验室的设计应满足主体建筑(　　)等方面的要求。
A.安全评价　　　　　　　　　　　B.环境评价
C.职业卫生评价　　　　　　　　　D.节能评价

15.《国家标准化发展纲要》提出,要建立健全碳达峰、碳中和标准,需要(　　)。
A.加快节能标准更新升级
B.完善能源核算、检测认证、评估、审计等配套标准
C.提升重点产品能耗限额要求,扩大能耗限额标准覆盖范围
D.抓紧修订一批能耗限额、产品设备能效强制性国家标准

16.下列属于工地试验室失信行为的有(　　)。
A.工地试验室或授权负责人未经母体机构有效授权
B.未按规定或合同配备相应条件的试验检测人员或擅自变更试验检测人员
C.试验检测环境达不到技术标准规定要求的
D.未按规定上报发现的试验检测不合格事项或不合格报告

17.《检测和校准实验室能力的通用要求》(GB/T 27025—2019)规定,实验室应通过(　　)确保测量结果溯源到国际单位制。
A.实验室间的比对
B.具备能力的实验室提供的校准
C.SI单位的直接复现,并通过直接或间接与国家或国际标准比对来保证
D.具备能力的标准物质生产者提供并声明计量溯源至SI的有证标准物质的标准值

18.工地试验室选址应充分考虑以下的因素(　　)。
A.安全　　　　B.环保　　　　C.经济成本　　　　D.交通便利

19.工地试验室的技术台账一般包括(　　)。
A.样品台账　　　　　　　　　　　B.标准规范台账
C.不合格材料台账　　　　　　　　D.外委试验台账

20.下列关于计量检定规程的说法,正确的有(　　)。
A.计量检定规程属于推荐性技术文件
B.国家计量检定规程由国务院计量行政部门制定,在全国范围内施行
C.没有国家计量检定规程的,国务院有关主管部门可制定国家计量检定规程,在本部门施行
D.省、自治区、直辖市人民政府计量行政部门可制定地方计量检定规程,在本行政区内施行

21.《公路工程试验检测仪器设备服务手册》的适用范围是(　　)。
A.机构对设备的控制
B.机构对设备的管理
C.开展仪器设备的溯源

D. 便于各级交通运输主管部门开展监督检查、信用评价

22. 方差是一个确定的数值,它反映了随机变量取值的分散程度,方差具有( )性质。
   A. $D(X) = E(X^2) - E^2(X)$
   B. 若 X 和 Y 独立,则 $D(X+Y) = D(X) + D(Y)$
   C. $D(C) = 0$
   D. 若 X 和 Y 独立,则 $D(X-Y) = D(X) - D(Y)$

23. 实验室污、废水的处理的方法包括( )。
   A. 中和　　　　B. 物理　　　　C. 化学　　　　D. 生物

24. 根据《危险化学品安全管理条例》要求,剧毒化学品的使用单位,应当对( )如实记录。
   A. 剧毒化学品的用途　　　　　B. 剧毒化学品的储存数量
   C. 剧毒化学品的流向　　　　　D. 剧毒化学品的生产数量

25. 公路水运工程建设项目中的"两区三场"是指( )。
   A. 堆料场　　　　　　　　　　B. 拌和场
   C. 钢筋加工场　　　　　　　　D. 生活区

模拟试卷参考答案及解析

一、单项选择题

1. C

【解析】《公路水运试验检测数据报告编制导则》(JT/T 828—2019)规定,综合评价类报告多数情况属于委托抽样检测的类别。

2. D

【解析】《中华人民共和国标准化法》第四十二条。社会团体、企业未依照本法规定对团体标准或者企业标准进行编号的,由标准化行政主管部门责令限期改正;逾期不改正的,由省级以上人民政府标准化行政主管部门撤销相关标准编号,并在标准信息公共服务平台上公示。

3. D

【解析】《危险化学品安全管理条例》第二十二条。生产、储存危险化学品的企业,应当委托具备国家规定的资质条件的机构,对本企业的安全生产条件每3年进行一次安全评价,提出安全评价报告。

4. C

【解析】《中华人民共和国标准化法》第二条。国家标准分为强制性标准、推荐性标准,行业标准、地方标准是推荐性标准。

5. C

【解析】 公路水运工程试验检测继续教育周期为2年(从取得证书的次年起计算)。

试验检测人员在每个周期内接受继续教育的时间累计不应少于24学时。

6. B

【解析】《公路水运试验检测数据报告编制导则》(JT/T 828—2019)及释义规定,数据信息管理要求:检验检测机构应对计算和数据转移进行系统和适当地检查。检测机构应建立和保持数据完整性、正确性和保密性的保护程序。

7. D

【解析】 极差用来表示统计资料中的变异量数,即最大值减最小值后所得之数据。$512-502=10$。

8. B

【解析】 有效数字的个数称为该数的有效位数。有效数字是误差理论的基本概念之一,若某数的近似值 x^* 的误差不大于该数某一位数字的半个单位,该位到 x^* 最左边的第一位非零数字都是该数的有效数字,其个数称为该数的有效位数。有效数字指保留末一位不准确数字,其余数字均为准确数字。有效数字的最后一位数字是可疑值。

9. C

【解析】《建设工程安全生产管理条例》第二十条。施工单位从事建设工程的新建、扩建、改建和拆除等活动,应当具备国家规定的注册资本、专业技术人员、技术装备和安全生产等条件,依法取得相应等级的资质证书,并在其资质等级许可的范围内承揽工程。

10. D

【解析】《国际单位制及其应用》(GB 3100—93)。$1\mathrm{rad}=180°/3.14\approx57.3°$。

11. C

【解析】《检验检测机构资质认定管理办法》第十五条。资质认定证书内容包括:发证机关、获证机构名称和地址、检验检测能力范围、有效期限、证书编号、资质认定标志。

12. D

【解析】《公路水运工程质量监督管理规定》第二十四条。交通运输主管部门或者其委托的建设工程质量监督机构应当自建设单位办理完成施工许可或者开工备案手续之日起,至工程竣工验收完成之日止,依法开展公路水运工程建设的质量监督管理工作。

13. B

【解析】《中华人民共和国行政许可法》第三十一条。申请人申请行政许可,应当如实向行政机关提交有关材料和反映真实情况,并对其申请材料实质内容的真实性负责。

14. D

【解析】 计量器具指示的测量值与被测量值的实际值之差,称为示值误差。它是由于计量器具本身的各种误差所引起的。示值误差是相对真值而言的,由于真值不能确定,实际上使用的是约定真值或实际值。为确定测量仪器的示值误差,当接受高等级的测量标准对其进行检定或校准时,该测量标准器复现的量值即为约定真值,通常称为实际值、校准值或标准值。所以,指示式测量仪器的示值误差 = 示值 – 实际值,实物量具的示值误差 = 标称值 – 实际值。

15. C

【解析】《检验检测机构资质认定管理办法》第三十七条。检验检测机构违反本办法规定,转让、出租、出借资质认定证书或者标志,伪造、变造、冒用资质认定证书或者标志,使用已经过期或者被撤销、注销的资质认定证书或者标志的,由县级以上市场监督管理部门责令改正,处 3 万元以下罚款。

注意,针对不同的违规行为处罚方式不一样,有"逾期未改正或者改正后仍不符合要求的,处 1 万元以下罚款",还有"责令改正,处 3 万元以下罚款"。

16. A

【解析】 《公路水运工程试验检测信用评价办法》第十条。质监机构用于复核评价的不良信用信息采集每年至少 1 次且要覆盖到评价标准的所有项。

17. D

【解析】 量值溯源的目的是保证使检验检测机构的检测活动结果的准确性,其他选项是近似选项。

18. D

【解析】 理解什么是概率的互斥事件。这是等可能的互斥事件。事件 A 和事件 B 不能同时发生,则事件 A 与 B 称为互斥事件。

19. B

【解析】 《公路水运工程质量检测管理办法》第十八条。检测机构资质证书有效期为 5 年。有效期满拟继续从事质量检测业务的,检测机构应当提前 90 个工作日向许可机关提出资质延续申请。

20. B

【解析】 期间核查是指为保持对设备校准状态的可信度,在两次检定之间进行的核查,包括设备的期间核查和参考标准器的期间核查。实验室应根据仪器的性能和使用情况,在规定的时间间隔内,使用相应的核查方法对仪器进行期间核查,只要检查方法有效,周期稳定,就一定能及时预防和发现不合格的仪器并避免误用,保证检验结果持续的准确性、有效性,为顾客和社会提供可信的数据和满意的服务。

21. A

【解析】 《公路水运工程质量检测机构资质审批专家技术评审工作程序》第五条。许可机关自收到申请人通过公路水运工程质量检测管理信息系统提交的技术评审证明材料后,5 个工作日内向申请人发出技术评审通知,明确技术评审的工作安排。

22. A

【解析】 《中华人民共和国计量法实施细则》第十六条。计量器具新产品定型鉴定,由国务院计量行政部门授权的技术机构进行;样机试验由所在地方的省级人民政府计量行政部门授权的技术机构进行。

23. D

【解析】 《建设工程质量管理条例》第四十二条。建设工程超过合理使用年限后需要继续使用的,产权所有人应委托具有相应资质的勘察、设计单位鉴定。

24. C

【解析】 《建设工程质量管理条例》第四十六条。从事专业建设工程质量监督机构,必须经国务院或省级人民政府其他有关部门考核合格。

25. C

【解析】《检验检测机构诚信基本要求》(GB/T 31880—2015)3.2。诚信是指个人和(或)组织诚实守信的行为与规范,包括在从业活动中承诺与行为的一致性。

26. B

【解析】《公路水运工程安全生产条件通用要求》(JT/T 1404—2022)5.2.3。电工、焊接与热切割作业人员、架子工等特种作业人员应取得作业资格证书后方可上岗作业,进场前宜接受技能测试。

27. A

【解析】 互斥事件的定义。对于互斥事件 A 与 B 而言,$P(A+B)=P(A)+P(B)$。

28. D

【解析】《公路水运工程试验检测机构信用评价标准》规定,存在严重失信行为,作为责任单位被部、省级交通运输及以上有关部门行政处罚的,直接确定为 D 级。

29. D

【解析】《质量强国建设纲要》一、形势背景。面对新形势新要求,必须把推动发展的立足点转到提高质量和效益上来,培育以技术、标准、品牌、质量、服务等为核心的经济发展新优势,推动中国制造向中国创造转变、中国速度向中国质量转变、中国产品向中国品牌转变,坚定不移推进质量强国建设。

30. D

【解析】《数值修约规则与极限数值的表示和判定》(GB/T 8170—2008)。0.2 单位修约。

拟修约数值 X	$5X$	$5X$ 修约值	X 修约值
830	4150	4200	840

31. C

【解析】《国际单位制及其应用》(GB 3100—1993)。

5.5 书写组合单位的名称时,不加乘或(和)除的符号或(和)其他符号。

4.3 组合单位的倍数单位一般只用一个词头,并尽量用于组合单位的第一个单位。

32. A

【解析】《中华人民共和国安全生产法》第三条。安全生产工作应当以人为本,坚持人民至上、生命至上,把保护人民生命安全摆在首位,树牢安全发展理念,坚持安全第一、预防为主、综合治理的方针,从源头上防范化解重大安全风险。

33. D

【解析】《检验检测机构资质认定评审准则》第三条。本准则所称资质认定,是指依照《检验检测机构资质认定管理办法》的相关规定,由市场监督管理部门依照法律、行政法规规定,对向社会出具具有证明作用的数据、结果的检验检测机构的基本条件和技术能力是否符合法定要求实施的评价许可。

34. B

【解析】《检测和校准实验室能力认可准则》(ISO/IEC 17025:2017)8.3.2。实验室应确保:a)文件发布前由授权人员审查其充分性并批准;b)定期审查文件,必要时更新;c)识别文件更改和当前修订状态;d)在使用地点应可获得适用文件的相关版本,必要时,应控制其发放;e)文件有唯一性标识;f)防止误用作废文件,无论出于任何目的而保留的作废文件,应有适当标识。

35. B

【解析】 《公路水路行业产品质量监督抽查实施规范管理办法》第十六条。规范发布实施后,管理部门根据技术进步情况和行业发展需要适时组织复审,复审可采用会审或函审形式。原则上复审周期不超过5年。

36. A

【解析】 《统计学词汇及符号 第1部分:一般统计术语与用于概率的术语》(GB/T 3358.1—2009)2.7。分布函数 $F(x)$ 是指随机变量 X 取值落在 $(-\infty, x]$ 的概率,即 $F(x) = P(X \leq x)$。"小于或等于"采用的符号是"]",而不是用")"。

37. A

【解析】 《检验检测实验室技术要求验收规范》(GB/T 37140—2018)1 范围。本标准适用于新建、改建、扩建的检验检测实验室的设计和建设,以及建设方对设计文件的审查和使用验收。本标准不适用生物安全、动植物检验、净化及医学实验室。

38. B

【解析】 《危险化学品安全管理条例》第五十条。通过道路运输剧毒化学品的,托运人应当向运输始发地或者目的地县级人民政府公安机关申请剧毒化学品道路运输通行证。

39. B

【解析】 概率的基本计算公式。这里只要求知道如何列出正确的计算公式。选项A表示的是一次任意抽1件,抽到正品的概率计算公式。

40. D

【解析】 当某一测量数据与其测量结果的算术平均值之差大于3倍标准偏差时,用公式表示为 $|x_i - \bar{x}| > 3s$。

二、判断题

1. ×

【解析】 《检验检测机构监督管理办法》第九条。检验检测机构对委托人送检的样品进行检验的,检验检测报告对样品所检项目的符合性情况负责,送检样品的代表性和真实性由委托人负责。

2. ×

【解析】 《公路水运试验检测数据报告编制导则》(JT/T 828—2019)规定,公路水运工程试验检测服务方式主要分为工地试验室和母体机构两种,在试验检测工作的信息管理功能方面存在一定差异。

3. ×

【解析】 《检验检测机构资质认定评审准则》第三条。本准则所称检验检测机构,是指依照《检验检测机构资质认定管理办法》的相关规定,依法成立,依据相关标准或者技术规范,利用仪器设备、环境设施等技术条件和专业技能,对产品或者法律法规规定的特定对象进行检验检测的专业技术组织。

注意,关于检验检测机构的定义,新的评审准则增加了"依照《检验检测机构资质认定管理办法》的相关规定"。

4. ×

【解析】 根据《公路水运试验检测数据报告编制导则》(JT/T 828—2019)有关检测类报告的编制要求,实验室应准确、清晰、明确和客观地出具结果。本题题干出现了"科学"两个字,这并不是编制要求规定,因此错误。

5. √

【解析】 《公路水路行业产品质量监督抽查实施规范管理办法》第六条。起草单位一般为从事相关领域检验检测的独立机构,应对所制定的规范质量及其技术内容全面负责。

6. √

【解析】 《公路水运工程安全生产条件通用要求》(JT/T 1404—2022)3.2。安全生产条件从业单位为保障公路水运工程施工作业安全所需要的管理组织、制度、技术、人员、设备与环境等要素及其组合。

7. √

【解析】 《检验检测机构诚信基本要求》(GB/T 31880—2015)4.1。

8. ×

【解析】 《公路水运工程试验检测信用评价办法》第六条。试验检测机构的信用评价实行综合评分制。

9. ×

【解析】 《检验检测机构监督管理办法》第十一条。检验检测报告用语应当符合相关要求,列明标准等技术依据。检验检测报告存在文字错误,确需更正的,检验检测机构应当按照标准等规定进行更正,并予以标注或者说明。注意,检测报告不能修改检测数据。

10. √

【解析】 根据《公路水运试验检测数据报告编制导则》(JT/T 828—2019)释义中有关报告的要求:一份合格的报告应编写规范,内容完整,数据、图片、术语准确无误,判定科学、公正、明确。题干与规定一致,因此正确。

11. √

【解析】 《交通运输行业标准管理办法》第三条。行业标准是指需要在交通运输行业范围内统一的,以科学技术和实践经验为基础,对工程建设、重要产品和设施设备、行业服务和管理提出的技术要求。

12. ×

【解析】 这是两个不同的概念,不能混为一谈。平均值的标准偏差是相对于单次测量标准偏差而言的,在随机误差正态分布曲线中作为标准来描述其分散程度:在一定测量条件下(真值未知),对同一被测几何量进行多组测量(每组皆测量 N 次),则对应每组 N 次测量都有一个算术平均值。

13. ×

【解析】 《公路水运工程试验检测信用评价办法》第十五条。信用评价结果公布前应予以公示,公示期为10个工作日。

14. √

【解析】《工地试验室标准化建设要点》4.7.6。母体检测机构应定期对授权工地试验室进行检查指导,确保授权工作规范有效,检查过程应有记录,检查结果应有落实和反馈。

15. ×

【解析】 二者是一样的。《公路水运工程质量检测管理办法》第十九条。申请人申请资质延续审批的,应当符合第九条规定的条件。

16. ×

【解析】《公路水运试验检测数据报告编制导则》(JT/T 828—2019)规定,检测、记录复核由具有权限的人员手签或采用数字签名。这里注意检验检测机构应该对记录、报告的签认进行授权,非授权人员不得签认。

17. √

【解析】《中华人民共和国安全生产法》第三十五条。生产经营单位应当在有较大危险因素的生产经营场所和有关设施、设备上,设置明显的安全警示标志。

18. ×

【解析】 应该是"所申请资质等级必选仪器设备总量的40%"。《公路水运工程质量检测机构资质审批专家技术评审工作程序》第六条。(四)仪器设备的所有权证明、检定/校准证书(主要仪器设备应不低于所申请资质等级必选仪器设备总量的40%)。

19. √

【解析】《检验检测实验室技术要求验收规范》(GB/T 37140—2018)5.2.3.2。实验室平面功能区域的划分遵循如下组合规划原则:同类型实验室宜组合在一起;有隔振要求的实验室宜组合在一起;有防辐射要求的实验室宜组合在一起;有毒性物质产生的实验室宜组合在一起;有相同层高要求的特殊设备宜组合在同一层。

20. √

【解析】《公路水运工程质量检测机构资质审批专家技术评审工作程序》附录3《公路水运工程质量检测机构资质审批技术评审报告》中的"十七、质量检测项目考核评分细化表"第1项。

21. ×

【解析】《检验检测机构资质认定评审准则》第十二条。(五)当检验检测标准、技术规范或者声明与规定要求的符合性有测量不确定度要求时,检验检测机构应当报告测量不确定度。

22. √

【解析】 若两个随机变量X和Y相互独立,那么两个随机变量的和的方差等于各自方差的和,即$D(X+Y)=D(X)+D(Y)$。

23. √

【解析】《检验检测机构资质认定评审准则》附件1《检验检测机构资质认定 现场评审工作程序》4.4.9 检验检测能力的确定。2)确定检验检测能力时应当注意以下问题:e. 检验检测能力中的非标准方法,应当在"限制范围"栏内予以注明"仅限特定合同约定的委托检验检测"。

24. √

【解析】《测量设备校准周期的确定和调整方法指南》(RB/T 034—2020)3.1。校准周期或者校准间隔是指对设备进行连续校准的时间间隔。

25. √

【解析】《测量设备校准周期的确定和调整方法指南》(RB/T 034—2020)3.5。测量设备是指为实现测量过程所必需的测量仪器、软件、测量标准、标准物质、辅助设备或组合。

26. √

【解析】《数值修约规则与极限数值的表示和判定》(GB/T 8170—2008)3.3。报出值最右的非零数字为5时,应在数值右上角加"+"或"-"或不加符号,分别表明已经进行过舍、进或未舍未进。这样表述是为了避免连续修约。

27. √

【解析】《中共中央 国务院关于开展质量提升行动的指导意见》(二十三)加强质量制度建设。坚持促发展和保底线并重,加强质量促进的立法研究,强化对质量创新的鼓励、引导、保护。研究修订产品质量法,建立商品质量惩罚性赔偿制度。

28. √

【解析】《检验检测机构监督管理办法》第二十条。检验检测机构应当采取自查自改措施,依法从事检验检测活动,并积极配合市场监督管理部门开展的监督检查工作。

29. ×

【解析】《公路水运工程试验检测专业技术人员职业资格考试实施办法》。

第一条 人力资源社会保障部、交通运输部按照职责分工负责指导、监督和检查公路水运工程助理试验检测师、试验检测师职业资格考试的实施工作。

第二条 交通运输部职业资格中心具体负责公路水运工程助理试验检测师、试验检测师职业资格考试的实施工作。

30. √

【解析】《公路养护工程质量检验评定标准 第一册 土建工程》(JTG 5220—2020)2.0.1 养护工程质量检验评定单元。根据养护工程性质和设施特点,结合养护施工方法、工序及规模等划分成的养护工程基本评定单位,简称"养护单元"。

三、多项选择题

1. ABCD

【解析】《交通运输部办公厅关于做好公路水运工程质量检测机构资质评审有关工作的通知》附件3公路水运工程质量检测机构资质审批技术评审报告(修订版)"三、质量检测机构主要人员核查表"的注释——注:"社保"需核查机构提交资质申请时近3个月连续有效社保缴纳记录。选项A正确,选项BCD见下图。

人员与机构的劳动关系情况		
劳动(聘用)合同	社保	其他有效的劳动关系证明

2. ABCD

【解析】《检验检测机构监督管理办法》第八条。检验检测机构应当按照国家有关强制性规定的样品管理、仪器设备管理与使用、检验检测规程或者方法、数据传输与保存等要求进行检验检测。

3. BCD

【解析】《公路水运试验检测数据报告编制导则》(JT/T 828—2019)5.3.2。检测数据部分应包括原始观测数据、数据处理过程与方法,以及试验结果等内容。

4. ABC

【解析】《公路水运工程质量检测管理办法》第三十三条。检测机构出具的质量检测报告应当符合规范要求,包括检测项目、参数数量(批次)、检测依据、检测场所地址、检测数据、检测结果等相关信息。

5. AB

【解析】《检验检测实验室技术要求验收规范》(GB/T 37140—2018)5.2.3.3。实验室功能区域划分中在垂直布局中应遵循如下原则:大型或重型设备宜布置在建筑物的底层;大型或重型测试样品对应的测试区域宜布置在建筑物的底层;较大振动或噪声较大的设备宜布置在建筑物的底层;对振动极其敏感的设备宜布置在建筑物的底层;需要做设备强化地基的实验室宜布置在建筑物的底层;产生有毒有害气体的实验室宜布置在建筑物的顶层;产生粉尘物质的实验室宜布置在建筑物的顶层。

6. ABD

【解析】《公路水运工程安全生产条件通用要求》(JT/T 1404—2022)。

7.3.1 施工单位应全员参与事故隐患排查治理,建设单位与监理单位应定期组织开展事故隐患排查,督促施工单位完善排查机制。

7.3.2 重大事故隐患治理应明确责任、措施、资金、时限、预案等相关要求,整改过程中应采取相应的安全防范措施,整改治理完成后应通过验收。

7. ACD

【解析】《检验检测机构诚信基本要求》(GB/T 31880—2015)4.4.5 记录控制。

8. AD

【解析】不确定度的正确表述方式。校准和测量能力(CMC)用整个测量范围内都适用的单一值表示;CMC用单一值表示时,单一值可以是绝对值,例如 $U = 0.2 \mu m$;也可以是相对值,例如 $U_{rer} = 0.15\%$。

9. ABC

【解析】《检验检测机构资质认定 检验检测专用章使用要求》第三条。检验检测专用章应表明检验检测机构完整的、准确的名称。检验检测专用章加盖在检验检测报告或证书封面的机构名称位置或检验检测结论位置,骑缝位置也应加盖。

10. ABCD

【解析】《交通运输部关于加强公路水运工程建设质量安全监督管理工作的意见》(二)工作原则。——质量为本、安全为先。充分认识质量安全是工程建设的核心,质量是工程安全的根本,安全是工程质量的前提。不断提高质量安全意识,落实质量安全责任,全面加强质量安全管理。——源头防范、系统治理。优化营商环境,激发企业积极性和创造性,把质量安全工作贯穿于工程建设全过程。坚持系统观念,做好顶层设计,注重质量安全工作全局性谋划、整体性推进。——依法监管、严守底线。健全完善法规制度和标准规范,加强工程建设监管工作的统筹指导,明确项目监督管理责任,严格监督执法,严守工程建设质量安全底线,遏制质量安全事故发生。——示范引领、推动创新。积极发挥平安工地、平安百年品质工程等创建示范的引领作用,以理念创新、制度创新、管理创新、技术创新为动力,持续推动工程技术发展,不断提升工程建设质量安全水平。

11. ABD

【解析】依据《公路水运工程试验检测信用评价办法》,选项 A 扣 20 分(信用代码 JJC203004);选项 B 扣 20 分(信用代码 JJC203005);选项 D 扣 20 分(信用代码 JC2003014)。

12. BCD

【解析】《公路养护工程质量检验评定标准 第一册 土建工程》(JTG 5220—2020)1.0.2。本标准适用于各等级公路养护工程的质量检验评定,不适用于公路应急养护工程。应急养护是指在突发情况下路基严重损坏或损毁,并危及或已造成交通中断,以快速恢复安全通行能力为目标,进行的应急性抢通、保通和抢修养护工程。

【条文说明】交通运输部《公路养护工程管理办法》(交公路发〔2018〕33 号)将养护工程按养护目的和养护对象分为预防养护、修复养护、专项养护和应急养护。本标准适用于其中的预防养护、修复养护、专项养护,但是不适用于临时性应急养护,原因是临时性应急性抢通、保通、抢修难以按正常工程进行质量控制。

13. ABCD

【解析】《公路水运工程质量检测管理办法》第四十二条。交通运输主管部门开展监督检查工作,主要包括下列内容:(二)检测机构能力的符合性,工地试验室设立和施工现场检测情况;(三)原始记录、质量检测报告的真实性、规范性和完整性;(五)仪器设备的运行、检定和校准情况;(七)检测机构和检测人员质量检测活动的规范性、合法性和真实性。

14. ABCD

【解析】《检验检测实验室技术要求验收规范》(GB/T 37140—2018)4.1。新建检验检测实验室的设计应满足主体建筑的安全评价、环境评价、职业卫生评价及节能评价等方面的要求。原有建筑改为实验功能的变更、实验建筑内各单体的实验功能变更都应征得相关主管部门同意,变更不得对生命和财产构成危害。

15. ABCD

【解析】《国家标准化发展纲要》(十一)建立健全碳达峰、碳中和标准。加快节能标准更新升级,抓紧修订一批能耗限额、产品设备能效强制性国家标准,提升重点产品能耗限额要求,扩大能耗限额标准覆盖范围,完善能源核算、检测认证、评估、审计等配套标准。加快完善地区、行业、企业、产品等碳排放核查核算标准。制定重点行业和产品温室气体排放标准,完善低碳产品标准标识制度。完善可再生能源标准,研究制定生态碳汇、碳捕集利用与封存标准。实施碳达峰、碳中和标准化提升工程。

16. ABCD

【解析】 根据《公路水运工程试验检测信用评价办法》的规定,选项 A 属于行为代码为 JC202004 的失信行为;选项 B 是行为代码为 JC202007 的失信行为;选项 C 是行为代码为 JJC202009 的失信行为;选项 D 是行为代码为 JC202012 的失信行为。因此四个选项均符合要求。

17. BCD

【解析】 《检测和校准实验室能力的通用要求》(GB/T 27025—2019)。

6.5.1 实验室应通过形成文件的不间断的校准链,将测量结果与适当的参考对象相关联,建立并保持测量结果的计量溯源性,每次校准均会引人测量不确定度。

6.5.2 实验室应通过以下方式确保测量结果溯源到国际单位制(SI):a)具备能力的实验室提供的校准;b)由具备能力的标准物质生产者提供并声明计量溯源至 SI 的有证标准物质的标准值;c)SI 单位的直接复现,并通过直接或间接与国家或国际标准比对来保证。

18. ABD

【解析】 《工地试验室标准化建设要点》3.1.1。工地试验室选址应充分考虑安全、环保、交通便利及工程质量管理要求等因素,其周边场地一般应进行硬化处理。

19. ACD

【解析】 《工地试验室标准化建设要点》4.4.4。试验检测台账分为管理和技术台账。其中,管理台账一般包括人员、设备、标准规范等台账;技术台账一般包括原材料进场台账、样品台账、试验/检测台账、不合格材料台账、外委试验台账等。

20. BD

【解析】 计量检定规程是指为评定计量器具的计量性能,作为检定依据的具有国家法定性的技术文件,是从事计量检定工作的技术依据,是一种国家技术法规,保证计量器具的准确一致。计量检定规程有三种:国家计量检定规程、部门计量检定规程、地方计量检定规程。(1)国家计量检定规程,由国务院计量行政部门制定,在全国范围内实行。(2)部门计量检定规程,由国务院有关主管部门负责制定,在本部门内实行。(3)地方计量检定规程,由省、自治区、直辖市人民政府计量行政部门负责制定,在本行政区内实行。部门和地方计量检定规程须向国务院计量行政部门备案。

21. BCD

【解析】 《公路工程试验检测仪器设备服务手册》的适用范围是:(1)试验检测机构用于开展仪器设备的溯源;(2)工程从业单位在工程管理,加强质量控制时对设备的管理;(3)各级交通运输主管部门开展监督检查、信用评价。因此,只有选项 A 是错误的。

22. ABC

【解析】 方差的定义。

23. ABCD

【解析】 《检验检测实验室技术要求验收规范》(GB/T 37140—2018)7.2.3.2。实验室污、废水按污、废水性质、成分及污染程度应进行物理、化学、生物等不同方式处理。产生的酸、碱污水应进行中和处理,中和后达到中性时,应采用反应池加药处理。

24. BCD

【解析】《危险化学品安全管理条例》二十三条。生产、储存剧毒化学品或者国务院公安部门规定的可用于制造爆炸物品的危险化学品(以下简称易制爆危险化学品)的单位,应当如实记录其生产、储存的剧毒化学品、易制爆危险化学品的数量、流向,并采取必要的安全防范措施,防止剧毒化学品、易制爆危险化学品丢失或者被盗;发现剧毒化学品、易制爆危险化学品丢失或者被盗的,应当立即向当地公安机关报告。

25. BCD

【解析】《公路水运工程安全生产条件通用要求》(JT/T 1404—2022)3.8。两区三场是公路水运工程建设项目中的生活区、办公区和钢筋加工场、拌和场、预制场的统称。